中文社会科学引文索引（CSSCI）来源集刊

中国人文社会科学期刊AMI综合评价核心集刊

珞珈管理评论
LUOJIA MANAGEMENT REVIEW

2024年卷 第3辑（总第54辑）

武汉大学经济与管理学院

WUHAN UNIVERSITY PRESS

武汉大学出版社

图书在版编目(CIP)数据

珞珈管理评论.2024年卷.第3辑:总第54辑/武汉大学经济与管理学院主办.—武汉:武汉大学出版社,2024.5
ISBN 978-7-307-24353-8

Ⅰ.珞… Ⅱ.武… Ⅲ.企业管理—文集 Ⅳ.F272-53

中国国家版本馆 CIP 数据核字(2024)第 075648 号

责任编辑:范绪泉   责任校对:李孟潇   版式设计:韩闻锦

出版发行:**武汉大学出版社** (430072 武昌 珞珈山)
       (电子邮箱:cbs22@ whu.edu.cn 网址:www.wdp.com.cn)
印刷:武汉市天星美润设计印务有限公司
开本:787×1092 1/16 印张:10.75 字数:266 千字
版次:2024 年 5 月第 1 版   2024 年 5 月第 1 次印刷
ISBN 978-7-307-24353-8   定价:48.00 元

版权所有,不得翻印;凡购买我社的图书,如有质量问题,请与当地图书销售部门联系调换。

管理评论

LUOJIA MANAGEMENT REVIEW

中文社会科学引文索引（CSSCI）来源集刊
中国人文社会科学期刊AMI综合评价核心集刊

目　录

2024 年卷第 3 辑（总第 54 辑）

CONTENTS

珞珈 管理 评论
2024 年卷第 3 辑（总第 54 辑）

Luojia Management Review
No. 3，2024（Sum. 54）

家和业兴，两全其美？家庭支持型主管行为与员工幸福感关系的元分析*

● 孟　雪[1]　刘豆豆[1]　李超平[1]　胥　彦[2]

（1　中国人民大学公共管理学院　北京　100872；2　江苏大学管理学院　镇江　212013）

【摘　要】员工幸福感是促进组织健康发展和高效运营的关键因素。作为旨在帮助员工协调工作和家庭的管理策略，家庭支持型主管行为会对员工幸福感产生何种影响一直是学界关注的热点问题，但相关研究并未得到一致结论。基于 102 篇文献的 125 个独立样本（$N = 65489$），对家庭支持型主管行为与员工幸福感的关系进行了元分析。结果表明家庭支持型主管行为对员工工作和非工作领域幸福感均存在积极影响，且对工作领域幸福感的增进效应更强。此外，员工性别、工作类型、行业特征、国家地域和测量工具调节了家庭支持型主管行为对员工幸福感的促进作用，即当被试为女性、从事知识型工作、身处高新技术行业、位于东方国家、使用 Hammer 等的四维量表时，促进作用更强。

【关键词】家庭支持型主管行为　员工幸福感　元分析　调节效应

中图分类号：F272　　　文献标识码：A

1. 引言

幸福感的提升不仅可以激发员工的工作热情，提高工作绩效，也关乎组织的可持续发展，并可为组织塑造独特的竞争优势（Nielsen et al.，2017）。然而，随着信息技术的发展，员工的工作时间和空间边界被打破，工作和家庭之间的平衡问题日益凸显（于桂兰和邱迅杰，2023），员工幸福感也因此面临前所未有的挑战。根据一项全球调查，超过 60% 的员工面临低水平幸福感的困扰，工作阻碍员工履行家庭责任成为威胁他们幸福感的主要因素（Gallup，2022）。在此背景下，强调承担家庭

* 基金项目：国家自然科学基金项目（71772171）；中国人民大学 2022 年度拔尖创新人才培育资助计划成果；中国人民大学"中央高校建设世界一流大学（学科）和特色发展引导专项资金"支持；中国人民大学校级计算平台支持。

通讯作者：李超平，E-mail：lichaoping@ruc.edu.cn。

责任的家庭支持型主管行为与员工幸福感的关系得到了学界与业界的共同关注。

目前，关于家庭支持型主管行为与员工幸福感关系的研究取得了丰硕成果，但仍存在一些值得深入研究的问题。首先，关于两者关系的研究并未达成共识。一些研究表明家庭支持型主管行为能够提升员工幸福感（Zhang and Tu，2018），也有研究发现家庭支持型主管行为与员工幸福感负相关（Lu et al.，2019）。实证结果的分歧不利于家庭支持型主管行为相关理论的发展，也难以为员工幸福感的提升提供科学清晰的指引。因此，更加准确地识别家庭支持型主管行为对员工幸福感的影响具有重要意义。

其次，家庭支持型主管行为对不同领域员工幸福感的影响差异尚不明确。家庭支持型主管行为是一种源于工作领域、指向家庭领域的资源。以往关于工作—家庭相关资源对不同领域幸福感的影响存在两种截然不同的理论观点：来源归因视角（source attribution perspective）和领域指向视角（domain specificity perspective）。前者认为其对来源领域的幸福感积极效用更强，而后者认为其对所指向领域的幸福感影响更大（Shockley and Singla，2011）。然而，单一实证研究往往无法同时探索家庭支持型主管行为对多种结果的影响，难以区分其对工作领域和非工作领域幸福感效果的强弱关系。为了提升管理者对家庭支持型主管行为应用效果的深入理解，有必要基于以往研究的结果，采用元分析方法对其与不同领域幸福感的关系差异进行比较。

最后，家庭支持型主管行为影响员工幸福感的边界条件有待深入探索，对不同群体、不同情境、使用不同测量工具时的效果强弱尚未明晰（李超平等，2023）。情境领导理论认为，领导行为的影响效果受限于其所处的情境（Oc，2018）。然而，现有关于家庭支持型主管行为与员工幸福感间关系的单一实证研究较为分散，不仅在样本的性别比例等人口统计学特征和工作类型方面存在较大差距，而且嵌套于不同的行业和国家地域，难以为有针对性地运用家庭支持型主管行为提升员工幸福感提供理论指导。此外，测量工具也会对领导效能发挥产生重要影响（Lyubykh et al.，2022）。虽然既有实证研究普遍使用 Hammer 等（2009）四维度的家庭支持型主管行为量表，但也有部分研究应用了单一维度的测量工具（Clark，2001），测量方式的不同会导致何种效果差异目前仍不清晰。

鉴于此，本研究拟结合国内外实证研究结果，运用元分析方法考察家庭支持型主管行为与员工幸福感间的关系，同时探讨影响两者关系的边界条件。研究结果预计将在三个方面取得进展：一是通过元分析技术厘清家庭支持型主管行为与员工幸福感间真实的关系强度，回答"家庭支持型主管行为会对员工幸福感产生怎样的影响"的核心问题。二是辨别家庭支持型主管行为对不同领域员工幸福感的影响差异，为管理者认识和有侧重地发挥家庭支持型主管行为效用提供更清晰的指导。三是根据情境领导理论，识别出员工性别（男 vs. 女）、工作类型（知识型工作 vs. 非知识型工作）、行业特征（高新技术行业 vs. 非高新技术行业）、国家地域（东方国家 vs. 西方国家）和测量工具（Hammer 等四维量表 vs. 其他量表）等潜在调节变量，以厘清家庭支持型主管行为影响员工幸福感的边界条件，为因人而异、因地制宜地运用家庭支持型主管行为提供启发。

2. 理论回顾与研究假设

2.1　概念界定与维度划分

家庭支持型主管的概念最早由 Thomas 和 Ganster（1995）提出。在此基础上，Hammer 等（2009）提出了家庭支持型主管行为的概念，认为家庭支持型主管行为是在日常管理工作中，主管表现出的支持并帮助员工履行家庭责任的行为，包括情感性支持、工具性支持、角色榜样行为和创新式工作家庭管理等行为维度。

此外，我们采用了 Danna 和 Griffin（1999）对幸福感的广泛定义，将员工幸福感定义为在工作场所中的健康状况，以及他们在工作和工作之外的满意度体验。从这个角度来看，员工幸福感可以被划分为工作领域幸福感和非工作领域幸福感两个方面。具体而言，工作领域幸福感包括工作中的积极体验、工作满意度、与工作相关的满意度（即对工资、晋升机会、工作本身、同事等方面的满意度）以及工作场所中员工的健康状况等（Nielsen et al.，2017）。非工作领域幸福感被视为员工对社会生活、家庭生活、娱乐等非工作领域的满意度以及各种积极体验（Danna and Griffin，1999）。

2.2　家庭支持型主管行为与员工幸福感的关系

根据资源保存理论，社会支持在个体获得更多资源、抵抗压力以及增强幸福感方面扮演着至关重要的角色（Hobfoll et al.，2018）。家庭支持型主管行为作为一种重要的社会支持手段，对于提升员工幸福感具有重要价值。一方面，家庭支持型主管行为可以通过激发工作中的积极情感、加强交换关系等方式，有效提升员工的工作领域幸福感。具体而言，家庭支持型主管在处理工作—家庭问题方面为员工提供了良好的榜样和示范，给予员工情感上的支持和帮助（Hammer et al.，2009）。这些行为有助于增强对主管的信任和承诺，促进双方交换关系的持续改善（Bagger and Li，2011）。以往元分析表明，那些与主管形成高质量交换关系的员工通常对工作更为满意，更容易在工作中产生积极的情绪和认知体验（Dulebohn et al.，2012）。此外，根据资源保存理论，个体具有成长、发展和实现最佳自我的倾向（段锦云等，2020）。受到家庭支持型主管帮助和激励的员工往往会在工作中投入更多的努力和热情，表现出更多的活力、专注和奉献精神（Matthews et al.，2014）。大量的工作投入进一步增强了员工获得资源的机会，从而提升他们在工作领域的幸福感（秦迎林等，2022）。

另一方面，资源的获取—发展观认为，个体投入某一领域的角色时，会最大化地利用这些资源获取收益，并且努力使这种收益在另一角色领域中得到保持、加强和应用，进而促进该个体在另一个角色领域的良好运作（Nielsen et al.，2017）。因此，我们推测，员工会将其在工作领域获得家庭支持型主管行为所带来的有助于自身发展、情绪改善和资本增加的收益拓展至家庭等非工作领域。付优等（2019）的研究证实了家庭支持型主管行为通过促进员工的工作—家庭增益显著正向预测配偶工作支持。此外，谢菊兰等（2017）指出，家庭支持型主管行为所带来的积极影响可以溢出至其非工作领域，并通过促进员工与其配偶的互动而提升员工夫妻双方的幸福感。综上所述，家庭支持型主管行为不仅有助于增强员工工作领域幸福感，而且对其非工作领域幸福感具有促进作用。这种支持行为有助于在员工的工作和非工作领域之间形成良性循环，促进其整体幸福感的提升。因此，我们提出如下假设：

H1：家庭支持型主管行为能促进员工幸福感。

H1a：家庭支持型主管行为能促进员工的工作领域幸福感。

H1b：家庭支持型主管行为能促进员工的非工作领域幸福感。

在此基础上，我们进一步梳理了家庭支持型主管行为对两类员工幸福感影响效果的差异。家庭支持型主管行为属于来源于工作场所的资源，指向家庭领域。以往对工作—家庭界面相关资源的影响研究可以划分为两种理论视角：一种是领域指向视角，认为工作—家庭界面相关资源对其最终指向领域的结果影响更大。Greenhaus 和 Powell（2006）模型指出，个体在一个角色中获得的资源将通过一系列过程，最终在第二个角色（即接受资源的角色）中产生更大的影响。另一种是来源归因视角，认为当一个领域的角色为其他领域的角色带来资源时，个体在接受资源的角色中体验到好处，同时将这些好处归因于资源的来源领域（Kinnunen et al.，2006；Wayne et al.，2007）。Shockley 和 Singla（2011）通过元分析进一步比较了这组竞争性假设，研究发现个体对工作—家庭冲突和工作—家庭增益的情感态度反应主要发生在资源或要求的来源领域，而并非指向领域。此外，鉴于家庭支持型主管行为本质上是一种领导行为（Hammer et al.，2009），作为实现组织目标的重要手段，其最终目的在于促进工作结果的改善与提升。因此，我们提出如下假设：

H1c：相比员工的非工作领域幸福感，家庭支持型主管行为对员工的工作领域幸福感促进作用更强。

2.3 家庭支持型主管行为与员工幸福感关系的调节变量

现有关于家庭支持型主管行为与员工幸福感关系的实证研究结果呈现异质性。尽管多数研究表明家庭支持型主管行为对员工幸福感具有促进作用，但也存在一些研究结果显示两者之间存在负相关关系（如 Lu et al.，2019）。根据情境领导理论，这些不一致的研究结论可能是研究主体（who）、情境（where）以及研究设计（how）等多方面的调节因素导致的（Lyubykh et al.，2022；Oc，2018）。具体而言，主体因素涵盖人口统计学特征和工作特征两个方面，情境因素则包括行业特征和国家地域等。鉴于此，本文首先纳入了员工性别和工作类型作为研究主体方面的调节因素。借鉴以往元分析，根据研究群体的性别比例差异，将原始研究划分为以女性为主和以男性为主的两类（刘豆豆等，2021），将工作类型划分为知识型工作和非知识型工作两类（苏涛等，2021）。其次，纳入了行业特征和国家地域作为情境调节因素。再次，参照以往研究，将行业划分为高新技术行业和非高新技术行业两类（刘婷和张海雪，2019），将国家地域划分为东方国家和西方国家两类（崔小雨等，2018；柳武妹等，2020）。最后，研究设计因素考虑了不同的家庭支持型主管行为测量工具。根据使用频率的不同，将其归为 Hammer 等四维量表和其他量表两类。

2.3.1 员工性别

追随者特征是领导行为影响效果差异的一个重要来源（Oc，2018）。传统的社会规范和性别角色期望认为，男性通常应将主要精力用于工作，而女性需要承担主要的家庭责任，偏离性别角色期望的个体会遭受更多的不解与责备（Eagly and Wood，2012）。因此，相比男性员工，女性员工一方面承担着更多的家庭责任，工作—家庭界面平衡面临更大的挑战。另一方面，她们往往会因"女性员工"的身份与"女主内"的传统性别角色期望不一致而体验到更大的压力和紧张（陈晓暾等，2020）。在这种情况下，家庭支持型主管行为对女性员工幸福感将产生更强的积极作用。因此，我们提出：

H2：员工性别能够调节家庭支持型主管行为与员工幸福感的关系。相比男性，家庭支持型主管行为对女性员工幸福感的积极影响更强。

2.3.2 工作类型

从事知识型工作的员工是指教育程度较高、从事脑力劳动的职业群体，他们通常分布在教育机构、医疗机构、事业单位、政府部门；从事非知识型工作的员工主要指教育水平较低，从事体力劳动的职业群体（苏涛等，2021）。信息技术的发展颠覆了知识型员工的工作方式，使他们的工作—家庭边界变得更加模糊。以往研究指出，知识型员工时常会因工作需要将工作带入家庭，同时因家庭需求不得不在工作中处理一些家庭事务而经历更高水平的工作—家庭冲突（宋嘉艺等，2020）。根据资源保存理论，在资源面临损失或潜在损失的情境下，新资源的注入格外重要，对个体也将更有价值（Hobfoll et al.，2018）。因此，家庭支持型主管行为作为一种支持员工履行家庭责任的工作资源，将在更大程度上缓解从事知识型工作的员工的压力和紧张，并为他们幸福感的增强提供更大助益。鉴于此，我们推测：

H3：工作类型能够调节家庭支持型主管行为与员工幸福感的关系。相比从事非知识型工作的员工，家庭支持型主管行为对从事知识型工作的员工幸福感的积极影响更强。

2.3.3 行业特征

组织嵌入特定的行业，根据情境领导理论，这些行业的特征是影响领导行为效果的又一关键因素（Oc，2018）。相比非高新技术行业，高新技术行业通常面临高度竞争和快速变化的环境，员工面临更高的创新要求和不确定性，并更可能产生压力和疲劳感（Loon et al.，2012）。家庭支持型主管行为可以为他们提供情感上的支持和鼓励，帮助他们减轻工作负担。此外，高新技术行业的员工通常需要投入大量时间和精力来满足工作要求（刘婷和张海雪，2019），更容易忽视家庭生活。家庭支持型主管行为可以为高新技术行业员工提供灵活的工作时间安排和理解，使他们更好地兼顾工作和家庭需求，减少工作和家庭之间的冲突，从而提升他们的幸福感。因此，我们推测：

H4：行业特征能够调节家庭支持型主管行为与员工幸福感的关系。相比非高新技术行业的员工，家庭支持型主管行为对高新技术行业的员工幸福感的积极影响更强。

2.3.4 国家地域

跨文化内隐领导理论认为，不同地域文化的组织成员对有效领导的特征的内隐理论或认知存在差异（House et al.，2004）。具体而言，在西方国家情境下，员工往往具有较高的个人主义倾向，关注个人目标和成就，更加注重自我成就和享乐，相对较少依赖家庭支持。在此背景下，家庭支持型主管行为对员工幸福感影响较为有限。而在东方国家情境下（以中国为代表），员工的高集体主义取向使他们更加看重责任与义务，并且重视家庭责任的承担（王震等，2021）。在这种文化背景下，家庭支持型主管行为将更加契合员工对内隐领导理论的认识（House et al.，2004）。通过理解和关心员工的家庭需求，提供情感上的支持和鼓励，家庭支持型主管行为将更加有助于减轻东方国家员工的工作压力，增强他们的幸福感。因此，我们提出：

H5：国家地域能够调节家庭支持型主管行为与员工幸福感的关系。相比西方国家情境，家庭支持型主管行为对东方国家员工幸福感的积极影响更强。

2.3.5 测量工具

家庭支持型主管行为测量工具经历了从单维到多维的转变。早期，学者们聚焦于家庭支持型主管的情感性支持维度，相继开发出五个具有代表性的单维测量量表（如 Clark，2001）；还有学者在情感性支持基础上捕捉到工具性支持的维度，构建了家庭支持型主管行为的二维量表（Shinn et al.，1989）。随后，Hammer 等（2009）对家庭支持型主管行为的概念进行了完善和发展，开发出囊括了情感性支持、工具性支持、角色榜样行为与创新式工作家庭管理等方面的四维量表。根据使用的频率，可以将这些测量工具划分为两类：一是使用最广泛的四维量表，包括 Hammer 等（2009）最初开发的四维量表和后续开发的短版量表，以及在不同文化情境中对其进行修订和验证的量表；二是其他量表，包括 Clark（2001）、Shinn 等（1989）开发的量表等。Hammer 等（2009）的研究发现，在对其他家庭支持型主管行为测量工具进行控制的情况下，他们的四维家庭支持型主管行为量表仍会对员工的工作—家庭冲突、工作—家庭增益、工作幸福感等结果变量产生增量效应。鉴于此，我们推测：

H6：测量工具能够调节家庭支持型主管行为对员工幸福感的影响。应用 Hammer 等开发的四维量表时，家庭支持型主管行为对员工幸福感的积极影响更强。

综上，我们提出以下研究模型（见图 1）：

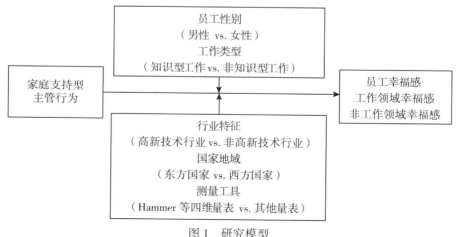

图 1　研究模型

3. 研究方法

3.1　文献检索

本研究通过 4 种途径对家庭支持型主管行为和员工幸福感的相关研究进行了较为全面的检索：（1）数据库检索：在万方数据库、维普中文科技期刊、中国知网等中文数据库检索系统中，将"家庭支持型""家庭友好型""亲家庭"与"主管""领导""主管行为""领导行为""领导风格"的组合词和"幸福感""满意感""满意度""情感"一起作为主题词进行中文文献检索。在 Google Scholar、Web of Science、APA PsycNET、PsycINFO、EBSCO、Science Direct、ProQuest（dissertation）等外文数据库中，将"family supportive""family friendly""pro-family"和"supervisor""supervisor behavior""leader""leader behavior""supervision""leadership"的组合词与"well-being""satisfaction""affect"一起作为主题词，进行英文文献检索。（2）相关综述文章与元分析文章的参考文献、引用 Thomas 和 Ganster（1995）或 Hammer 等（2009）的研究并包含家庭支持型主管行为和员工幸福感量表的文章。（3）搜索 AOM Proceeding、全国心理学学术会议等会议文章。（4）对 *Academy of Management Journal*、*Journal of Organizational Behavior* 等 13 本管理学、心理学领域重要期刊进行专门检索。经以上步骤，共检索得到 523 篇文章。

3.2　文献筛选

采取如下标准对文章进行了筛选：（1）属于实证研究类型，排除综述、案例文章等。（2）研究表明，使用 β 值得到的元分析结果往往会出现偏差（Roth et al., 2018），所以本研究仅纳入了包含变量间关系的相关系数 r 及样本量 N 的文章。（3）保留个体层面的家庭支持型主管行为研究，剔除团队等层面的研究。（4）效应值的选取以独立样本为单位，若一篇文献包含多个独立样本，则对每个独立样本分别编码。（5）学位论文修改后发表的，以发表后的数据为准。经筛选，最终获得 102 篇符合元分析标准的文献。本次元分析的文献检索、筛选流程见图 2（Moher et al., 2009）。

3.3　文献编码

编码过程遵循 Lipsey 和 Wilson（2001）的建议：首先，由两位作者对筛选后的 102 篇文献进行独立编码。编码内容包括文献标题、期刊、作者、发表年份、测量工具、女性比例、工作类型、行业特征、国家地域等描述性信息，以及变量测量的信效度系数、样本数量、效应值等统计性信息。其中，根据被试的性别比例将其编码为女性员工或男性员工为主的样本；工作类型编码为知识型工作与非知识型工作两类；行业特征编码为高新技术行业和非高新技术行业两类；将被试所属的国家地域编码为西方国家与东方国家两类。初始编码完成后进行交叉核对，一致性为 95.1%。基于初始

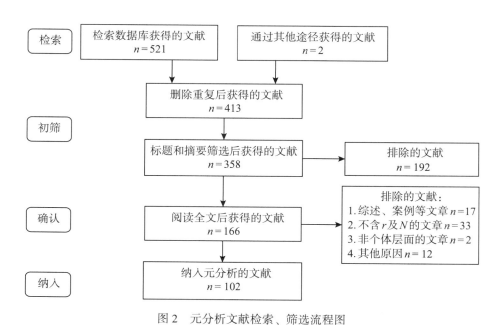

图 2　元分析文献检索、筛选流程图

编码，经共同讨论后，建立编码词典。根据编码词典，在 R 4.2.3（2023）中通过自编程序对初始编码进行再次编码。

　　具体而言，家庭支持型主管行为包括家庭支持型主管行为、情感性支持、工具性支持、创新式工作家庭管理、角色榜样行为以及明确家庭支持方向的主管支持等原始变量名称；员工幸福感纳入了员工幸福感、工作满意度、积极情感、消极情感（反向编码）、工作倦怠（反向编码）、生活满意度、婚姻满意度、家庭满意度等原始变量名称。知识型员工包括教育、医疗、政府机关、事业单位等领域的职员，而非知识型员工则包括酒店等服务行业的一线职员等。参照国家统计局（2023）的界定，高新技术行业纳入了医药制造、电子及通信设备制造、信息服务业等行业类别。西方国家包含欧洲国家、美国、加拿大、澳大利亚和新西兰等，东方国家则纳入了中国、日本、韩国、印度等亚洲国家。采用编码后的数据，对家庭支持型主管行为与员工幸福感的关系及边界条件进行元分析。

3.4　分析技术

　　本研究依次进行了异质性检验、发表偏倚检验、主效应检验和调节效应检验。首先，对效应值进行异质性检验，以确定计算模型。其次，通过失安全系数法（Fail-Safe Numbers，Nfs）检验了发表偏倚问题。再次，使用 Hunter 和 Schmidt（2004）的方法，采用 R 4.2.3（2023）的 psychmeta 包（Dahlke and Wiernik，2019）检验了家庭支持型主管行为对员工幸福感的主效应，汇报了独立样本数 K、样本总量 N、加权平均相关系数 $\bar{r}$、经信度修正后的相关系数 $\bar{\rho}$ 及其标准差 SD、95% 的置信区间（Confidence Interval，CI）和 80% 的可信区间（Credibility Interval，CV）。最后，通过比较组间差异 Qb 的显著性来检验员工性别、工作类型、行业特征、国家地域和测量工具的调节作用。

4. 研究结果

4.1 异质性检验

异质性检验元分析中确定各效应量间异质程度的方法，可为后续元分析采用固定效应模型和随机效应模型提供指导。根据 Q 统计量（及其显著性水平 p 值）和效应值的真实差异与观察变异的比例 I^2 可以判断效应值的异质性水平。当 $Q>$df（Q），$p<0.05$，且 $I^2>75\%$ 时，意味着效应值呈异质性分布（Higgins et al., 2003），通常采用随机效应模型（R）。由表 1 可知，家庭支持型主管行为与员工幸福感关系间效应值的 Q 统计量远远超过卡方分布的临界值，显著性水平 p 值均低于 0.001，且 I^2 均在 75% 以上，表明各效应值间异质性水平较高。因此，适合采用随机效应模型进行元分析。

表 1　　　　　　　　　　　　　　　　　　　　异质性检验

变量	Q	df（Q）	p	I^2	Tau	Tau^2
EWB	2749.593	124	<0.001	95.490	0.170	0.029
WWB	2500.159	91	<0.001	96.360	0.175	0.031
NWWB	1086.628	61	<0.001	94.386	0.158	0.025

注：EWB 表示员工幸福感，WWB 表示工作领域幸福感，NWWB 表示非工作领域幸福感，Q 表示检验异质性程度的统计量，df 表示 Q 统计量的自由度，I^2 表示异质性部分在效应量总变异中所占的比例，Tau^2 表示研究间变异中可用于计算权重的比例，下同。

4.2 发表偏倚检验

发表偏倚（publication bias）反映的是一种效应值偏差问题。具体指：相关显著的研究通常更容易被发表，从已发表研究中得到变量间相关系数可能存在偏差。因此，为保证元分析结果准确性，通常采用 Nfs 检测发表偏倚。Nfs 是指要想使元分析结果发生转变，需添加未发表研究的数量（Rosenthal, 1978）。Nfs 越大越好，当 Nfs 大于 5K+10 时，表明元分析的结果较为稳定，不太可能被推翻；当其小于 5K+10 时，表明元分析结果可能存在发表偏倚的问题，需引起研究者重视。从表 2 可以看到，家庭支持型主管行为与员工幸福感关系的 Nfs 远远大于 5K+10，表明不存在严重的发表偏倚问题。

4.3 主效应检验

家庭支持型主管行为与员工幸福感关系间的效应值计算结果见表 2。由表 2 可知，家庭支持型主管行为整体上对员工幸福感（$\bar{\rho} = 0.394$，95%CI 为 ［0.363，0.425］）具有显著正向影响，假设 H1 得证。此外，我们还发现家庭支持型主管行为与员工工作领域幸福感强相关（$\bar{\rho} = 0.463$），与员工非工作领域幸福感（$\bar{\rho} = 0.252$）呈现中等相关关系，两者 95%置信区间没有重合部分。这表明家庭支持型主管行为对员工幸福感的作用效果遵循"工作领域幸福感>非工作领域幸福感"的强度趋势逻辑。由此，假设 H1a、H1b 和 H1c 得到验证。

表 2 家庭支持型主管行为对员工幸福感的主效应检验

变量	K	N	模型	$\bar{r}$	$\bar{\rho}$	SD	95% CI	80% CV	Nfs$_{-0.05}$
EWB	125	65489	R	0.338	0.394	0.174	［0.363，0.425］	［0.175，0.614］	837409
WWB	92	49148	R	0.395	0.463	0.179	［0.426，0.500］	［0.236，0.689］	411042
NWWB	62	36951	R	0.217	0.252	0.162	［0.211，0.293］	［0.048，0.457］	66688

注：K 表示效应值的独立样本数；N 表示所有研究中的累计样本数；R 表示随机效应模型；$\bar{r}$ 和 $\bar{\rho}$ 分别表示样本加权效应值和信度修正后的加权平均效应值；SD 为 $\bar{\rho}$ 值的标准差；95%CI 和 80%CV 分别表示 $\bar{\rho}$ 的 95%水平的置信区间和 80%水平的可信区间；Nfs$_{-0.05}$ 表示 $p = 0.05$ 时的 Nfs，下同。

4.4 调节效应检验

如表 3 所示，员工性别、工作类型、行业特征、国家地域以及测量工具对家庭支持型主管行为与员工幸福感的关系均具有调节作用。首先，家庭支持型主管行为与不同性别员工幸福感间关系均显著且组间差异显著（Qb=41.288，$p<0.001$），对女性员工（$\bar{\rho} = 0.410$）幸福感的积极影响大于男性员工（$\bar{\rho} = 0.363$），假设 H2 得证。其次，家庭支持型主管行为与不同工作类型员工幸福感间关系均显著且组间差异显著（Qb=57.280，$p<0.001$），对从事知识型工作的员工幸福感（$\bar{\rho} = 0.398$）的积极影响大于从事非知识型工作的员工（$\bar{\rho} = 0.343$），假设 H3 得证。再次，家庭支持型主管行为对身处高新技术行业的员工幸福感（$\bar{\rho} = 0.447$）的积极影响大于非高新技术行业的员工（$\bar{\rho} = 0.390$），且两者差异显著（Qb=13.115，$p<0.001$），假设 H4 得证。另外，相比西方国家（$\bar{\rho} = 0.372$），家庭支持型主管行为对东方国家员工幸福感的积极影响更强（$\bar{\rho} = 0.426$），且组间差异显著（Qb=69.226，$p<0.001$），假设 H5 得证。最后，不同测量工具下家庭支持型主管行为与员工幸福感关系组间差异显著（Qb=47.861，$p<0.001$），且四维量表（$\bar{\rho} = 0.390$）下对员工幸福感的积极作用强于其他量表（$\bar{\rho} = 0.339$），假设 H6 得证。

表 3 家庭支持型主管行为与员工幸福感关系间的调节因素效应检验

调节因素	划分类别	K	N	$\bar{r}$	$\bar{\rho}$	95%CI	Qb	df	p
员工性别	女性为主	77	46851	0.350	0.410	［0.369，0.451］	41.288 ***	1	<0.001
	男性为主	42	19084	0.312	0.363	［0.311，0.415］			

续表

调节因素	划分类别	K	N	$\bar{r}$	$\bar{\rho}$	95%CI	Qb	df	p
工作类型	知识型	63	28924	0.353	0.398	[0.354, 0.441]	57.280 ***	1	<0.001
	非知识型	43	27758	0.287	0.343	[0.290, 0.395]			
行业特征	高新技术	6	3105	0.385	0.447	[0.251, 0.643]	13.115 ****	1	<0.001
	非高新技术	83	36785	0.336	0.390	[0.348, 0.432]			
国家地域	东方国家	48	19933	0.377	0.426	[0.361, 0.491]	69.226 ***	1	<0.001
	西方国家	77	45556	0.321	0.372	[0.338, 0.407]			
测量工具	四维量表	74	31550	0.343	0.390	[0.346, 0.433]	47.861 ***	1	<0.001
	其他量表	45	24255	0.287	0.339	[0.288, 0.389]			

注：Qb 与其显著性检验表示组间异质性程度，独立样本数 $K \geqslant 3$ 的亚组纳入分析。

5. 研究结论与讨论

5.1　研究结论

本文通过对 102 篇实证类文献的 125 个独立样本进行元分析（$N = 65489$），得出以下结论：家庭支持型主管行为对员工幸福感有积极影响，并且，员工性别、工作类型、行业特征、国家地域和测量工具调节了两者间关系。当被试为女性员工、从事知识型工作、身处高新技术行业、位于东方国家情境、使用四维量表时，家庭支持型主管行为对员工幸福感的积极影响更强。研究结果不仅为家庭支持型主管行为与员工幸福感的关系研究提供了阶段性结论，也对本土家庭支持型主管行为的实践具有启发意义。

5.2　理论意义

首先，我们采用元分析的方式，对家庭支持型主管行为与员工幸福感间的关系进行了系统梳理，尽可能真实地呈现了家庭支持型主管行为与员工幸福感之间的关系。以往关于家庭支持型主管行为与员工幸福感的关系研究尚未达成共识（Lu et al., 2019；Zhang and Tu, 2018），阻碍了对家庭支持型主管行为影响效果的深入理解。元分析方法基于丰富的研究样本，突破了实证研究间的壁垒，最大限度地避免了抽样和测量误差（Hunter and Schmidt, 2004）。通过元分析，本研究为解决现有研究关于家庭支持型主管行为与员工幸福感关系的分歧提供了阶段性结论，并为未来研究提供了更加稳定与可靠的研究证据。

其次，拓展了家庭支持型主管行为的研究范围，同时将员工工作领域和非工作领域幸福感纳入家庭支持型主管行为的影响效果研究。结果表明，家庭支持型主管行为能够实现双赢效果，帮助员工实现"家和业兴"，即同时促进员工工作和非工作领域幸福感。此外，以往关于工作—家庭相关资源对不同领域结果的影响效果在理论上存在分歧（Shockley and Singla，2011）。来源归因视角认为工作—家庭相关资源对其来源领域的结果影响更大；领域指向视角则认为工作—家庭相关资源对指向领域，即资源的接受领域结果的积极效用更强。然而，目前关于家庭支持型主管行为的研究未能厘清对工作领域和非工作领域幸福感效果的强弱关系。本文发现家庭支持型主管行为对员工工作领域幸福感促进作用更强，拓展了资源跨领域流动的来源性假设（Kinnunen et al.，2006；Wayne et al.，2007）的适用性，为今后家庭支持型主管行为影响效果的研究提供了新的方向。

最后，基于情境领导理论，比较全面且充分地揭示了家庭支持型主管行为影响员工幸福感的边界条件，为解释以往研究分歧提供了有力线索。第一，探究了员工性别和工作类型等个体因素在两者关系间的调节作用，证明了家庭支持型主管行为对女性、从事知识型工作的员工幸福感正面影响更强，为组织因人而异地采取人力资源管理策略，建立更加平等和包容的工作环境提供了重要启示。第二，发现家庭支持型主管行为对身处高新技术行业和东方国家情境的员工幸福感促进作用更为明显，为因地制宜地制定人力资源管理策略，有针对性地提升高新技术行业员工的幸福感和工作效率提供了理论指导。同时，回应了学术界近年来对于家庭支持型主管行为适用情境的讨论（李超平等，2023；宋一晓等，2016；王三银等，2018），为今后深化家庭支持型主管行为的情境研究提供了新的启发。第三，使用 Hammer 等四维量表（包含情感性支持、工具性支持、角色榜样行为和创新式工作家庭管理）测量家庭支持型主管行为时，家庭支持型主管行为对员工幸福感的积极影响比使用其他量表（如侧重于情感支持的一维量表）更强，启发家庭支持型主管行为不同维度间可能存在作用效果差异，为未来研究探索家庭支持型主管行为各维度的效果差异指明了方向。

5.3 管理启示

首先，提示组织和管理者家庭支持型主管行为对激发员工幸福感至关重要。如今员工的工作、家庭平衡压力不断增加，心理健康问题日益突出，"如何使员工兼顾工作和家庭以增进幸福感"成为亟待解决的重要问题。元分析表明，家庭支持型主管行为作为一种支持性资源，不仅能够显著提升员工工作领域幸福感，对其非工作领域幸福感也具有促进作用，且对工作领域幸福感的积极效用更强，这充分显示出家庭支持型主管行为在管理实践领域广阔的应用前景。与家庭支持政策（例如托儿服务等）相比，家庭支持型主管行为具有低成本、高灵活性等优势（Matthews et al.，2014）。因此，组织可以在领导任用过程中，对具备家庭支持型主管行为的管理者进行识别和筛选，还可以为现有领导团队提供专业的培训和开发计划，以提高主管的家庭支持型行为能力，从而更好地满足员工的需求和提高员工的幸福感。

其次，家庭支持型主管行为对女性员工幸福感促进作用更强的结论有助于组织管理者更好地了解员工的需求和期望，从而制定更加人性化的管理策略，提升员工对组织的归属感和忠诚度。具体而言，可以在为组织成员创设平等工作条件基础上，关注不同性别和不同工作类型员工的个性化需求。例如，管理者可以通过提供更加灵活的工作方式等途径为女性提供更多家庭支持，同时为男性提供更多绩效方面的奖励以满足其成就需求，避免他们因组织为女性员工提供更多家庭支持而感到不公。此外，还可以在工作任务、工作时间和工作环境等方面做出相应调整，以吸引和保留高素质的知识型员工，促进组织高效发展。

再次，情境因素的调节作用为组织有针对性地、因地制宜地采取家庭支持型主管行为提供了有效的人力资源管理策略。比如，高新技术行业通常注重技术和创新，但在追求业绩的同时，也应关注员工的整体幸福感。通过重视家庭支持型主管行为，身处高新技术行业的组织可以帮助员工在工作和生活之间找到平衡，提高他们的幸福感和综合生活质量。这不仅有助于提高员工的工作效能和创造力，还有助于组织的员工保持稳定和吸引优秀人才。另外，管理者还应当结合不同地域的文化特点和价值观，因地制宜地实施家庭支持型主管行为。在我国，除了安排工作任务，管理者还应给予员工更多的家庭关怀，及时了解员工的家庭情况，避免其因家庭因素而无法安心工作。

最后，测量工具的调节作用提示管理者不同的家庭支持行为维度可能存在一定的效果差异。因此，他们可以在日常工作中采取多元化且有针对性的方式，为员工提供个性化的家庭支持。例如，可以通过营造轻松愉快的交流环境，鼓励主管与员工分享实现家庭与工作平衡的经验，以帮助员工更好地履行家庭责任，最终提升他们的幸福感。

5.4 研究局限与展望

本研究对家庭支持型主管行为对员工幸福感的影响效果和边界条件进行了探索，发现了一些有意义的结论，但也存在一定的局限有待后续研究完善。首先，受限于现有研究数量，仅探究了家庭支持型主管行为作为一个整体构念对员工幸福感的影响。但测量工具的调节作用表明不同的家庭支持型主管行为内容可能对员工幸福感影响效果不同。因此，未来可以基于更加丰富的实证研究，对家庭支持型主管行为不同子维度与员工幸福感的关系进行元分析。其次，仅关注了家庭支持型主管行为对员工幸福感的影响效果和边界条件。未来研究可以从不同理论视角出发，如资源保存理论，深入挖掘家庭支持型主管行为影响员工幸福感的中介机制。最后，本次元分析仅涵盖了中英文相关文献，这可能对研究结果造成一定影响，未来可纳入更多语种的文章，降低文献选择偏差问题。

◎ 参考文献

[1] 陈晓暾，杨晓梅，任旭. 家庭支持型主管行为对女性知识型员工工作绩效的影响：一个有调节的中介模型 [J]. 南开管理评论，2020，23（4）.

[2] 崔小雨，陈春花，苏涛. 高管团队异质性与组织绩效的关系研究：一项 Meta 分析的检验 [J]. 管理评论，2018，30（9）.

[3] 段锦云，杨静，朱月龙. 资源保存理论：内容、理论比较及研究展望[J]. 心理研究，2020，13(1).

[4] 付优，史燕伟，周殷，等. 家庭支持型主管行为与配偶工作支持：工作—家庭增益的中介作用和夫妻亲密度的调节作用 [J]. 心理与行为研究，2019，17（5）.

[5] 国家统计局. 高技术产业如何界定和统计[EB/OL]. （2023-01-01）[2023-07-21]. http：//www. stats. gov. cn/zs/tjws/tjbz/202301/t20230101_1903766. html.

［6］ 李超平，孟雪，胥彦，等．家庭支持型主管行为对员工的影响与作用机制：基于元分析的证据 ［J］．心理学报，2023，55（2）．

［7］ 刘豆豆，胥彦，李超平．中国情境下家长式领导与员工绩效关系的元分析［J］．心理科学进展，2021，29（10）．

［8］ 刘婷，张海雪．创新开放度对企业创新绩效的影响：一项 Meta 分析［J］．科技进步与对策，2019，36（8）．

［9］ 柳武妹，马增光，卫旭华．拥挤影响消费者情绪和购物反应的元分析［J］．心理学报，2020，52（10）．

［10］ 秦迎林，林忠，杨嘉雪．家成业就：家庭支持型主管行为对科技型员工个体繁荣的影响机制研究［J］．科技进步与对策，2022，39（9）．

［11］ 宋嘉艺，张兰霞，张靓婷．知识型员工工作家庭双向冲突对创新行为的影响机制［J］．管理评论，2020，32（3）．

［12］ 宋一晓，陈春花，曹洲涛．家庭支持型主管行为（FSSB）研究进展及述评［J］．软科学，2016，30（12）．

［13］ 苏涛，陈春花，陈冰玲，等．职场排斥的"四宗罪"：中国情境下的一项 Meta 分析［J］．南开管理评论，2021，24（6）．

［14］ 王三银，刘洪，刘润刚．类亲情交换关系视角下家庭支持型主管行为对员工帮助行为的影响研究［J］．管理学报，2018，15（7）．

［15］ 王震，陈子媚，宋萌．工作、家庭难兼顾？工作—家庭资源模型在组织管理研究中的应用与发展［J］．中国人力资源开发，2021，38（11）．

［16］ 于桂兰，邱迅杰．感知家庭支持型主管行为一致性与工作绩效：领导—成员交换的作用［J］．珞珈管理评论，2023（1）．

［17］ Bagger, J., Li, A. How does supervisory family support influence employees' attitudes and behaviors? A social exchange perspective［J］. Journal of Management, 2014, 40（4）.

［18］ Clark, S. C. Work cultures and work/family balance［J］. Journal of Vocational Behavior, 2001, 58（3）.

［19］ Dahlke, J. A., Wiernik, B. M. Psychmeta: An R package for psychometric meta-analysis［J］. Applied Psychological Measurement, 2019, 43（5）.

［20］ Danna, K., Griffin, R. W. Health and well-being in the workplace: A review and synthesis of the literature［J］. Journal of Management, 1999, 25（3）.

［21］ Dulebohn, J. H., Bommer, W. H., Liden, R. C., et al. A meta-analysis of antecedents and consequences of leader-member exchange: Integrating the past with an eye toward the future［J］. Journal of Management, 2012, 38（6）.

［22］ Gallup. State of the global workplace report［EB/OL］.（2022）［2023-06-20］. https://www.gallup.com/workplace/349484/state-of-the-global-workplace-2022-report.aspx.

［23］ Greenhaus, J., Powell, G. When work and family are allies: A theory of work-family enrichment［J］. The Academy of Management Review, 2006, 31（1）.

〔24〕 Hammer, L. B., Kossek, E. E., Yragui, N. L., et al. Development and validation of a multidimensional measure of family supportive supervisor behaviors (FSSB)〔J〕. Journal of Management, 2009, 35(4).

〔25〕 Higgins, J. P. T., Thompson, S. G., Deeks, J. J., et al. Measuring inconsistency in meta-analyses 〔J〕. British Medical Journal, 2003, 327 (7414).

〔26〕 Hobfoll, S., Halbesleben, J., Neveu, J. -P., et al. Conservation of resources in the organizational context: The reality of resources and their consequences 〔J〕. Annual Review of Organizational Psychology and Organizational Behavior, 2018, 5 (1).

〔27〕 House, R. J., Hanges, P. J., Javidan, M., et al. Culture, leadership, and organizations: The globe study of 62 societies 〔M〕. Thousand Oaks, CA: Sage, 2004.

〔28〕 Hunter, J. E., Schmidt, F. L. Methods of meta-analysis: Correcting error and bias in research findings (2nd ed.) 〔M〕. Thousand Oaks, CA: Sage, 2004.

〔29〕 Kinnunen, U., Feldt, T., Geurts, S., et al. Types of work-family interface: Well-being correlates of negative and positive spillover between work and family 〔J〕. Scandinavian Journal of Psychology, 2006, 47 (2).

〔30〕 Lipsey, M. W., Wilson, D. B. Practical meta-analysis 〔M〕. Sage Publications, Inc., 2001.

〔31〕 Loon, M., Mee Lim, Y., Heang Lee, T., et al. Transformational leadership and job-related learning 〔J〕. Management Research Review, 2012, 35 (3).

〔32〕 Lu, R., Wang, Z., Lin, X., et al. How do family role overload and work interferance with family affect the life satisfaction and sleep sufficiency of construction professionals? 〔J〕. International Journal of Environmental Research and Public Health, 2019, 16 (17).

〔33〕 Lyubykh, Z., Turner, N., Hershcovis, M. S., et al. A meta-analysis of leadership and workplace safety: Examining relative importance, contextual contingencies, and methodological moderators 〔J〕. Journal of Applied Psychology, 2022, 107 (12).

〔34〕 Matthews, R. A., Mills, M. J., Trout, R. C., et al. Family-supportive supervisor behaviors, work engagement, and subjective well-being: A contextually dependent mediated process 〔J〕. Journal of Occupational Health Psychology, 2014, 19 (2).

〔35〕 Moher, D., Liberati, A., Tetzlaff, J., et al. Preferred reporting items for systematic reviews and meta-analyses: The PRISMA statement 〔J〕. Annals of Internal Medicine, 2009, 151 (4).

〔36〕 Nielsen, K., Nielsen, M. B., Ogbonnaya, C., et al. Workplace resources to improve both employee well-being and performance: A systematic review and meta-analysis〔J〕. Work and Stress, 2017, 31(2).

〔37〕 Oc, B. Contextual leadership: A systematic review of how contextual factors shape leadership and its outcomes 〔J〕. The Leadership Quarterly, 2018, 29 (1).

〔38〕 R Core Team. R: A language and environment for statistical computing 〔EB/OL〕. (2023-03-15) 〔2023-06-20〕. https: //www. R-project. org/.

〔39〕 Rosenthal, R. Combining results of independent studies 〔J〕. Psychological Bulletin, 1978, 85.

〔40〕 Roth, P., Le, H., Oh, I. -S., et al. Using beta coefficients to impute missing correlations in meta-analysis research: Reasons for caution [J]. Journal of Applied Psychology, 2018, 103 (6).

[41] Shinn, M., Wong, N. W., Simko, P. A., et al. Promoting the well-being of working parents: Coping, social support, and flexible job schedules [J]. American Journal of Community Psychology, 1989, 17 (1).

[42] Shockley, K. M., Singla, N. Reconsidering work-family interactions and satisfaction: A meta-analysis [J]. Journal of Management, 2011, 37 (3).

[43] Thomas, L. T., Ganster, D. C. Impact of family-supportive work variables on work-family conflict and strain: A control perspective [J]. Journal of Applied Psychology, 1995, 80 (1).

[44] Wayne, J. H., Grzywacz, J. G., Carlson, D. S., et al. Work-family facilitation: A theoretical explanation and model of primary antecedents and consequences [J]. Human Resource Management Review, 2007, 17 (1).

[45] Zhang, S., Tu, Y. Cross-domain effects of ethical leadership on employee family and life satisfaction: The moderating role of family-supportive supervisor behaviors [J]. Journal of Business Ethics, 2018, 152 (4).

注：因篇幅所限，纳入综述的文献未全部列出，感兴趣的读者可来信索取。

Harmony in Family, Prosperity at Work? A Meta-analysis on the Relationship Between Family Supportive Supervisor Behavior and Employee Well-being

Meng Xue[1]   Liu Doudou[1]   Li Chaoping[1]   Xu Yan[2]

(1 School of Public Administration and Policy, Renmin University of China, Beijing, 100872;

2 School of Management, Jiangsu University, Zhenjiang, 212013)

Abstract: Employee well-being (EWB) plays a vital role in fostering sustainable organizational development. As a management strategy aimed at assisting employees in achieving work-family balance, the impact of family supportive supervisor behaviors (FSSB) on EWB has been a hot topic of research interest, but there is no consensus on the study findings. Based on 102 empirical articles and 125 independent samples ($N = 65489$), we conduct a meta-analysis to synthesize the relationship between FSSB and EWB. Results show that FSSB has a positive influence on both work-related and non-work-related EWB, with a stronger effect on work-related EWB. Moreover, employees' gender, job category, industry characteristics, national region, and measurement tools play important roles in moderating the relationship between FSSB and EWB. The relationship turns stronger when the participants are female, engaged in knowledge-based work, operating in high-tech industries, located in Eastern countries, or utilizing Hammer et al.'s four-dimensional scale.

Key words: Family supportive supervisor behavior; Employee well-being; Meta-analysis; Moderating effects

专业主编：杜旌

珞珈管理评论
2024 年卷第 3 辑（总第 54 辑）

Luojia Management Review
No. 3，2024（Sum. 54）

平台经济下的数字劳动研究：
基于 SLR 的多学科视角分析*

● 刘　苹　张　一

（四川大学商学院　成都　610064）

【摘　要】数字劳动是伴随平台经济发展而产生的一种新型劳动形式，为政府、企业、劳动者以及社会生活等多个方面带来了机遇和挑战。本文采用系统性文献回顾法，在界定数字劳动概念的基础上，对中国知网（CNKI）和 Web of Science（WOS）数据库中检索得到的 595 篇文献进行了梳理和分析。研究结果表明：平台经济下数字劳动的研究主要集中在组织行为学、战略管理、旅游管理、政治经济学、劳动经济学、传播政治经济学、劳动法学和社会学 8 个研究范畴。进一步，本文在研究范畴的基础上提炼了平台经济下数字劳动研究的内容框架，并结合内容框架系统阐述了数字劳动的研究现状、研究内容、关注重点等问题。最后，针对现有研究存在的不足，本文对未来数字劳动研究的方向进行了展望。研究结果对于厘清现阶段平台经济下数字劳动研究的现状，以及推动我国平台经济下数字劳动理论研究具有重要意义。

【关键词】平台经济　数字平台　多学科　系统性文献回顾法　数字劳动

中国分类号：F243.1　　　　文献标识码：A

1. 引言

近年来，我国互联网平台经济（digital economy）的发展已呈现出"跨界融合、全面渗透"的趋势，依托于各类数字平台的从业人口规模已经突破了 2 亿人次，约占就业人口的 26%（刘苹等，

———————————

* 基金项目：四川省软科学项目"数字赋能与服务软能力作用下四川省现代服务业发展路径研究"（2023JDR0151）；四川省十四五规划课题"新时代青年社会心态与社会情绪的识别及影响机制研究"（SC22B131）；国家能源集团科技攻关项目"基于大数据的多模态情绪识别与绩效动态关系研究"（DSJ-KY-2021-009）；国家能源集团科技攻关项目"水电行业典型岗位指标评价模型研究"（DSJ-KJ-2022-018）。

通讯作者：张一，E-mail：657518287@ qq. com。

2023）。在商业实践中，数字技术与劳务众包（crowding sourcing）和按需服务（on-demand service）的零工经济（gig economy）实现了深度融合，诞生了一种以算法为底层逻辑，有效连接劳动市场供求双方的数字平台（digital platform）（刘善仕等，2022）。一方面，数字平台凭借海量的数据优势，能够及时掌握和预测劳动市场的变化，通过新增就业机会、调整岗位类型，维持了劳动就业市场的稳定；另一方面，数字平台在算法管理之下，也间接将劳动者置于"情绪剥削""三重脱嵌""全景监狱"之中（张成刚和张中然，2022；Wood et al.，2019），导致了"算法霸权"与"数字泰勒主义"等现实性问题（王蔚，2021）。因此，数字平台的出现正在从根本上改变传统的劳动过程，成为平台经济健康发展所需要关注的重要问题。

随着数字平台对生活的影响日益增大，由此带来的数字劳动（digital labour）现象也成为政府、企业、学术界探讨的热点问题之一。数字劳动是以数字知识和数字设备作为关键生产资料（韩文龙和刘璐，2020），劳动者依赖于平台媒介产出各种形式的商品与服务的过程（孙伟平和尹帮文，2022；吴鼎铭和胡骞，2021）。不同于传统劳动，数字劳动在"算法逻辑"与"人的逻辑"双重效应下更具复杂性（孙萍，2019），其理论研究成果大致可以划分为 3 个层次，第一层次探讨平台经济下数字劳动的新特点；第二层次探讨平台经济下数字劳动形成的机制与内在逻辑；第三层次则研究数字劳动导致的劳动关系变化，如何在发挥平台经济赋能效应之时，撬动广泛的社会群体参与，以达成构建和谐劳动关系的目的。考虑到第一层次的研究已经取得了较为丰硕的成果，学者们发现数字劳动开始表现出"劳动异化"的倾向。因此，在第二层次的研究中，学者们开始重点探讨数字劳动异化对某一数字职业产生的影响及背后机理，成为理论经济学和传播政治经济学关注的热点问题。例如，徐婷婷（2021）从互联网数字劳动价值的角度出发，分析了劳动异化如何在数字劳工中形成"劳动同意"。韩文龙等（2020）和姚建华等（2019）分别基于数字劳动的四种表现形式与中国语境，发现相较于传统的劳动者而言，数字劳工群体还面临着更为恶劣的系统性风险。在第三层次研究中，劳动关系的变化要求明确界定数字平台、平台从业者与用工企业之间的关系，以落实劳动者权益保障。研究者大多采用演绎推理、案例分析等方法，从数字劳动关系的法律认定（肖竹，2021）、平台技术赋能（范如国，2021）、产业劳动力的转移支付（姬德强，2022；Schwarz，2017）等角度进行了理论探讨，但仍然缺乏实证研究。

数字劳动作为一种全新的管理实践已经吸引了管理学、经济学、法学等多个学科领域学者的广泛关注，也推动了理论研究的快速演进。从研究的范围来看，数字劳动研究从最初聚焦于经济现象的描述，向上拓展到以研究劳动者权益保障为代表的宏观政策层面，向下延伸至劳动者心理情绪的微观层面（Liu et al.，2022）。从研究维度与视角看，数字劳动具有灵活性与多样性，借助数字平台不仅为生产资料的配给和劳动生产率的提高奠定了基础，也为劳动者提供了多样化的就业岗位。从研究的对象看，由于平台经济具有自主性、分散性、参与主体多元性等特点，为保障数字技术与劳动者需求的有效衔接，还需要协同考虑多方利益诉求问题（刘苹等，2023）。为此，在数字赋能经济高质量发展的背景下，整合多学科视角下的研究，有利于为数字劳动研究注入新的思路与方法。

鉴于上述思考，本文拟从多学科视角出发，采用系统性文献回顾法（Systematic Literature Review，SLR）对数字劳动这一富有时代性和理论创新性的话题展开文献研究。首先，通过梳理数字劳动的相关概念，提炼其核心要素与外在表征；其次，在总结国内外研究文献所属学科范畴的基础上，提炼了平台经济下数字劳动研究的内容框架，并从数字劳动研究的主题、研究重点、理论基础等方面进行了科学评述与系统性梳理；最后，本文立足于管理学，阐述了未来具有科学价值和实践意义的研究方向，以期为未来的研究者提供借鉴参考。

2. 研究方法与文献检索

2.1 研究方法

系统性文献回顾法（SLR）不同于文献计量分析与元分析，它要求研究者对目标领域的研究文献进行内容整理、编码和交叉验证，从而提高研究结果的科学性和指导性。根据 Danese 等（2018）的观点，通过对文献的内容分析，SLR 能够帮助研究者就某一研究领域进行深入挖掘，推导出该研究领域的知识框架。基于此，本文采用 SLR 对平台经济下数字劳动的研究内容进行分析（详见图 1）。

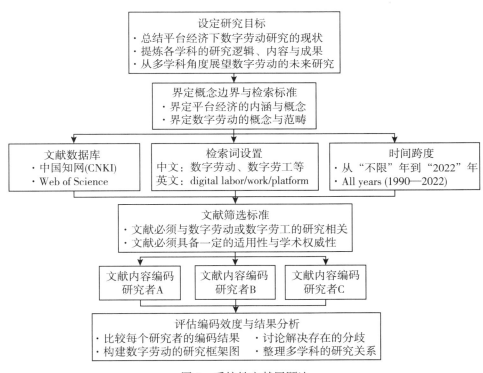

图 1　系统性文献回顾法

2.2 文献检索

在研究文献的获取上，中、英文文献的获取分别在中国知网（CNKI）与 Web of Science 数据库中进行检索。对于英文文献，以"digital labour"或"digital work"或"digital platform"或"platform economic" 等作为主题词进行检索。考虑到中文文献对 digital labour 一词的翻译存在"数字劳动"与"数字劳工"混用的情况，因此中文检索按"'数字劳动'或'数字劳工'并含'平台经济'"进行检索。

首先，为确保检索结果的科学性，英文文献以 SSCI/SCI JCR Q2 及以上分区作为筛选标准，中文文献以中国知网（CNKI）"核心期刊"作为筛选条件；其次，为确保文献检索结果的科学性，人工剔除检索结果中重复出现的文献、广告、书评、综述、会议报告等。共得到 595 篇与平台经济下数字劳动研究相关的文献（中文文献 204 篇，英文文献 391 篇）。

结合发文趋势看（见图 2），学术界关于平台经济下数字劳动研究的文献最早可以追溯到 1996 年。在国内，《国外社会科学》于 1997 年摘译了德国《艾伯特基金会通讯》编辑部发表的一篇短文《走在数字劳工世界的路上》。该文提到，多媒体、信息高速公路的扩建已经在 1995 年的德国成为热门话题，认为这种信息交流技术会对劳动条件、劳动关系和劳工市场带来结构性影响。然而，限于信息技术并未广泛渗透经济社会的方方面面，这一话题在接下来 10 余年并未引起学术界的普遍关注。在 2019 年前后，国内外文献的发表数量才出现爆发性增长。

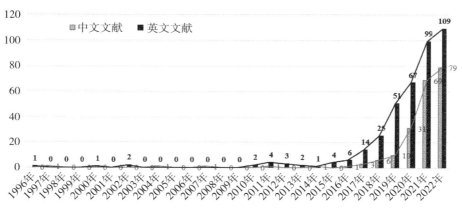

图 2　平台经济下数字劳动研究的文献发表趋势图

3. 数字劳动的概念与特征

3.1　数字劳动的概念：从"盲点之争"到"受众情感"

关于数字劳动的概念问题可上溯至 Smythe（1977）提出的"盲点之争"与"受众商品论"，用来指代用户的注意力与知识性行为被媒介转变为生产力的现象。进入 21 世纪后，意大利自治马克思主义学派正式提出了"数字劳动"一词。Terranova（2000）指出，数字劳动是互联网中的一种"免费劳动"（free labour）与"非物质劳动"（immaterial labour），包括网站的浏览与建立、软件包的修改、邮件阅读与撰写等活动。随后，这种互联网中的"免费劳动"被学者们解读为"产销合一者"（presumption）（姚建华和徐偲骦，2019）。通过模糊"休闲"与"工作"的边界，这种新型劳动形态推动了劳动生产向"社会工厂"的转变（Fuchs，2016；韩文龙等，2020）。因此，这种观点也被称为狭义的数字劳动。

伴随着信息与通信技术（Information and Communication Technologies，ICT）的普及，在 2014 年前后，国外对数字劳动的研究开始出现高潮。通过对"劳动"与"工作"的词源分析，Fuchs（2016）发现数字工作本质上是一种价值创造的活动，是在人脑、语言和数字媒体的帮助下创造新产品的过程，而数字劳动则是定价化的数字工作，其核心特征在于劳动异化。在 Fuchs 看来，数字劳动包含 ICT 行业在全球价值链上的各种形式的劳动，既包括生产、制造、装配等具备生产性质的各种劳动，也包括以"休闲""娱乐"为代表的"产销合一者"（Fuchs，2016）。Fuchs 的观点也被学术界称为广义的数字劳动。

随着粉丝文化与游戏产业的兴起，学术界对数字劳动的解读呈现出受众劳动、物质劳动、非物质劳动三条相互交织的路径（庄曦等，2019），其中由非物质劳动引发的情绪过劳现象成为一个重要话题（朱悦蘅和王凯军，2021）。从学术研究层面看，学者们看似在研究"受众"，实则是研究数字平台、平台企业与受众之间的情绪交互及其劳动异化过程，表现出强烈的情感批判色彩（丁依然，2021）。但是，以"产销合一者"为代表的无偿劳动是否也应囊括在数字劳动的范畴之中，一直备受争议。丁依然（2021）认为，"剥削机制分析"的随意化和泛化是导致争议的根源，其根本原因在于杂糅了"劳动"（labour）与"工作"（work）的概念。因此，参考 Fuchs（2016）的观点，本文认为数字劳动是指，数字知识和信息设备作为关键生产资料，劳动者依托于平台媒介开展的各种生产性与非生产性活动，进而产出各种形式的商品与服务的过程。为论述严谨，本文将"免费劳动"为代表的"产销合一者"视为一种特殊形式，若无特殊说明，本文中的数字劳动一般不包含"产销合一者"。

3.2 数字劳动的特征：平台参与、劳动异化、在不确定中生产"满足"

作为一种新兴生产力的代表，数字平台的出现将"劳动者—资本（企业）—消费者"三元关系重塑为"劳动者—平台企业—数字平台—消费者"四元关系。其中，平台企业在本文中特指依托于数字平台提供各类生产、生活型服务的企业。一方面，劳动关系链的重塑提升了劳动价值增值的方式，但劳动异化仍然存在；另一方面，数字平台用工模式的灵活性不仅加剧了劳动过程的不确定性，还迫使劳动者将情绪劳动嵌入其中（王蔚，2021；罗峰，2021）。因此，平台参与、劳动异化、不确定中生产"满足"成为数字劳动的重要特征（见图 3）：

（1）平台参与。数字平台汇聚了信息、数据、商品等生产要素，成为劳动者与企业之间的"桥梁"，推动了劳动资源的高效配置。一方面，数字平台为平台企业搭建了信息平台，平台企业可以在数字平台上自由发布工作要求等职位信息，劳动者可以根据自身的技能与时间情况，自由、灵活地选择合适的工作（刘苹等，2023）。另一方面，数字平台通过搭建"虚拟身份"与"排名系统"，在劳动者中成功营造了"制造同意"（刘战伟等，2021），还通过算法管理实现了劳动信息的加密与处理，通过对劳动过程的"不确定性"暗示，实现了对劳动者心理层面的控制（张媛媛，2022）。

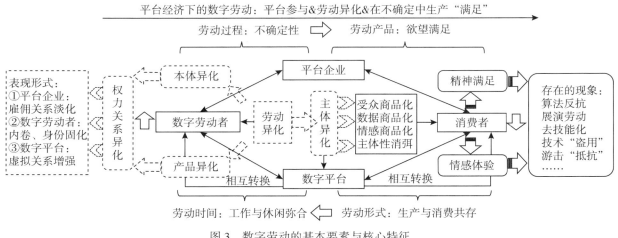

图 3　数字劳动的基本要素与核心特征

（2）劳动异化。在平台参与的情况下，劳动异化成为数字劳动的第二个特征。劳动异化可以理解为产品或利润与劳动者分离，被平台无偿占有并最终转化成与劳动者相抗衡的异己力量（陈红等，2023）。在数字劳动过程中，劳动异化主要表现在四个方面：一是劳动主体异化。主体异化强调作为受众，自己的"劳动"在一定程度上被售卖给平台，而平台不用支付任何报酬。尤其随着移动网络的生活化与娱乐化，劳动情感被抽象为数字符号（如粉丝数、点赞数、转发数等），表现出受众商品化、数据商品化、情感商品化等问题，劳动者主体地位消弭。二是劳动本体异化。强调数据与算法加剧了劳动过程的异化。劳动者的行为数据被平台采集和分析后转化为生产资料投入再生产，即在劳动过程中，劳动者生产的行为数据成为与劳动者相抗衡的力量。三是劳动产品异化。产品异化又称客体异化。一方面，劳动者的个人信息、社会关系、消费习惯等被平台转化为可商品化的资料，成为平台获得广告收益的来源。另一方面，平台通过建立排名系统或营造虚拟身份，诱使劳动者不断进行内容创作与数字生产，劳动产品成为异己的力量。四是权力关系的异化。数字劳动的平台性与虚拟性特征使得数据成为关键生产要素。对于平台企业而言，数字技术实现了非接触、弱联系的组织关系，劳动者与企业之间的传统雇佣关系被弱化；对数字平台本身而言，数据带来了劳动者的监督、支配，导致虚拟关系被加强；排名系统固化了劳动者的虚拟身份与等级，加剧了劳动者的过度内卷与去技能化风险（朱悦蘅和王凯军，2021）。

（3）在不确定中生产"满足"。"不确定性"主要表现在劳动时间、劳动产品、劳动过程、劳动形式等方面的动态化和不稳定性；"满足"则指劳动者所生产的产品既满足消费者的欲望，还要带给消费者额外的情感体验（王蔚，2021）。首先，消费者希望通过互联网获得精神满足与情感体验，这容易导致消费者主体地位消弭，催生"商品化用户"，使得劳动者与消费者在一定条件下可以相互转换。其次，在劳动关系链条延伸和劳动过程技术控制的双重影响下（罗峰，2021），一方面降低了数字劳动的准入门槛，另一方面也加强了平台与劳动者之间的虚拟联系，劳动者可以随时进入或退出多个平台。最后，在这种脆弱的劳资关系下，以内容创作（如视频博主、网络作家等）与生活服务（如外卖骑手、滴滴司机等）为代表的劳动者势必迎合并满足消费者的特定欲望，导致数字产品的庸俗化与类型化。因此，劳动关系的脆弱性必然导致劳动过程的"不确定性"，在劳动技能的低门槛性和劳动者的商品化现象的加持下，必然会推动劳动者生产出"满足"消费者特定欲望的产品。

4. 平台经济下的数字劳动研究：文献编码与内容框架

数字平台以算法为底层逻辑，在几乎没有人工干预的环境下重塑了传统的劳动过程（Wood et al., 2019），理论界关于数字劳动研究的议题也不断丰富。本部分将基于对数字劳动的概念和特征的分析，对检索到的中英文文献进行编码，在梳理和总结平台经济下数字劳动研究重点的基础上，提炼出多学科视角下数字劳动研究的内容框架图，以期帮学者们更好地理解现阶段数字劳动的研究概况。

首先，在内容编码和分析阶段，本文主要借鉴了刘善仕等（2022）和刘苹等（2023）的操作方法，邀请三名拥有博士研究生学历的课题组成员采用"背靠背"的方式对文献的基本信息（如文献标题、作者、发文时间）进行了提取，并针对文献的关键内容示例，提炼了文献的内容特征、关注主题等。

其次，为确保编码结果科学性与问题导向，我们进一步邀请了两名专门从事平台经济与数字劳动相关领域研究的专家学者对文献的编码结果进行了交叉检验与论证。在检验过程中，我们剔除了编码结果始终存在分歧的文献，最终保留了 451 篇文献。进一步，参考刘苹等（2023）的操作方法，由专家对编码结果进行了归纳与整理，例如，内容特征为"劳动关系的变迁如何影响权益保障问题"的中文文献与"数字劳动法、劳资冲突与第三类劳动者法理逻辑的探讨"的英文文献均涉及劳动关系与劳动者权益保障问题，因此将这两类文献归纳为同一类型。重复上述过程，本文将研究文献归纳为 6 个类别（见表 1、表 2）。

表 1　　　　　　　　　　　　　　　　中文文献的类别与文献编码（示例）

文献类别	关注主题	内容特征	文献（关键）内容示例	代表文献
第一类	新型劳动关系构建与劳动者权益	劳动关系的变迁如何影响权益保障	①……任务化模糊了用工关系的继任性……推动了去劳动关系化现象 ②我国司法机构应当灵活地理解劳动关系从属性特征……适时引入劳动关系推定规则……将具有经济依赖性的劳务提供者纳入劳动法的保护范围	班小辉（2019）
第二类	数字劳动造成的社会影响	数字劳动如何影响伦理道德与文化体系	①……然而，这些研究都忽视了数字劳动作为最基本活动与劳动者之间的交互关系…… ②数字劳动异化……进行负面和消极的构建，促使人与社会不断在制度和技术上进行自我批判与纠正	孙伟平和尹帮文（2022）
第三类	企业经营策略与服务绩效	平台经济如何影响企业经营活动与策略以提高服务绩效	①顾客在共享经济平台交易时，信任是影响顾客购买行为的关键因素 ②……建立第三方标记和身份认证制度有助于提升预订量……采用实证方法验证了民宿服务质量对预订量的影响……	徐峰等（2021）

续表

文献类别	关注主题	内容特征	文献（关键）内容示例	代表文献
第四类	算法控制与组织变革	数字劳动中的算法控制、劳动过程与劳动者依赖	①数字零工劳动者工作意愿具有多重并发因果关系……高目的型组态是生产被动工作意愿的主要原因，高价值型组态是生产主动工作意愿的主要原因 ②……企业通过算法完成的管理创新……提升零工劳动者的工作卷入 ③……减少"算法霸权"，增加信息公平、程序公平、分配公平的算法协商和民主参与程序	王文举等（2022）
第五类	劳动异化、情感剥削与反抗	数字劳动过程中的情绪劳动与情感劳动，以及算法反抗	①在数字资本主义中，这种劳动过程中的管理与控制实现了飞跃……监视资本主义是与数字资本相伴生的概念…… ②这是一种表演出"符合"客户需求的情感……通过反馈机制进行排名和评级，并将其应用于执行资本与劳动力的关系	王蔚（2021）
第六类	数字媒介的作用与平台资本的运营逻辑	平台媒介如何影响社会权力的变化及平台资本的运营逻辑	①数字资本借助传播技术的力量，对传统劳动进行了时空分离与权力内嵌 ②从生产关系视角审视数字劳动……网络传播组合了人们的社交环境，削弱了有形地点与在该地点上的密切联系 ③媒介技术以何种形式重塑了劳动的时空逻辑？	吴鼎铭（2021）

表 2　　　　　　　　　　　　外文文献的类别与文献编码（示例）

文献类别	关注主题	内容特征	文献（关键）内容示例	代表文献
第一类	和谐劳动关系构建与"数字劳动"法理逻辑探讨	数字劳动法、劳资冲突与第三类劳动者法理逻辑的探讨	①... labour platform increase the agency of workers to contract with clients... and thus reduce the risk of false self-employment in terms of the worker-client relationship ②... this study was to consider whether conflict in the remote gig economy might be generated and shaped by the specific manner...	Wood 等（2021）
第二类	数字媒介与平台经济如何影响社会生活	数字平台对社会、文化与政策的影响	①this infrastructural turn assumes greater significance in relation to digital media and in particular... ②the influence... have come to wield... Having 'disrupted' many sectors... digital platforms now seem to operate as infrastructures themselves	Plantin 和 Punathamkekar（2019）
第三类	平台服务过程中数字劳动者的情绪劳动与情感	数字技术对劳动者情绪的影响以及情绪调节与组织变革	①we found almost no extreme emotional state... this could be attributable to the emotional self-regulation... and corresponding emotional adjustment tactics in the organization ②... for organization, they must acknowledge that traditional model of business service has changed under the digital technology and Web 2.0	Liu 等（2022）

文献类别	关注主题	内容特征	文献（关键）内容示例	代表文献
第四类	劳动过程与算法控制	算法控制与抵抗对组织管理模式的影响及如何重塑雇主与雇员关系	①... algorithmic technologies in organization prompts questions about how algorithms may reshape organizational control ②... managers implement production technologies to maximize the value... and workers resist... ③we find that algorithmic control in the workplace operates through six main mechanisms, which we call the "6 Rs"	Kellogg 等（2020）
第五类	数字劳工与数字剥削	数字劳动过程中的劳动异化与控制	①this article examines the ongoing trend in outsourcing low-skilled work to the crowd... and how platform design features and algorithmic... to assign, monitor and evaluate work ②Its findings highlight the need for transparency in platform architecture, design and algorithms to ensure that workers are protected from the vulnerabilities they face with digital work	Rani 和 Furrer（2021）
第六类	数字媒介的作用及其产生的权力变动	平台经济的类型、特征对社会的影响，以及国家如何管理	①digital platforms are not just software-based media... they also solidify markets... ②the decisive concept on the micro level would be efficiency and expedient market performance by means of local control ③but it is clear that state interference or direct control of platforms of this kind is deeply problematic...	Schwarz（2017）

根据文献编码结果，本文对数字劳动的研究主题进行了进一步提炼（见表 3）。为避免歧义，本文参考国务院学位委员会第二十八次会议颁布的《学位授予和人才培养学科目录（2011 年）》，将本文归纳出的 8 个研究范畴（劳动法学、社会学、旅游管理、组织行为学、战略管理、劳动经济学、政治经济学、传播政治经济学）聚类为法学、管理学、经济学、文学这四大学科门类（详见表 3）。

表 3 **数字劳动研究范畴与学科门类**

归 纳 依 据	研究主题提炼	研究范畴	学科门类
第一类文献均涉及平台经济中劳动者的劳动雇佣关系形成，也涉及法律制度如何保障劳动者权益。因此，将研究范畴归纳为"劳动法学"，学科门类归纳为"法学"	新型劳动关系与劳动者权益保障、"数字劳动法"法理逻辑的适用性	劳动法学（5.77%）	法学（13.46%）
第二类文献均涉及数字劳动与平台经济的出现对社会生活的影响。因此，将研究范畴归纳为"社会学"，学科门类归纳为"法学"	数字劳动对伦理道德、社会权力关系与生产生活的影响	社会学（7.69%）	

续表

归 纳 依 据	研究主题提炼	研究范畴	学科门类
第四类文献主要以劳动过程的控制为核心探讨数据、算法如何影响劳动者的劳动过程与行为选择。因此，将研究范畴归纳为"劳动经济学"，学科门类归纳为"经济学"	算法控制、劳动过程与劳动者行为	劳动经济学（15.38%）	经济学（34.62%）
第五类文献探究技术遮蔽平台剥削的实质及其劳动者剩余价值的剥削与异化问题。因此，将研究范畴归纳为"政治经济学"，学科门类归纳为"经济学"	数字剥削对劳动异化、劳动控制的影响	政治经济学（19.23%）	
第六类文献主要探讨平台媒介作为一种经济力量如何影响社会的权力体系变动，以及媒介作为资本的运营逻辑问题。因此，将研究范畴归纳为"传播政治经济学"，学科门类归纳为"文学"	数字媒介对劳动生产率、劳动形态的影响	传播政治经济学（26.92%）	文学（26.92%）
第三类文献既涉及平台经济的出现对服务型企业经营绩效的影响，也探讨了组织中劳动者的情绪问题，还探讨了企业经营策略的调整以适应数字化、平台化经营的需求。在研究的对象、结果等方面存在交融性，故将研究范畴归纳为"旅游管理""组织行为学""战略管理"三个范畴，学科门类归纳为"管理学"	算法决策与情绪行为	组织行为学（11.54%）	管理学（25.00%）
	运营策略与企业绩效	战略管理（7.69%）	
	服务体验与服务绩效	旅游管理（5.77%）	

注：百分比表示相应范畴下的文献数量在451篇文献中所占的比例。

基于上述工作，本文在系统性回顾数字劳动的研究现状的基础上，结合学科门类的划分标准与文献编码结果，提炼出一个关于数字劳动研究的内容框架图（见图 4），以期帮助学者们较为全面地了解现阶段数字劳动的研究概况。

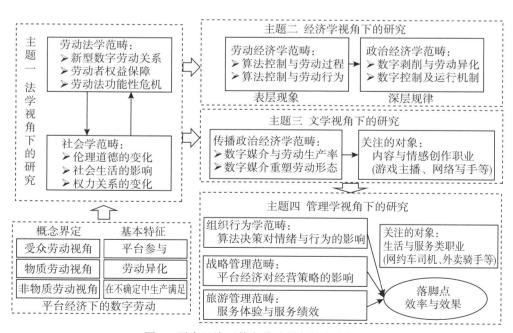

图 4 平台经济下数字劳动研究的内容框架

5. 平台经济下数字劳动研究的多学科文献评述

结合数字劳动研究的内容框架（见图 4），本部分从法学、经济学、文学、管理学四个学科门类出发，对数字劳动研究的主题、内容、理论基础与成果等方面进行整理，以期为后续的研究提供借鉴参考。

5.1 主题一：法学视角下的数字劳动研究

从数字劳动的研究现状和进展来看，其理论研究成果仍然处于初步的探索阶段。通过系统性文献梳理，本文发现法学视角下的研究大致上可以归纳为劳动法学与社会学两个范畴。

第一，劳动法学范畴下的研究。从研究主题来看，主要围绕"构建新型数字劳动关系以保障劳动者权益""调整劳动法以解决功能性危机"两条逻辑主线展开。在构建新型数字劳动关系以保障劳动者权益的议题上，肖竹（2021）基于劳动关系视角，认为在新技术、新业态、新模式的背景下，劳动用工实践已然触动了劳动法产生、发展、适用的原点性问题。有学者指出，尽管互联网平台经济造就了诸多就业岗位，但它也导致了从属性劳动关系与独立性劳动关系之间的灰色地带不断扩大（班小辉，2019）。例如，在外卖行业中，骑手与平台之间通过即时配送服务来实现盈利，这种现象符合"劳务承揽"的概念范畴，但在"经营范畴"的法律界定上数字平台却宣称自己提供的是"信息服务、中介服务"，扮演"信息居间"的角色，传统劳动法开始面临功能性危机（邹开亮和王霞，2020）。

在调整劳动法以应对功能性危机上，学者们主要提出了两种解决思路：一是打破劳动关系的传统认定标准。有学者指出，新就业形态实际上存在"劳动关系""劳务关系"与"零工关系"三种类别，在传统"二元模式"的基础上，可以将劳动者纳入法律的中间地带——通过设置"第三类劳动者"或"非标准劳动关系"扩大劳动法的适用范围（刘苹等，2023）。二是进行特别立法。在实践中，企业经营策略的制定并非从法律角度来改进劳动用工方式，同时数字劳动中灵活化和"多雇主化"现象的存在，使得大量新就业形态群体（如网约车司机、外卖骑手等）缺乏劳动法的保护。相反，以企业高管为代表的部分高级别劳动者却受到劳动法的保护，劳动法日益演变为"贵族劳动法"（沈建峰，2022）。总之，尽管劳动法学范畴下的研究已经意识到传统劳动法的局限性，但无论进行特别立法还是引进新的认定标准，其目标导向始终在于如何有效扩大劳动法的适用范围以保障劳动者的合法权益。

第二，社会学范畴下的研究。通过系统性文献梳理可以发现，学者们还关注数字劳动带来的伦理道德变化、社会权力关系变迁及其对生产生活的影响。首先，在伦理道德的研究中，卞靖懿（2022）基于劳动异化理论，发现大数据时代推动了资本的数字化转型，造成了生产逻辑、大数据逻辑与人的发展逻辑之间的冲突和对立，劳动剥削现象更加隐秘。例如，2020 年，一篇名为《外卖骑手，困在系统里》的文章引发了学术界的强烈反响，这篇文章一方面反映了平台财富的急速增长，另一方面也揭示了平台算法治理之下劳动者处境的不断恶化。孙萍（2019）的研究结果也证实，数字平台的"算法逻辑"会造成"时间内嵌""情感劳动规训"等问题，这不可避免地会将劳资矛盾转移到"技术—劳动"的层面，表现出"人的逻辑"和"算法逻辑"的对抗与糅合。其次，除了对伦理道德的影响外，数字平台的出现还会对生产生活与社会权力关系产生影响。罗峰（2021）系统总结了网络时代青年群体数字劳动的逻辑主线，作者指出，随着数字劳动关系链的延伸与劳动控制技术的发展，青年劳动者在不断生产满足消费者特定欲望的产品之时，也间接造成了劳动者技能水平的降低，对社会发展带来潜在的威胁。范如国（2021）基于复杂适应性理论，发现在平台技术"幂律法则"和"增量赋权"效应的影响下，许多平台会逐步演化为一种公共物品，并对平台技术理性可能会对社会与政治理性产生反噬表达了担忧。总之，社会学范畴下对数字劳动问题的探讨仍然停留在质性分析或演绎推导阶段，分析数字技术的出现对劳动过程、社会权力变革的影响。

5.2 主题二：经济学视角下的数字劳动研究

在经济学视角下，研究范畴集中在劳动经济学与政治经济学两个领域，具体来说：

第一，劳动经济学范畴下的研究。不同于劳动法学，劳动经济学主要以"算法控制"作为切入点，探讨算法控制对劳动过程与劳动者行为的影响。在有关劳动过程的研究中，朱悦蘅和王凯军（2021）从数字过劳视角出发，揭示了数字过劳现象产生的根本原因在于平台资本对剩余价值的索取。刘苹等（2023）也发现，数字平台在加速劳动资源高效配置的同时，也表现出"数字泰勒主义"的倾向，通过不断挑战员工的生理极限，间接引发了"效率之恶"。王蔚（2021）则从情感劳动角度，解释了算法规制如何在劳动过程中开发平台劳动者的情感资源，进而迫使劳动者在劳动过程中投入情感。可见，算法在重塑传统劳动过程之时，已经从生理与心理两个层面形成了对劳动者的技术围猎（张媛媛，2022），所以在算法规制之下关于劳动者行为选择及应对策略的研究开始成为学者们关注的重点。Kellogg 等（2020）发现，算法会通过 6 种机制重塑传统的组织控制方式，并系统地梳理了劳动者可能采取的逃避、操作算法管理的措施。刘善仕等（2022）则认为劳动者不仅会主动适应算法管理，还会通过寻找算法漏洞和解码算法运行机制来操作算法管理。然而，理论界针对算法管理下劳动者行为策略的研究仍然停留于质性分析或理论探讨的阶段，尚缺乏实证分析。总之，关于平台算法如何影响劳动者的行为策略选择及其背后的效应机制，尚待实证研究进行深入探讨和论证。

第二，政治经济学范畴下的研究。在政治经济学范畴下，学者们主要探讨数字剥削与劳动异化的实质、以劳动控制为核心探讨数字劳动的运行机制两个问题。（1）在数字剥削与劳动异化方面，刘海霞（2020）基于数字劳动异化理论，指出数字资本主义模糊了工作与娱乐的边界，劳动者自身难以意识到自己在进行劳动，劳动剥削程度反而会加剧。陈红和邢佳妮（2023）则从数字劳动的主体、客体、本体和劳动权力关系变迁等方面总结了数字劳动异化的具体表现，并且提出了数字劳动异化带来的三重危害。（2）在劳动控制的研究中，韩文龙和刘璐（2020）借鉴劳动过程理论，发现数字化的生产方式会深刻影响雇佣关系、劳动控制过程以及劳动报酬支付，并且总结了数字劳动过程的四种表现形式。朱悦蘅和王凯军（2021）从数字过劳视角，发现劳动关系的松散化、劳动的隶属转移、数据控制与激励机制是造成数字过劳现象的主要原因，最终加剧了再生产环节的内卷化与"三重挤出"效应。总之，政治经济学范畴下的研究主要探讨平台用工模式存在的数字剥削、劳动异化及其可能造成的影响。可见，如何协调劳资关系与存在的矛盾，探索适合我国国情与社会制度的数字劳动实践，成为后续理论研究需要探讨的问题。

5.3　主题三：文学视角下的数字劳动研究

文学视角下的研究集中在传播政治经济学范畴，主要遵循 Smythe 的"受众商品"假设，探讨媒介产业劳动者所面临的困境、福利待遇与社会保障变迁等核心议题。从研究的范式来看，传播政治经济学的研究一方面表现出与马克思主义政治经济学相似的研究范式，主要关注数字媒介如何影响劳动过程与劳动再生产；另一方面学者们普遍将劳动者视为"受众"，分析数字媒介对不同类型、不同行业劳动者的影响。具体来说：一是将数字劳动置于全球语境中，探讨平台媒介对劳动生产率的影响。例如，姬德强（2022）基于国家、市场与社会三方互动框架，分析了新闻产业数字化转型的逻辑差异。Schwarz（2017）认为，数字平台作为一种媒介，它不仅巩固了劳动市场，还提高了宏观调控的效率。二是强调劳动者是媒介产业的有机组成部分，关注媒介产业中劳动者的类型、劳动过程及其对劳动者可能造成的负面影响。例如，吴鼎铭（2017）根据劳动形式的不同，将"数字劳动"分为内容生产与消费者、弹性雇佣下的网络写手、游戏产业中的廉价"玩工"三种类型。随后，郭小安和李晗（2021）以及刘战伟等（2021）分别分析了游戏陪玩与短视频创意劳动者的劳动过程，发现劳动者不仅被要求满足消费者的情感需求，还在一定程度上表现出了"去异化"的趋势。总的来说，传播政治经济学的研究对象集中于游戏陪练、网络主播、网络写手等以内容和情感创作为核心的职业，多采用田野调研与质性研究对劳动过程中存在的情感劳动现象进行挖掘。

5.4　主题四：管理学视角下的数字劳动研究

管理学视角下数字劳动的研究以效率和效果为导向，主要关注平台算法管理对劳动者的情绪与行为方面的影响，同时也关注算法决策对企业经营效率的影响。本文通过系统性文献梳理，发现研究集中在组织行为学、战略管理与旅游管理三个范畴。具体来说：

第一，组织行为学范畴下的研究。从现有的研究主题来看，学者们重点关注算法决策对劳动者的情绪、行为与认知体验等方面的影响。在劳动者情绪与行为的研究中，Kellogg 等（2020）强调，劳动者对算法决策与感知劳动收益之间是否存在公平性的主观评判会直接影响劳动者的情感与认知体验。Newlands（2020）则发现，由于劳动者的隐私信息在数字虚拟空间中能够被算法轻易识别，这可能诱发劳动者的恐惧与消极情绪。刘善仕等（2022）则指出，由于算法决策的程序不一定是透明的，平台劳动者可能会采取积极或消极的措施来适应、逃避或操作算法。Kellogg 等（2020）则将这一类行为归纳为"算法行动主义"。在劳动者认知体验的研究中，刘小禹和余彩婷（2023）以及 Doorn（2017）指出，在算法控制之下，情绪是加剧劳动者自我损耗的重要原因，并且会使得他们对数字劳动的满意度"大打折扣"。高雪原等（2023）借鉴 JD-R 模型，分析了外卖骑手工作压力的形成机理，指出算法技术嵌入、权力结构配置与工作特征的变化是造成零工工作者压力的重要情境因素，会间接引发一系列负性情绪体验。总之，组织行为学范畴下的研究聚焦于算法管理对劳动者情绪及其行为策略的影响机制研究，研究多以质性研究为主，尚缺乏实证研究予以验证。

第二，战略管理范畴下的研究。学者主要研究平台经济的发展对企业经营策略与绩效的积极和消极影响。从积极的角度看，学者们认为，平台经济的发展推动了劳动力在供给侧与需求侧的有效匹配，通过影响企业传统的人力资源政策，提高了企业的运营效率（刘苹等，2023）；部分学者认为，数字劳动依托数字平台进行，这在一定程度上还有助于企业数字化转型与升级。从消极角度看，Meijerink 等（2019）指出，平台用工模式对于劳动者的选拔与招募远不及传统雇佣模式严谨，这可能导致企业劳动者素质低下、对企业忠诚度与归属感降低，从而加剧企业可能面临的劳务纠纷与法律风险。郑祁等（2019）也认为，随着合作的远程化与劳动者的去技能化现象的出现，这在一定程度上会迫使企业不断调整经营战略以适应环境变化。此外，还有学者提到，虽然数字平台能够轻易捕获、分析和利用劳动过程中劳动者的各种行为数据，用于提高劳动生产率（Curchod et al.，2020），但是劳动者对算法"运作黑箱"的担忧和恐惧情绪，可能会诱发"平台脱媒"从而负向影响平台经营绩效（Rosenblat & Stark，2016）。综上，理论界关于平台经济发展与企业经营绩效的实证研究仍有待完善，大多数学者虽然对二者之间的关系持有积极态度，但同时也意识到可能会存在消极影响。

第三，旅游管理范畴下的研究。平台通过算法技术输出的服务模式的创新实践能够最终作用于服务体验与服务绩效的提升，是旅游管理研究所关注的核心问题。尽管理论界尚未有研究直接证明算法技术对二者存在积极作用，但学者们也开始从情绪劳动、信任机制、情感体验等角度出发开展了实证分析。例如，Liu 等（2022）通过对多模态数据集的对比和分析，发现平台客服的情绪劳动是影响服务质量的核心，同时受制于顾客语言等客观因素的制约，这在很大程度上会最终决定平台客服的服务模式选择。徐峰等（2021）基于对 Airbnb 的实证研究发现，信任是决定顾客产生购买意愿的关键因素，其中基于情感的信任机制会对民宿的预订量产生正向影响。此外，黄和平等（2022）基于上海迪士尼度假村的研究发现，房东所提供的额外服务，如助游服务、午餐晚餐服务等，有利于提升消费者的情感体验。

总之，管理学视角下的研究多集中在外卖骑手、民宿从业者、平台客服等服务型职业，三个范畴的数字劳动研究已经呈现出彼此渗透、相互交融的趋势。

6. 研究结论与展望

6.1 研究结论与启示

随着互联网平台经济的发展，数字劳动作为数字经济时代新兴的管理实践和理论创新，近年来已经受到了多个学科领域的广泛关注。本文基于系统性文献回顾法，从多学科视角梳理了数字劳动研究的内容，得到如下研究结论：

第一，法学视角下的研究以维持数字劳动关系与社会稳定为出发点，重点探讨如何调整和扩大劳动法的适用范围以应对其所面临的功能性危机，同时也关注数字劳动对社会伦理道德以及劳动者权益保障等方面的影响。平台经济的发展产生了新型劳动关系，而我国现行法律框架对新型劳动关系的认定尚不清晰，由此引发了一系列现实性问题。因此，一是从政府层面加快完善和落实数字劳动法，明确劳动关系、规范平台行为，为平台经济的发展提供健全的制度保障；二是创新监督与治理理念，政府部门可以加强对算法内容与底层逻辑的合理性审查，有效治理由平台算法治理所引发的"劳动异化"与"情感规训"等问题。

第二，经济学视角下的研究以探讨数字劳动的运行机制为出发点，既关注平台算法对劳动过程与劳动者行为的影响，又探讨造成这种影响的背后机制。数字平台通过算法提高了劳动资源在市场中的匹配效率，但是在算法决策的非人性化和效率导向之下（刘善仕等，2022），劳动者实际上长期处于"情感剥削""三重脱嵌"之中。同时，算法决策还表现出刻意迎合消费者的倾向，成为数字平台规范劳动过程、劳动方式、劳动标准的重要工具，从而在最大程度上从劳动者的产出中攫取经济价值。因此，对于数字平台而言，一是应该积极主动地承担相应的社会责任，要树立算法伦理道德意识，切实维护劳动者的合理权益；二是要杜绝"最强算法"考核理念，主动优化算法决策及其机制，防止因过度劳动异化带来的"效率之恶"。

第三，文学视角下的研究主要将劳动者视为"受众"，旨在揭示媒介作为一种社会力量对劳动者、劳动过程与劳动关系等方面的影响。一方面，数字技术的发展使得劳动者的"创造性能力"逐渐演化为"操作性能力"，通过降低数字劳动的准入门槛，加速了劳动者的去技能化。另一方面，各种数字符号成为衡量劳动产出的重要指标，劳动产出逐渐表现出以满足消费者的特定需求和欲望为导向，间接推动了劳动产出的庸俗化和类型化。因此，对于劳动者而言，一是努力提高技能水平，降低自身的被替代风险；二是努力提高工作素养与坚守职业道德，主动生产和提供高质量的产品与服务，降低产品的类型化与庸俗化。

第四，管理学视角下的研究旨在揭示平台经济发展对企业经营战略以及劳动者行为的影响。数字平台促进了劳动力资源的有效配置，最大程度降低了企业的人才招聘成本；同时，企业无需在传统"二元制"雇佣关系下向劳动者提供福利保障，节约了管理成本，但是这也间接导致了企业人力资本外溢化。因此，企业一是要积极调整自身的经营策略，不断应对环境变化；二是调整人才招聘策略，在招聘环节主动向劳动者提供基本福利保障措施，提高企业的亲和性。

6.2 理论反思与研究展望

数字劳动作为平台经济发展而出现的一种新型管理实践，通过整合"技术逻辑、数字逻辑、制度逻辑"（陈红和邢佳妮，2023），已经成为劳动用工的新趋势和理论研究的新焦点。这种技术协同、跨界融通的新型劳动用工模式，对于实现劳动资源的有效匹配，加快经济转型升级至关重要。但是从目前的研究情况来看，管理学的相关文献数量低于经济学和文学两个学科门类（见表3），其理论研究还有进一步拓展的空间。与此同时，随着 2019 年《关于促进平台经济规范健康发展的指导意见》与 2021 年《关于推动平台经济规范健康持续发展的若干意见》等官方文件的陆续出台，推动平台经济"规范、健康、持续"发展，已经上升到国家战略层面。

因此，本文立足于国家战略部署和推动经济高质量发展的时代需要，基于系统性文献回顾法，同时考虑到平台经济的健康发展还需要考虑和协调数字平台、劳动者等多方利益诉求等现实性问题，以及单一学科研究中存在的局限性，拟借鉴国内外学者在法学、经济学和文学三个学科领域的研究思路，聚焦于管理学视角，对平台经济下的数字劳动研究中具有科学价值的议题做出展望（见图 5）。

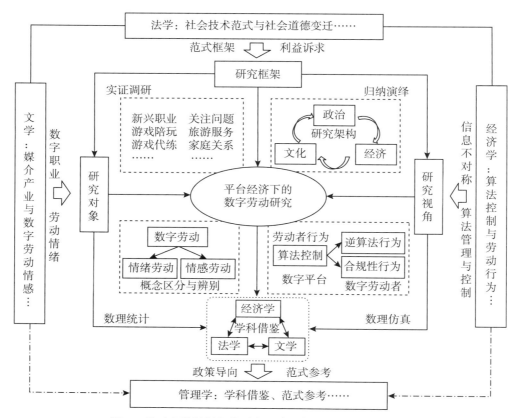

图 5　基于多学科视角的平台经济下数字劳动的研究展望

（1）进一步完善数字劳动及其相关概念的研究，强化理论对实践的指导。现阶段，无论是在理论研究还是实践应用层面，数字劳动的概念和内涵正处于不断完善和快速成长的阶段，因此有必要进一步完善数字劳动及其相关概念的研究。纵观与数字劳动主题相关的各类研究，学者们大多采用归纳演绎、定性描述、个案对比分析等方法对数字劳动的基本属性、应用范畴等进行了初步描述和界定，这一方面可能与数字劳动本身的复杂性有关，另一方面也与平台经济的快速发展所催生的各类新型数字职业有关。然而，基本概念研究的科学性与系统性缺失必然会导致理论研究陷入"管理丛林"，这不仅会降低管理理论的科学性，还会降低理论对实践的指导作用。

因此，对未来的研究而言，一方面，在结合数字劳动传统概念解读的基础之上，还应该考虑平台经济对传统劳动过程的重塑作用，丰富和完善数字劳动的内涵与核心维度；进一步，可以开发针对数字劳动内涵、构念的测度量表，为该领域的实证研究提供良好的基础。另一方面，未来的研究还需要注重与数字劳动相关概念的语义区分与辨析。例如，随着网络主播、游戏陪玩等新兴数字职业的兴起，情感劳动（affective labour）成为学者们所关注的话题。不同于 Hochschild 所提出的情绪劳动（emotional labour）的概念，情感劳动（affective labour）源自 Hardt 和 Negri 的同名著作《情感劳动》，用来描述劳动者表现出的一种发自内心的、自愿的情绪状态。然而，受制于翻译语境的影响，48.2% 的 CNKI 期刊论文存在概念误用现象，仅有 22 篇（占比约为 19.3%）的文献正确使用了"情感劳动"这一概念（郭小安和李晗，2021），其理论概念"张冠李戴"的现象并没有得到足够的重视。因此，数字劳动研究还需要加强理论审视与概念研究，确保理论研究成果的正确性、规范性和科学性。

（2）从研究的框架来看，注重多学科范式交融与多方利益诉求问题的研究。平台经济下的数字劳动作为一种新事物，其本身表现出劳动关系的复杂化、参与主体的多样化、社会影响的广泛化等特征。在实践中，一方面互联网与平台媒介的普及正在悄无声息地重塑阶层关系，部分意见领袖和网络大 V 表现出强大的舆论与社会影响力；另一方面劳动者在经济、文化、收入水平等方面的不平等也势必加剧了"马太效应"，这会间接影响教育培训、旅游服务、社会保障等社会生活的多个方面，影响范围与深度日益加大。

因此，对于未来的研究，一是可以参考和借鉴"政治—经济—文化"研究框架（姚建华和徐偲骕，2019），阐释数字平台如何通过算法决策在劳动群体中营造"制造同意"，将研究的视角聚焦于中国文化环境，关注数字劳动者的情感体验；二是可以将研究的范围拓展到数字劳动的生产场所之外，将生产与"再生产"环节作为一个整体进行分析，例如，可以关注数字劳动如何影响青年人口的就业、劳动力的社会保障、工作—家庭关系等；三是还可以从信息不对称角度解读劳动者及其利益相关者之间存在的利益交互问题。在数字劳动中，由于平台的经济收益与劳动者的服务质量密切相关，平台通过算法实现了劳动信息的加密处理，通过对劳动关系链的延伸和劳动过程"不确定性"暗示（张媛媛，2022；Rosenblat & Stark，2016），达到了劳动控制的效果。因此，未来的研究可以分析信息不对称如何对劳动者及其利益相关者的行为产生影响。

（3）从研究的视角来看，关注算法管理下劳动者行为问题研究。当前，平台算法实际上已经摆脱了单一技术架构的范畴，通过对社会关系、生产关系、劳动关系三方面的解构，实现了劳动过程的数字支配（张媛媛，2022）。一方面，平台算法通过构建三方评价机制，将"五星好评"纳入劳动者绩效考核体系，加剧了劳动者的工作压力和内卷；另一方面，算法通过"游戏化"的工作设计还间接导致了数字过劳现象，劳动者面临平台的"技术围猎"和"算法霸权"，往往会通过各种逆算法实践寻找算法漏洞和解码算法运行机制，使得算法更有利于增加自身利益（如网约车司机通过与顾客合作实现了"空单运转""下空单"；外卖骑手通过"挂单"和"报备"方式延长配送时间等）。值得注意的是，这类行为本质上是一种个体的理性行为，但它们可能并非合理合规，如果不加以规制容易在劳动者中不断扩散、蔓延，最终演化为一种集体性的不理性行为，导致平台算法运行机制处于部分或完全失灵状态。

因此，对于未来的研究而言，一方面可以进一步关注算法控制之下劳动者表现出的各类行为，如创新行为、重塑行为、偏差行为、逆算法行为等，探讨产生这类行为的前置因素及其机制；另一方面还可以借鉴羊群效应、随机过程等理论，对这类行为的形成与演化机制进行仿真分析，从而科学解释劳动者的各类逆算法实践将如何影响或重塑平台的算法运行机制。

（4）从研究的对象与方法来看，重视新兴数字职业与实证研究。随着平台经济的发展，各种新兴的数字职业也在不断涌现，以游戏行业为例，根据工作性质与目标的不同，可以将游戏陪玩细分为游戏代练、游戏陪练等。一方面，这种新兴职业来得"既急又快"；另一方面，它们又不同于外卖骑手、网约车司机等被动接受平台算法规制，以投入情绪劳动为核心特征的职业。在劳动过程中，这类职业面临平台算法控制反而呈现出强烈的自我进取、自我商品化的倾向。劳动者根据客户需求的不同往往主动地提供不同种类、不同程度的情感服务，情感的制造与传递反而成为这类劳动者工作的核心。

因此，未来研究一方面可以将研究的对象从以生活类众包服务为代表的职业（如外卖骑手、网约车司机）转移到以内容创作为代表的职业（如游戏陪玩、网络主播、网络写手），结合不同类型数字职业的劳动过程、劳动控制、情感体验、工作投入、情感承诺等问题设计相应的测度量表，为理论研究提供科学的工具；另一方面，还可以使用演化博弈理论、ISM 等系统动力研究工具，推动量化研究工作的开展，提高研究结果的科学性，丰富理论研究成果。

◎ 参考文献

[1] 班小辉．"零工经济"下任务化用工的劳动法规制 [J]．法学评论，2019，37（3）.

[2] 卞靖懿．大数据时代数字劳动正义觉解 [J]．道德与文明，2022（4）.

[3] 陈红，邢佳妮．数字劳动异化的表征、危害及其超越 [J]．海南大学学报（人文社会科学版），2023，41（2）.

[4] 丁依然．从"剥削"中突围：数字劳工研究的现状、问题和再陌生化 [J]．新闻界，2021（5）.

[5] 范如国．平台技术赋能、公共博弈与复杂适应性治理 [J]．中国社会科学，2021（12）.

[6] 高雪原，张志朋，钱智超，等．零工工作者工作压力：形成机理与量表开发 [J]．南开管理评论，2023，26（3）.

[7] 郭小安，李晗．情绪劳动与情感劳动：概念的误用、辨析及交叉性解释 [J]．新闻界，2021（21）.

[8] 韩文龙，刘璐．数字劳动过程及其四种表现形式 [J]．财经科学，2020（1）.

[9] 黄和平，卢毅琮，姜红，等．基于特征价格模型的景区依附型民宿定价机制研究——以上海迪士尼度假区为例 [J]．地域研究与开发，2022，41（2）.

[10] 姬德强．数字新闻业的政治经济学：基于比较体制与数字经济的视角 [J]．新闻界，2022（4）.

[11] 刘海霞．数字劳动异化——对异化劳动理论的当代阐释 [J]．理论月刊，2020（12）.

[12] 刘苹，熊子悦，张一，等．基于数字平台的零工经济研究：多学科多视角的文献评述 [J]．西部论坛，2023，33（1）.

[13] 刘善仕，裴嘉良，葛淳棉，等．在线劳动平台算法管理：理论探索与研究展望 [J]．管理世界，2022，38（2）.

[14] 刘小禹，余彩婷．悲欣交集：数字技术与员工情绪 [J/OL]．外国经济与管理，https：//

doi. org/10. 16538/j. cnki. fem. 20230501. 102.

［15］刘战伟，李媛媛，刘蒙之．平台化、数字灵工与短视频创意劳动者：一项劳动控制研究［J］. 新闻与传播研究，2021，28.

［16］罗峰．在不确定中生产满足——网络时代下中国青年数字劳动研究述评（2010—2020）［J］. 中国青年研究，2021（4）.

［17］沈建峰．数字时代劳动法的危机与用工关系法律调整的方法革新［J］. 法制与社会发展，2022，28.

［18］孙萍．"算法逻辑"下的数字劳动：一项对平台经济下外卖送餐员的研究［J］. 思想战线，2019，45.

［19］孙伟平，尹帮文．论数字劳动及其与劳动者的双向建构［J］. 社会科学辑刊，2022（6）.

［20］王蔚．数字资本主义劳动过程及其情绪剥削［J］. 经济学家，2021（2）.

［21］王文举，魏巍，刘贝妮．乐在其中还是权宜之计？——数字零工劳动者工作意愿研究［J］. 经济与管理研究，2022，43（10）.

［22］吴鼎铭，胡骞．数字劳动的时间规训：论互联网平台的资本运作逻辑［J］. 福建师范大学学报（哲学社会科学版），2021（1）.

［23］吴鼎铭．网络"受众"的劳工化：传播政治经济学视角下网络"受众"的产业地位研究［J］. 国际新闻界，2017，39（6）.

［24］肖竹．劳动关系从属性认定标准的理论解释与体系构成［J］. 法学，2021（2）.

［25］徐峰，张新，梁乙凯，等．信任构建机制对共享民宿预订量的影响——基于 Airbnb 的实证研究［J］. 旅游学刊，2021，36（12）.

［26］徐婷婷．劳动异化与劳动同意：互联网数字劳动的价值二重性辨析［J］. 新闻爱好者，2021（4）.

［27］姚建华，徐偲骕．全球数字劳工研究与中国语境：批判性的述评［J］. 湖南师范大学社会科学学报，2019，48（5）.

［28］张成刚，张中然．新就业形态的就业留存——基于外卖骑手的定性比较分析［J］. 中国劳动关系学院学报，2022，36（5）.

［29］张媛媛．算法之眼与数据蔽视：媒介空间中的劳动管理研究［J］. 传媒观察，2022（1）.

［30］郑祁，杨伟国．零工经济前沿研究述评［J］. 中国人力资源开发，2019，36（5）.

［31］朱悦蘅，王凯军．数字劳工过度劳动的逻辑生成与治理机制［J］. 社会科学，2021（7）.

［32］庄曦，董珊．情感劳动中的共识制造与劳动剥削——基于微博明星粉丝数据组的分析［J］. 南京大学学报（哲学·人文科学·社会科学），2019，56.

［33］邹开亮，王霞．算法控制下外卖骑手劳动关系的去离、回归与协调［J］. 大连理工大学学报（社会科学版），2022，43（5）.

［34］Curchod, C., Patriotta, G., Cohen, L., et al. Working for an algorithm：Power asymmetries and agency in online work settings［J］. Administrative Science Quarterly, 2020, 65（3）.

［35］Danese, P., Valeria, M., Romano, P. A systematic literature review on recent lean research：State-of-the-art and future directions ［J］. International Journal of Management Reviews, 2017, 20 （2）.

［36］ Doorn, N. V. Platform labor: On the gendered and racialized exploitation of low-income service work in the 'on-demand' economy ［J］. Information Communication and Society, 2017, 20 （6）.

［37］ Fuchs, C. Digital labor and imperialism ［J］. Monthly Review, 2016, 67 （8）.

［38］ Kellogg, K. C., Valentine, M. A., Christin, A. Algorithms at work: The new contested terrain of control ［J］. Academy of Management Annals, 2020, 14 （1）.

［39］ Liu, P., Zhang, Y., Xiong, Z., et al. Judging the emotional states of customer service staff in the workplace: A multimodal dataset analysis ［J］. Frontiers in Psychology, 2022, 13.

［40］ Meijerink, J., and Keegan, A. Conceptualizing human resource management in the gig economy toward a platform ecosystem perspective ［J］. Journal of Managerial Psychology, 2019, 34 （4）.

［41］ Newlands, G. Algorithmic surveillance in the gig economy: The organisation of work through Lefebvrian conceived space ［J］. Organization Studies, 2020: 10. 177/017084062093790.

［42］ Plantin, J., and Punathambekar, A. Digital media infrastructures: Pipes, platforms, and politics ［J］. Media, Culture & Society, 2019, 41 （2）.

［43］ Rani, U., Furrer, M. Digital labour platforms and new forms of flexible work in developing countries: Algorithmic management of work and workers ［J］. Competition & Change, 2021, 25 （2）.

［44］ Rosenblat, A., Stark, L. Algorithmic labor and information asymmetries: A case study of Uber's drivers ［J］. International Journal of Communication, 2016, 10 （27）.

［45］ Schwarz, J. A. Platform logic: An interdisciplinary approach to the platform-based economy ［J］. Policy & Internet, 2017, 9.

［46］ Smythe, D. W. Communications: Blindspot of western Marxism ［J］. Canadian Journal of Political and Social Theory, 1977 （3）.

［47］ Terranova, T. Free labor: Producing culture for the digital economy ［J］. Social Text, 2000, 18 （2）.

［48］ Wood, A. J., Graham, M., Lehdonvirta, V., et al. Good gig, bad gig: Autonomy and algorithmic control in the global gig economy ［J］. Work, Employment and Society, 2019, 33 （1）.

［49］ Wood, J., Lehdonvirta, V. Antagonism beyond employment: How the 'subordinated agency' of labour platforms generates conflict in the remote gig economy ［J］. Socio-Economic Review, 2021, 19 （4）.

Digital Labour in Platform Economics: A Multidisciplinary-perspective Review Based on SLR

Liu Ping   Zhang Yi

（Business School, Sichuan University, Chengdu, 610064）

Abstract: Digital labour is a new industrial form brought about by the platform economics, which brings opportunities and challenges to government, enterprises, and workers. In this article, we clarify the definition of the digital labour, and the systematic literature review （SLR） is used to review and analyze 595 articles from Chinese National Knowledge Infrastructure（CNKI）and Web of Science（WOS）. The results show that the existing research scope covers eight fields： organizational behavior， strategic management， tourism management， political economy， labour economics， political economy of communication， labour law and sociology. Then， we extract the basic content framework of the digital labour in platform economics， and systematically elaborate the existing literature， such as current situation， contents and research focus of digital labour. Finally， in response to the shortcomings of the existing literature， this paper provides an outlook on the future direction of digital labour in platform economics. The conclusion has great significance in clarifying the existing literature， and promoting further discussion on the theoretical research of digital labour of platform economics in China.

Key words： Platform economics； Digital platform； Multidisciplinary； Structural literature review； Digital labour

专业主编：杜旌

珞珈 管理评论
2024 年卷第 3 辑（总第 54 辑）

Luojia Management Review
No. 3, 2024（Sum. 54）

领导底线心智对员工环保行为的影响：
目标掩蔽的视角*

● 李思贤[1]　王廷喜[2]　宋　典[3]　段锦云[1]
（1　华东师范大学心理与认知科学学院　上海　200062；
2　西交利物浦大学西浦国际商学院　苏州　215123；
3　苏州大学政治与公共管理学院　苏州　215031）

【摘　要】基于目标掩蔽理论，本研究旨在探究领导底线心智对员工环保目标的掩蔽作用，并提出员工长期导向对该掩蔽效果的缓解作用。通过分析 296 份"领导—员工"多时段配对样本，本研究发现：领导者追求经济效益的底线心智通过负向预测员工环保要求感知，进而对员工环保行为起到消极作用；此外，员工的高长期导向可缓解该负向作用。研究结果启示，企业应关注领导者底线心智带来的负面效应，培养领导和员二对经济绩效和环保行为的辩证观及长期导向意识，重视企业的长期发展并践行领导者、员工和企业在"双碳"背景下的社会责任。

【关键词】底线心智　目标掩蔽理论　环保要求感知　环保行为　长期导向
中图分类号：B849；C93　　文献标识码：A

1. 引言

环境保护是人类生存发展面临的重要议题。然而，人类生产活动导致了众多环境问题，如气候变暖、大气污染以及自然资源短缺等（Afzal et al., 2019）。个体的环保行为能够促进环境保护、减缓对自然的破坏。资源可持续发展战略以及环保举措的落实极大地依赖于企业。考虑到领导会对员工环保行为（侯楠等，2019）、企业整体环保绩效（曹洪军和陈泽文，2017）产生重要影响，探究领导者如何塑造员工环保行为尤为重要。但现有研究多集中在与环保密切相关的单一领域（唐贵瑶等，2021；邹艳春等，2023；Peng et al., 2020），忽视了更普遍的领导方式对员工环保行为的影响。实际

* 基金项目：国家自然科学基金"激活与赋能：数字化背景下员工主动行为研究"（项目批准号：72072058）。
通讯作者：宋典，E-mail：diansnow@ suda. edu. cn。

中，工作或绩效要求是员工在企业中开展行为的首要原则，因此员工环保行为也与领导对绩效和环保的相对重要性认知有关。

经济效益最大化常常是企业领导者的第一要务，也是其追求的底线目标（杨朦晰和林钰莹，2023；Greenbaum，Mawritz & Eissa，2012），企业领导常常为了利润最大化而忽视企业社会责任（王培鑫和吕长江，2022）、员工成长发展（Greenbaum，Mawritz & Eissa，2012）、道德实践（Greenbaum et al.，2021）等。关注环保问题意味着需要从目标利润中分散部分资源，甚至可能牺牲部分既得利益（Greenbaum et al.，2012），此时，领导者的思维模式（重视底线目标/重视环保目标）至关重要。底线心智（bottom-line mentality）正描述了一种"单一的、始终围绕底线结果而忽视其他竞争事项的思维模式"（Greenbaum，Mawritz & Eissa，2012）。然而，目前尚未有研究对底线心智和环保之间的关系做出清晰的说明。因此，本研究旨在探究领导底线心智对于员工环保行为的影响。

本研究基于目标掩蔽理论提出，当领导过度追求底线目标的达成时，会遮蔽员工对于环保目标的追求。具体表现为，领导对绩效底线目标的过度专注会降低员工感知到的环保要求，使得员工忽视作为其他重要事项的环保，进而阻碍员工的环保行为。目标掩蔽理论同时指出，是否抑制其他目标取决于其他目标与主要目标的关系（Shah，Friedman & Kruglanski，2002）。具体来讲，当其他事项能够促进主要目标的达成时，可能并不会被抑制（Shah，Friedman & Kruglanski，2002）。因此，员工能否意识到环保是企业长期生存发展的基石（侯楠等，2019；Zacher，Rudolph & Katz，2023），将成为员工抵抗领导底线心智消极影响的重要因素。因此，本研究引入员工的长期导向作为重要的调节变量。具体来说，低长期导向的员工难以认识到环保的长期优势，因此为了专注于眼前的底线目标而减少环保行为；而高长期导向的员工能够意识到环保为企业带来的长远利益，更少被短期的底线目标所蒙蔽，从而缓冲领导底线心智为环保带来的负面影响。

综上所述，本研究基于目标掩蔽理论构建了一个综合的理论模型，如图 1 所示。

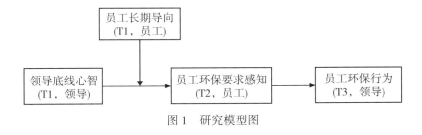

图 1　研究模型图

2. 理论推导与假设

2.1　领导底线心智下员工的环保要求感知与环保行为

根据定义，秉持底线心智的个体通常只重视某个唯一目标，除此之外的任何目标都被视作无关紧要（Greenbaum，Mawritz & Eissa，2012）。底线心智反映的是个体聚焦于底线目标上狭隘的思维框架。一方面，底线心智将企业的多重目标和多样价值观简单化，使得个体无法关注到除底线目标之外的其他事项（Greenbaum, Mawritz & Eissa, 2012; Greenbaum, Mawritz & Zaman, 2023）；另一方面，底线心智的"短视"本质使得个体忽视当前行为可能带来的长期影响（Greenbaum, Mawritz & Zaman, 2023）。此外，底线心智的单一思考方式使得个体认为，一个人只有达成底线目标才意味着"成功"，而除此之外的其他结果都被视作"失败"。因此，底线心智也会加剧竞争性，使得个体为了胜出而阻碍他人（Greenbaum, Mawritz & Eissa, 2012; Greenbaum, Mawritz & Zaman, 2023）。

底线心智强调的是对首要事项（如工作绩效）的重视和对其他竞争性事项（如道德实践）的忽视。对首要事项的重视表现在，高底线心智领导营造出的竞争氛围使得员工在与同事不断竞争中获得进步，促进工作（Babalola, Ren, Ogbonnaya et al., 2022）；高底线心智领导对目标的强调使员工明确工作任务，继而提高工作绩效（Babalola, Greenbaum, Amarnani et al., 2021）。对其他竞争事项的忽视则会导致员工的个人健康（Babalola, Ren, Ogbonnaya et al., 2022）和幸福感（Greenbaum, Mawritz & Eissa, 2012）降低、削弱团队创造力（Greenbaum, Bonner, Mawritz et al., 2020; 杨朦晰和林钰莹，2023）等。与这些被忽视的竞争性目标相似，由于环保在短期内会与底线目标成为竞争关系，从而在组织管理中被忽视和掩蔽。同时，极度追求底线目标也会导致工作中的道德准则和道德实践被弱化。如引发员工更高的亲组织不道德行为（Babalola, Mawritez, Greenbaum et al., 2021）、不礼貌行为（Babalola, Greenbaum, Amarnani et al., 2021）、自利行为（Mawritz, Farro, Kim et al., 2022），以及减少中层领导的道德型领导行为（Greenbaum, Babalola, Quade et al., 2021）等。环保是企业不容忽视的社会责任，被认为与道德相关（Krettenauer & Lefebvre, 2021），但底线心智的后果研究尚未触及具有道德属性的环保领域。因此，本研究以领导底线心智为切入点，探究领导思维模式对员工环保行为的差异化作用，以期丰富环保行为相关研究，深化研究者对员工环保行为的理解，也为未来探究员工环保行为提供新的理论窗口和思路。

在企业管理实践中，环保虽然无法给企业带来即时的利润，但对企业有着长远的意义。一方面，环保作为企业需要承担的社会责任和道德实践，要求企业投入部分资源以减少对环境的不利影响（如更换节能减排的新设备）；另一方面，环境的可持续性是企业长期稳定发展的重要基石之一，只有维持环境资源可持续，企业才能获得长远的收益（Bohlmann, Krumbholz & Zacher, 2018）；此外，环保也关系到企业转型和企业长期绩效（曹洪军和陈泽文，2017），并且实施环保能够提高企业社会声望（Bohlmann, Krumbholz & Zacher, 2018），而政府也会对没有达到环保要求的企业进行惩处（曹洪军和陈泽文，2017; Hua, Dong & Goodman, 2021）。因此，环保是企业不可忽视的重要目标之一。尽管实施环保行为看似与当下达成底线目标无关，但从长远来看能够给企业带来更大的收益，保证企业稳定发展。

当领导具有高底线心智时，很有可能仅专注于眼下绩效和利润目标的达成，而忽视和抑制环境保护这一有助于企业长远发展的基础性目标。目标掩蔽理论（Shah, Friedman & Kruglanski, 2002）指出，当个体专注于某个最重要的目标时，会只采取有助于该目标达成的行动，同时忽视其他可能分散注意力的竞争目标，并抑制任何不利于主要目标达成的行为。有研究者认为，具有底线心智的个体常常伴随着目标掩蔽的认知过程（Greenbaum, Bonner, Mawritz et al., 2020; Mawritz, Farro, Kim et al., 2022）。的确，在管理实践中，底线心智对于企业发展而言是一把双刃剑（Eissa, Wylan,

Lester et al.，2019；Babalola，Jordan，Ren et al.，2023；Greenbaum，Mawritz & Eissa，2012；Greenbaum，Gray，Hill et al.，2022）。一方面，专注于底线目标的达成能够激励员工冲刺绩效目标，提高绩效表现（Babalola，Mawritz，Greenbaum et al.，2021；Greenbaum，Gray，Hill et al.，2022）；另一方面，对其他竞争目标的忽视则会带来一系列消极后果，如引发各类不道德行为（Eissa，Wyland，Lester et al.，2019；Babalola，Mawritz，Greenbaum et al.，2021；Greenbaum，Mawritz & Eissa，2012；Mawritz，Farro，Kim et al.，2022；Mesdaghinia，Rewat & Nadavulakere，2019）等。这可能是由于对其他竞争目标（如创造力、道德实践）的考虑会分散部分注意力而不利于底线目标的达成。即底线目标的绝对优先使得其他目标的重要性被"掩蔽"。因此，当领导极度专注并倾注大量资源以确保达成底线目标时，只会采取有助于提高利润等底线结果的态度和行为，环保则被视为"干扰底线目标达成的竞争目标"，忽视其重要性，同时抑制可能使资源向环保分散的一切行为。

员工从工作环境中感知和解读相关线索并形成相关认知与行为（Salancik & Pfeffer，1978）以满足工作和领导的要求，因此领导的态度和行为成为影响员工环保意识和行为的重要因素。比如，环保服务型领导（邹艳春等，2023）、环境变革型领导（Peng，Chen，Zhou et al.，2020）、负责型领导（Asfar，Maqsoom，Shahjehan et al.，2020）等，都能够促进员工的环保意识和环保行为。而与关注环境的领导方式和领导行为相反，领导的底线心智则起到了掩蔽其他目标的作用（Greenbaum，Bonner，Mawritz et al.，2020；Mawritz，Farro，Kim et al.，2022），对员工环保意识与行为产生负面影响。首先，高底线心智形成的狭隘思维框架使领导仅注重底线目标的达成，无法考虑到环保目标对企业发展的长期作用（Greenbaum，Mawritz & Zaman，2023）；并且高底线心智领导会认为环保目标与底线目标呈竞争态势，会分散部分资源，从而不利于底线目标的达成。因此，底线心智只会激发领导在工作中有助于达成底线目标的态度和行为，却抑制了与环保相关的态度和行为（Shah，Friedman & Kruglanski，2002）。其次，领导对底线目标的投入程度越高，对其他目标的掩蔽作用越强（Shah，Friedman & Kruglanski，2002）。具有高底线心智的领导认为只有达成底线目标才算成功（Greenbaum，Mawritz & Eissa，2012；Greenbaum，Mawritz & Zaman，2023），因此会极度投入底线目标的达成，并向员工重点强调底线目标的重要性、督促员工同样追求底线目标。由于底线目标占据了领导大量的认知资源，此时对作为竞争目标的环保的掩蔽作用是自动化加工的（Shah，Friedman & Kruglanski，2002）。因此，领导会在工作中无意识地向员工传达出"环保无关紧要"的信号。综合来讲，高底线心智领导在工作中对环保目标无意识地排斥和忽视，会让员工将这些线索解读为领导对自己的环保要求很低，甚至没有任何环保要求。据此，本研究提出如下假设：

H1：**领导底线心智负向预测员工环保要求感知。**

领导的底线心智让员工感知到自己无须在工作中对环境负责后，员工会据此调节自己的关注点和行为，其环保行为因而有所降低。底线心智所聚焦的目标是经济、利润、效益等对于企业而言必须、迫切实现的目标（Greenbaum，Mawritz & Eissa，2012；Greenbaum，Mawritz & Zaman，2023）。而相比底线目标，环保更属于"愿景"和"理想"等非紧迫的长期目标（Asfar，Maqsoom，Shahjehan et al.，2020）。当环保目标被迫切的底线目标所掩蔽时，员工感知到的环保要求并不紧迫（Shah，Friedman & Kruglanski，2002）并处于较低水平。低环保要求可能具体表现为，首先，员工在工作中需要完成的环保任务量极少甚至没有，工作中环保任务量低意味着员工角色内的环保要求低，其工作职责中不包括环保行为（Ramus & Steger，2020），因而是否完成环保目标并不会对员工工作绩效产生实际影响。其次，环保任务的"非紧迫性"意味着员工总是优先完成底线任务、后置环保任务（Janssen，2001），因此当环保与其他任务同时存在时，员工并不会优先考虑环保，而可能为完成其他任务放弃环保（如因赶去开会而没有随手关空调）。

单一围绕利润、绩效等结果的底线心智使得环保作为竞争目标被掩蔽，领导在工作中会表现出忽视环保的态度和行为，使得员工感知到的环保要求水平较低，因此，员工的环保行为也会有所减少。虽然员工在不同的工作角色中做出的环保行为有所不同（Zacher，Rudolph & Katz，2023），但Chow 等（2012）认为，不同行业的企业在其各自工作流程中对环保可能有一致的评价标准（如减少工作中不必要的浪费和排放）。因此，本研究参考 Chow 等（2012）的定义，认为员工在其工作中付出努力使得公司最终产品对环境的危害最小，即员工的环保行为。当员工感知到低水平的环保要求时，并不会付出额外的努力以降低公司产品对环境的危害。据此，本研究提出如下假设：

H2：领导底线心智通过负向影响员工环保要求感知进而降低员工环保行为。

2.2 员工长期导向的调节作用

目标掩蔽理论认为，当竞争目标能够促进主要目标的达成时，掩蔽作用则会减弱（Shah，Friedman & Kruglanski，2002）。换言之，个体在意识到竞争目标有助于主要目标时，并不会一味地为了达成主要目标而忽视竞争目标。相反，个体会主动地重新调整分配在主要目标和竞争目标上的资源（Shah，Friedman & Kruglanski，2002）。因此本研究提出，作为使员工进行长远（而非当下）和整体（而非部分）考虑的长期导向特质，是影响领导底线心智与员工环保意识和行为之间关系的重要调节变量。

长期导向是个体在决策时将决策结果对未来的影响纳入考虑的倾向（Strathman，Gleicher，Boninger et al.，1994），是个体关注和重视未来的主观偏好（Lin，Shi，Prescott et al.，2019）。低长期导向的个体注重其行为对当下的影响，而高长期导向的个体则会更长远地考虑，不为短期的得失所左右（Lin，Shi，Prescott et al.，2019；Sherf，Tangirala & Venkataramani，2019）。研究发现，具有高长期导向的个体更关注非经济性目标和可持续发展，进而做出有利于环境的行为（Afzal，Shao，Sajid et al.，2019；Dou，Wang，& Su，2019；Segev & Liu，2021）。对于低长期导向员工而言，由于只能关注到其行为的短期作用，在面对极度强调底线结果的领导时，根本无法将认知资源从当下的底线目标转移到长远的环保目标上。换言之，低长期导向的员工会自动将环保排除在认知框架之外，因此几乎不会感知到对底线目标一味追求的领导对"已被掩蔽的"环保目标有任何要求。对于高长期导向员工而言，他们能够将当下行为对未来的影响纳入考虑，能够意识到环保是企业实现长期可持续发展的重要基石（Zacher，Rudolph & Katz，2023；Zhang，Wang & Lai，2015），是企业获得长远利益、长久达成底线目标的前提条件。这种思考使得高长期导向员工能够想到环保目标是达成最终底线目标的助益而非阻碍，从而将部分认知资源分配给环保，在一定程度上减弱领导底线心智对环保要求感知的削减作用。据此，本研究提出如下假设：

H3：员工长期导向调节领导底线心智与员工环保要求感知之间的负向关系，员工的高长期导向

能够缓冲这一负向关系。具体而言，这一负向关系对于高长期导向员工更弱。

结合上述推论，本研究进一步提出，员工长期导向会调节领导底线心智通过员工环保要求感知对员工环保行为产生的间接效应。具体表现为，对于低长期导向员工而言，领导底线心智对员工环保要求感知的负面影响更强，进一步降低员工环保行为；对于高长期导向员工而言，该负向间接关系则得到一定缓冲。因此，本研究提出如下假设：

H4：员工长期导向调节领导底线心智通过员工环保要求感知与员工环保行为之间的间接关系，员工的高长期导向能够缓冲这一负向间接关系。具体而言，这一负向间接关系对于高长期导向员工更弱。

3. 研究方法

3.1 样本与程序

为尽可能避免共同方法偏差对研究结果的影响，本研究采用多来源、多时点的领导—员工配对的取样方法，每个时间点间隔两周。时点一（T1）收集领导底线心智、员工长期导向、员工环保成本—效益感知、领导与员工的人口学特征，共发放 468 份纸质问卷，回收有效问卷 366 份，有效率为 78.21%；时点二（T2）收集员工环保要求感知，共发放 366 份问卷，回收有效问卷 329 份，有效率为 89.89%；时点三（T3）收集员工环保行为，共发放 329 份问卷，回收有效问卷 296 份，有效率为 90.00%。领导中，男性占比 65.12%，$M_{age} = 41.43$，$SD_{age} = 6.53$，本科及以上学历占比 54.05%；员工中，男性占比 56.15%，$M_{age} = 39.19$，$SD_{age} = 8.25$，本科及以上学历占比 38.85%。

3.2 变量测量

所有测量工具均来源于已有成熟量表（见附录），英文量表严格按照翻译和回译的流程进行翻译（Brislin，1980）。

底线心智：领导自评，采用 Greenbaum 等（2012）开发的四题项量表，示例题项为"我把工作绩效看得比任何事都重要"。问卷采用 5 点李克特量表（1 = 非常不同意，5 = 非常同意）。克朗巴赫一致性系数 $\alpha = 0.88$。

长期导向：员工自评，采用 Zhang 等（2019）开发的五题项量表，示例题项为"我更关注长期目标而不是短期结果"。问卷采用 5 点李克特量表（1 = 非常不同意，5 = 非常同意）。克朗巴赫一致性系数 $\alpha = 0.90$。

环保要求感知：员工自评，由 Podsakoff 等（1990）开发的五题项工作要求感知量表改编，改编前题项为"我的领导对我的工作有很高的要求"，改编后题项为"我的领导在工作中对我有很高的环保要求"。问卷采用 5 点李克特量表（1 = 从不，5 = 总是）。克朗巴赫一致性系数 $\alpha = 0.96$。

环保行为：领导评价，采用 Chow 等（2012）开发的五题项量表，示例题项为"这名员工在工作中降低了环境事故、废弃物泄漏和排放的风险"。问卷采用 5 点李克特量表（1＝从不，5＝总是）。克朗巴赫一致性系数 $\alpha = 0.97$。

控制变量：（1）领导和员工的人口统计学特征，包含性别、年龄、共事时间。（2）员工的环保成本—效益感知。环保成本—效益感知指的是个体认为采取环保措施在多大程度上对自己的工作有好处，能够显著预测员工在工作场所中的环保行为（Peng & Liu, 2016），因此本研究将其纳入模型进行控制。环保成本—效益感知为员工自评，采用 Peng 等（2016）开发的四题项量表，示例题项为"我认为，公司采取环保措施对我的工作有很多好处"。问卷采用 5 点李克特量表（1＝非常不同意，5＝非常同意）。克朗巴赫一致性系数 $\alpha = 0.90$。

4. 结果分析

4.1 验证性因子分析与共同方法偏差

使用 Mplus 8.0 对变量间的区分效度进行检验，其中，五因子模型拟合良好，拟合指数均达到标准，并且优于其他备择模型，如表 1 所示。接着，为评估共同方法偏差的可能影响，在五因子模型的基础上增加共同方法因子，结果并没有发现加入共同方法因子后的六因子模型的拟合指标显著变好，即本研究中的共同方法偏差并不会造成严重影响。

表 1 验证性因子分析结果

	χ^2	df	χ^2/df	CFI	TLI	SRMR	RMSEA
六因子模型	526.97	178	2.96	0.92	0.91	0.25	0.08
五因子模型	482.16	179	2.69	0.93	0.92	0.08	0.07
四因子模型	1082.11	183	5.91	0.80	0.76	0.13	0.11
三因子模型	1616.65	186	8.69	0.69	0.65	0.14	0.16
二因子模型	2146.84	188	11.42	0.57	0.52	0.16	0.19

注：$N = 296$，下同；四因子模型将环保要求感知与环保行为合并；三因子模型将环保要求感知、环保行为与环保成本—效益感知合并；二因子模型将长期导向、环保要求感知、环保行为与环保成本—效益感知合并。

4.2 描述性统计分析

本研究中的核心变量的描述性统计与相关分析结果如表 2 所示。其中，领导底线心智与员工环保要求感知显著负相关（$r = -0.16$，$p = 0.004$）；员工长期导向与员工环保要求感知显著正相关（$r = 0.52$，$p < 0.001$），与员工环保行为显著正相关（$r = 0.45$，$p < 0.001$）；员工环保要求感知与员工环保行为显著正相关（$r = 0.59$，$p < 0.001$）。各变量之间的相关系数符合预期，因而进行下一步的假设检验。

表2   **核心变量的描述性统计及相关系数**

	M	SD	1	2	3	4	5
1 底线心智	2.88	1.05	(0.88)				
2 长期导向	4.15	0.72	0.07	(0.90)			
3 环保要求感知	4.02	0.92	-0.16**	0.52***	(0.96)		
4 环保行为	3.91	0.94	-0.07	0.45***	0.59***	(0.97)	
5 环保成本—效益感知	3.80	0.98	0.06	0.44***	0.37***	0.32***	(0.90)

注：**代表 $p < 0.01$，***代表 $p < 0.001$，下同；对角线括号内数值为各变量的克朗巴赫一致性系数。

4.3   假设检验

使用 Mplus 8.0 对假设模型进行检验，对样本采用 Bootstrap 法重复抽取 5000 次进行路径分析（见表3）。

表3   **路径分析结果**

	环保要求感知		员工环保行为	
控制变量	估计值	SE	估计值	SE
领导性别	0.01	0.09	-0.08	0.10
领导年龄	0.02**	0.01	-0.01	0.01
员工性别	0.03	0.09	-0.17	0.10
员工年龄	-0.01*	0.01	0.00	0.01
共事时间	0.04***	0.01	0.01	0.01
环保成本—效益感知	0.23**	0.08	0.14*	0.06
预测变量				
底线心智	-0.27***	0.04	-0.01	0.04
长期导向	0.53***	0.07		
底线心智×长期导向	0.28***	0.06		
环保要求感知			0.53***	0.06
R^2	0.47***		0.39***	

有调节的中介作用		估计值	SE	95%置信区间
领导底线心智→环保要求感知 →员工环保行为	低长期导向	-0.22***	0.04	[-0.30, -0.14]
	高长期导向	-0.07***	0.02	[-0.11, -0.04]
	差异	0.15***	0.04	[0.08, 0.23]

控制领导和员工的人口学变量以及员工的环保成本—效益感知后，领导底线心智显著负向预测员工环保要求感知（$B = -0.27$，$SE = 0.04$，$p < 0.001$，$95\%CI = [-0.36, -0.20]$），意味着领导的底线心智水平越高，员工感知到的环保要求越低，假设 H1 得到支持。同时，员工环保要求感知正向预测员工环保行为（$B = 0.53$，$SE = 0.06$，$p < 0.001$，$95\%CI = [0.41, 0.65]$），并且员工环保要求感知的中介效应显著（$B = -0.15$，$SE = 0.03$，$p < 0.001$，$95\%CI = [-0.20, -0.10]$），假设 H2 得到支持。同时，员工长期导向能够调节领导底线心智与员工环保要求感知之间的关系（$B = 0.28$，$SE = 0.06$，$p < 0.001$，$95\%CI = [0.15, 0.40]$）。对于低长期导向的员工，领导底线心智对其环保要求感知的负向影响更强（$slope = -0.42$，$SE = 0.07$，$p < 0.001$，$95\%CI = [-0.55, -0.29]$）；对于高长期导向员工，领导底线心智对其环保要求感知的负向影响较弱（$slope = -0.13$，$SE = 0.03$，$p < 0.001$，$95\%CI = [-0.19, -0.07]$），简单斜率图如图 2 所示，假设 H3 得到支持。最后，对于高长期导向员工，领导底线心智通过员工环保要求感知对员工环保行为的负向预测效果显著（$B = -0.07$，$SE = 0.02$，$p < 0.001$，$95\%CI = [-0.11, -0.04]$），并且该预测效果显著弱于低长期导向的员工（$B = -0.22$，$SE = 0.04$，$p < 0.001$，$95\%CI = [-0.30, -0.14]$），差异 $= 0.15$，$SE = 0.04$，$p < 0.001$，$95\%CI = [0.08, 0.23]$，假设 H4 得到支持。

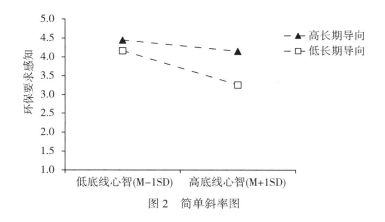

图 2　简单斜率图

5. 结论与展望

基于目标掩蔽理论，通过一项领导—员工配对的多时间点问卷研究，我们发现领导底线心智越强，员工环保要求感知越低，进而减少其环保行为。此外，相比低长期导向员工，对于高长期导向员工而言，领导底线心智通过员工环保要求感知对其环保行为的负面间接效应更弱。

5.1　理论启示

首先，本研究关注领导底线心智对组织中员工环保行为的影响，拓展了底线心智在组织中的研究视野。由于底线心智是个体关注于工作中的首要优先目标而忽视其他竞争目标的思维框架

（Greenbaum, Mawritz & Eissa, 2012），研究集中在底线心智分别对优先事项和竞争事项的影响上（杨朦晰和林钰莹，2023）。在竞争事项上，目前的研究结果主要在道德实践领域，如亲组织／亲领导／亲自我不道德行为（Babalola, Greenbaum, Amaranani et al., 2021; Mawritz, Farro, Kim et al., 2022; Mesdaghinia, Rewat & Nadavulakere, 2019）、社会贬损行为（Eissa, Wyland, Lester et al., 2019; Greenbaum, Mawritz & Eissa, 2012）等；也有少部分研究关注到了领导底线心智对创新的负面影响（Greenbaum, Bonner, Mawritz et al., 2020; 杨朦晰和林钰莹，2023）。但随着气候变化等一系列环境问题的产生，企业是否会为了经济效益而忽视环境保护这一议题对企业发展和环境可持续均有深远的意义。本研究首次揭示了领导关注于绩效和利润的底线心智，会使得员工忽视环保这一对组织有长远意义的目标，降低其环保行为，对环境造成潜在威胁。本研究扩展了底线心智对竞争事项的影响以及作用机制，对深入挖掘底线心智如何影响潜在的组织绿色管理和员工环保行为起到了承上启下、继往开来的作用。

其次，本研究丰富了员工环保行为的前因。环境保护作为组织可持续发展的重要绩效表现之一，是组织无法推脱的社会责任和道德实践。以往关于领导方式和领导行为对员工环保行为的影响研究，集中于环境变革型领导（Peng, Chen, Zhou et al., 2020）、环境负责型领导（Zhang, Ul-Durar, Akhtar et al., 2021）、领导的环境关注（Zhang, Wang & Lai, 2015）等直接与环境相关的行为、态度、价值观等方面。但本研究却说明，虽然底线心智在内涵和构念上与环境并不存在直接关系，但同样会通过目标掩蔽的认知加工过程对员工的环保行为产生影响。这启示我们在关注组织管理实践中的环保行为时，需要全方面、多角度、宽领域地深入思考和充分挖掘可能的影响因素。环保不是企业的主要目标，很可能在实践中得不到足够的重视。因此，员工环保行为的研究不仅需要关注明确与环保相关的特质和行为，也要思考是否存在相关因素将环保目标掩蔽，导致环保目标无法达成。本研究为拓宽员工职场环保行为前因研究打开新的突破口，为提高员工环保行为提供新思路。

本研究发现长期导向是缓解领导底线心智阻碍员工环保行为的有效思维方式。通过研究员工个人特质对底线心智影响的调节作用，说明能够意识到环保有利于组织长期发展（与组织长期利益不冲突）的员工，所受到领导底线心智的掩蔽作用更小。在底线心智的驱使下，绩效和环保似乎是冲突对立的；但从长远来看，环保和企业生存发展是紧密联合的。因此，本文也为如何辩证看待绩效和环保提供新的研究视角。

最后，本文通过探究领导底线心智对环保目标的掩蔽作用，结合员工长期导向对目标之间关系的整合和重新评估，丰富了目标掩蔽理论在组织管理实践中的具体应用。同时，本研究响应Greenbaum 等（2023）的号召，采用不同的理论视角来理解底线心智对其他目标的排斥和阻碍。与已有研究（Greenbaum, Bonner, Mawritz et al., 2020; Mawritz, Farro, Kim et al., 2022）相呼应，再次表明底线心智可能会导致个体加工不同目标时出现对其他目标掩蔽的认知过程。

5.2 实践启示

本研究对管理实践也具有一定意义。首先，企业应重视领导底线心智带来的消极后果。尽管有研究表示，领导对底线目标的重视能够为员工（Babalola, Ren, Ogbonnaya et al., 2022）和企业带来一定益处（Babalola，Mawritz，Greenbaum et al.，2021），但本研究发现领导底线心智会减少员工的环保行为，而环境保护也是组织绩效表现的三大支柱之一（Bohlmann，Krumbholz & Zacher，2018）。这说明领导者一味地强调底线目标并不一定能够保证组织整体表现的提升，因此，企业应密切关注中层领导在工作中的思维方式，以免给企业带来损失。

其次，本研究还证实了过度关注绩效和利润会降低员工的环保行为。"双碳"背景下，环保行为在组织整体绩效中的重要性愈发凸显（侯楠等，2019），"一切为了利润"的底线心智在"双碳"背景下对部分企业完成碳指标并不友好，也不利于企业长期发展。有研究者通过我国地级市的客观数据检验经济发展与环境污染之间的关系发现，创新能够实现经济与环保的双赢（王培鑫和吕长江，2022）。因此，领导也应更新管理理念，顺应"绿水青山就是金山银山"的新发展理念，响应企业绿色转型和鼓励绿色创新，为员工树立正确的绩效与环保观念。同时，企业也可以通过员工培训，将"绿水青山就是金山银山"的发展理念传递给员工，形成绿色环保的氛围，实现经济与环保共同发展。

最后，为了承担相应社会责任和达成环境目标，企业可以在招募、选拔员工和领导时注重考察其长期导向，或者对绩效和环境的辩证观（唐贵瑶等，2021），在一定程度上避免员工出于要达到高绩效的目的而摒弃环境保护的可能。同时，企业也可以组织绿色环保的团建活动，如植树、拒绝一次性用品等，自上而下地打造环保型企业。

5.3　局限与展望

本研究也存在一定的局限。第一，本研究仅进行了一个问卷研究，尽管采用了三时点、双来源的问卷调查数据，在一定程度上避免了共同方法偏差的影响，并且样本来源于不同行业和公司，保证了研究的外部效度，但所研究关系的因果性仍无法明确。因此，未来研究可以进一步采用更加严谨的研究设计，如纵向研究或实验研究，以确定假设模型的因果关系，得到更充分严谨的研究结论。

第二，底线心智的研究仍处于发展阶段，目前研究采用的量表都是 Greenbaum 等（2012）开发的四项目量表，尚未开发在中国背景下的底线心智量表。然而，中国当前处在从第一个"一百年"向第二个"一百年"进发的时刻，各企业争相发展，很有可能产生"只重视经济而忽视其他"的思维方式。因此，开发适合我国国情的底线心智量表更能够反映中国本土企业领导的想法和行为，更好地挖掘底线心智的前因后果。

第三，尽管本研究结果表明领导过度关注绩效使得员工忽视环保的重要性，但选用的环保变量是员工在工作场所中的环保行为，并没有探究领导的底线心智的影响是否会外溢到工作场所之外，产生外溢现象。此外，本研究并没有强调员工的环保行为隶属于角色内或角色外，对于存在绿色绩效考核的企业而言，当领导对利润等底线目标的关注使员工的工作绩效和角色内环保行为发生冲突时，员工如何进行心理加工并产生怎样的应对方式也是值得深入探究的问题。

◎ 参考文献

［1］曹洪军，陈泽文．内外环境对企业绿色创新战略的驱动效应——高管环保意识的调节作用［J］．南开管理评论，2017，20（6）．

［2］侯楠，彭坚，杨皓平．员工绿色行为的研究述评与未来展望［J］．管理学报，2019，16（10）．

［3］唐贵瑶，陈琳，孙玮，等．如何让员工"爱司所爱，行司所行"？基于社会信息处理理论的绿色人力资源管理与员工绿色行为关系研究［J］．南开管理评论，2021，24（5）．

［4］王培鑫，吕长江．环境保护与经济发展能否和谐共进？——来自创新的经验证据［J］．南开管理评论，2023，26（1）．

［5］杨朦晰，林钰莹．领导者底线心智对团队创新的双刃剑效应［J］．心理科学进展，2023，31（3）．

［6］邹艳春，章惠敏，彭坚，等．环保服务型领导：效果与机制［J］．心理科学进展，2023，31（5）．

［7］Afsar, B., Maqsoom, A., Shahjehan, A., et al. Responsible leadership and employee's pro-environmental behavior：The role of organizational commitment, green shared vision, and internal environmental locus of control［J］. Corporate Social Responsibility and Environmental Management, 2020, 27（1）.

［8］Afzal, F., Shao, Y., Sajid, M., et al. Market sustainability：A globalization and consumer culture perspective in the Chinese retail market［J］. Sustainability, 2019, 11（3）.

［9］Babalola, M. T., Jordan, S. L., Ren, S., et al. How and when perceptions of top management bottom-line mentality inhibit supervisors' servant leadership behavior［J］. Journal of Management, 2023, 49（5）.

［10］Babalola, M. T., Mawritz, M. B., Greenbaum, R. L., et al. Whatever it takes：How and when supervisor bottom-line mentality motivates employee contributions in the workplace［J］. Journal of Management, 2021, 47（5）.

［11］Babalola, M. T., Ren, S., Ogbonnaya, C., et al. Thriving at work but insomniac at home：Understanding the relationship between supervisor bottom-line mentality and employee functioning［J］. Human Relations, 2022, 75（1）.

［12］Babalola, M. T., Greenbaum, R. L., Amarnani, R. K., et al. A business frame perspective on why perceptions of top management's bottom-line mentality result in employees' good and bad behaviors［J］. Personnel Psychology, 2021, 73（1）.

［13］Bohlmann, C., Krumbholz, L., Zacher, H. The triple bottom line and organizational attractiveness ratings：The role of pro-environmental attitude［J］. Corporate Social Responsibility and Environmental Management, 2018, 25（5）.

［14］Brislin, R. W. Back-translation for cross-cultural research［J］. Journal of Cross-Cultural Psychology, 1980, 1（3）.

［15］Chow, W. S., Chen, Y. Corporate sustainable development：Testing a new scale based on the mainland

Chinese context ［J］. Journal of Business Ethics, 2012, 105（4）.

［16］ Dou, J., Wang, S., Su, E. When does family ownership promote proactive environmental strategy? The role of the firm's long-term orientation ［J］. Journal of Business Ethics, 2019, 158（1）.

［17］ Eissa, G., Wyland, R., Lester, S. W., et al. Winning at all costs: An exploration of bottom-line mentality, Machiavellianism, and organisational citizenship behaviour ［J］. Human Resource Management Journal, 2019, 29（3）.

［18］ Greenbaum, R. L., Babalola, M. T., Quade, M. J., et al. Moral burden of bottom-line pursuits: How and when perceptions of top management bottom-line mentality inhibit supervisors' ethical leadership practices ［J］. Journal of Business Ethics, 2021, 174（1）.

［19］ Greenbaum, R. L., Bonner, J. M., Mawritz, M. B., et al. It is all about the bottom line: Group bottom-line mentality, psychological safety, and group creativity ［J］. Journal of Organizational Behavior, 2020, 41（6）.

［20］ Greenbaum, R. L., Gray, T. W., Hill, A. D., et al. Coworker narcissism: Employee emotional and behavioral reactions as moderated by bottom-line mentality and trait competitiveness ［J］. Journal of Management, 2022, Advanced online.

［21］ Greenbaum, R. L., Mawritz, M. B., & Zaman, N. N. The construct of bottom-line mentality: Where we've been and where we're going ［J］. Journal of Management, 2023, 49（6）.

［22］ Greenbaum, R. L., Mawritz, M. B., Eissa, G. Bottom-line mentality as an antecedent of social undermining and the moderating roles of core self-evaluations and conscientiousness ［J］. Journal of Applied Psychology, 2012, 97（2）.

［23］ Hua, Y., Dong, F., Goodman, J. How to leverage the role of social capital in pro-environmental behavior: A case study of residents' express waste recycling behavior in China ［J］. Journal of Cleaner Production, 2021, 280.

［24］ Janssen, O. Fairness perceptions as a moderator in the curvilinear relationships between job demands, and job performance and job satisfaction ［J］. Academy of Management Journal, 2001, 44（5）.

［25］ Krettenauer, T., & Lefebvre, J. P. Beyond subjective and personal: Endorsing pro-environmental norms as moral norms ［J］. Journal of Environmental Psychology, 2021, 76.

［26］ Lin, Y., Shi, W., Prescott, J. E., Yang, H. In the eye of the beholder: Top managers' long-term orientation, industry context, and decision-making processes ［J］. Journal of Management, 2019, 45（8）.

［27］ Mawritz, M. B., Farro, A. C., Kim, J., et al. Bottom-line mentality from a goal-shielding perspective: Does bottom-line mentality explain the link between rewards and pro-self unethical behavior? ［J］. Human Relations, 2022, Advanced online.

［28］ Mesdaghinia, S., Rawat, A., Nadavulakere, S. Why moral followers quit: Examining the role of leader bottom-line mentality and unethical pro-leader behavior ［J］. Journal of Business Ethics, 2019, 159（2）.

[29]　Peng, J., Chen, X., Zhou, Y., et al. Environmentally specific transformational leadership and team pro-environmental behaviors: The roles of pro-environmental goal clarity, pro-environmental harmonious passion, and power distance [J]. Human Relations, 2020, 74 (11).

[30]　Peng, X., Liu, Y. Behind eco-innovation: Managerial environmental awareness and external resource acquisition [J]. Journal of Cleaner Production, 2016, 139.

[31]　Podsakoff, P. M., MacKenzie, S. B., Moorman, R. H., et al. Transformational leader behaviors and their effects on followers' trust in leader, satisfaction, and organizational citizenship behaviors [J]. The Leadership Quarterly, 1990, 1 (2).

[32]　Ramus, C. A., Steger, U. The roles of supervisory support behaviors and environmental policy in employee "eco-initiatives" at leading-edge European companies [J]. Academy of Management Journal, 2020, 43 (4).

[33]　Salancik, G. R., Pfeffer, J. A social information processing approach to job attitudes and task design [J]. Administrative Science Quarterly, 1978, 23 (2).

[34]　Segev, S., Liu, Y. The effect of temporal orientation on green purchase behavior: Comparing US and Chinese consumers [J]. Journal of International Consumer Marketing, 2021, 34 (1).

[35]　Shah, J. Y., Friedman, R., Kruglanski, A. W. Forgetting all else: On the antecedents and consequences of goal shielding [J]. Journal of Personality and Social Psychology, 2002, 83 (6).

[36]　Sherf, E. N., Tangirala, S., Venkataramani, V. Why managers do not seek voice from employees: The importance of managers' personal control and long-term orientation [J]. Organization Science, 2019, 30 (3).

[37]　Strathman, A., Gleicher, F., Boninger, D. S., et al. The consideration of future consequences: Weighing immediate and distant outcomes of behavior [J]. Journal of Personality and Social Psychology, 1994, 66.

[38]　Zacher, H., Rudolph, C. W., Katz, I. M. Employee green behavior as the core of environmentally sustainable organizations [J]. Annual Review of Organizational Psychology and Organizational Behavior, 2023, 10 (1).

[39]　Zhang, B., Wang, Z., Lai, K. H. Mediating effect of managers' environmental concern: Bridge between external pressures and firms' practices of energy conservation in China [J]. Journal of Environmental Psychology, 2015, 43.

[40]　Zhang, J., Ul-Durar, S., Akhtar, M. N., et al. How does responsible leadership affect employees' voluntary workplace green behaviors? A multilevel dual process model of voluntary workplace green behaviors [J]. Journal of Environmental Management, 2021, 296.

[41]　Zhang, Y., Han, Y. Paradoxical leader behavior in long-term corporate development: Antecedents and consequences [J]. Organizational Behavior and Human Decision Processes, 2019, 155.

珞珈管理评论
2024 年卷第 3 辑 （总第 54 辑）

The Influence of Leader Bottom-line Mentality on Employee
Green Behavior: A Goal-shielding Perspective

Li Sixian[1]   Wang Tingxi[2]   Song Dian[3]   Duan Jinyun[1]

（1　School of Psychology and Cognitive Science, East China Normal University, Shanghai, 200062;

2　International Business School Suzhou, Xi'an Jiaotong-Liverpool University, Suzhou, 215123;

3　School of Politics & Public Administration, Soochow University, Suzhou, 215031）

Abstract: Based on the goal-shielding theory, the current study aims to explore whether leader bottom-line mentality will influence employees' green behavior via employee green demands perception. And we propose employees' long-term orientation serves as a first-stage moderator. To examine the theoretical model, a three-wave multi-source field study ($N_{leader-employee\ dyads} = 296$) was conducted. The findings showed that leaders' bottom-line mentality had a negative influence on employees' perceived green demand; employees perceived green demand positively predicted employees' green behavior; employees perceived green demand mediated the indirect relationship between leader bottom-line mentality and employee green behavior; employees' long-term orientation moderated the mediation relationship, such negative indirect relationship was significantly weaker among employees with high long-term orientation than those with low long-term orientation. The present study revealed that organizations should attach importance to the negative effects of leaders' bottom-line mentality and provide trainings to cultivate the long-term orientation of economic performance and environmental behaviors, in order to better fulfill corporation social responsibility.

Key words: Bottom-line mentality; Goal-shielding theory; Perceived green demands; Green behavior; Long-term orientation

专业主编：杜旌

附录

［问卷一］领导底线心智 （T1 领导评价）

请在最符合您的情况的相应数字上画 "○"。

	非常不同意	有点不同意	中立	有点同意	非常同意
1. 我只关心是否达到公司的绩效目标	1	2	3	4	5
2. 我只在乎绩效	1	2	3	4	5
3. 我把工作绩效看得比任何事都重要	1	2	3	4	5
4. 我更关心利润而非员工的幸福	1	2	3	4	5

［问卷二］员工长期导向 （T1 员工评价）

您在多大程度上同意以下说法，请在相应数字上画 "○"。

	非常不同意	有点不同意	不确定	有点同意	非常同意
1. 我有长远的计划	1	2	3	4	5
2. 我为将来的成功而努力	1	2	3	4	5
3. 我情愿牺牲今天的快乐，以换取未来的成功	1	2	3	4	5
4. 我今天努力工作，是为了将来更好的生活	1	2	3	4	5
5. 我更关注长期目标而不是短期结果	1	2	3	4	5

[问卷三] 员工环保成本—效益感知（T1 员工评价）
请在最符合您的情况的相应数字上画"○"。

"我认为，公司采取环保措施……"	非常不同意	有点不同意	不确定	有点同意	非常同意
1. 对我的工作有很多好处	1	2	3	4	5
2. 能提高销售收入	1	2	3	4	5
3. 能降低成本	1	2	3	4	5
4. 会提高生产效率	1	2	3	4	5

[问卷四] 员工环保要求感知（T2 员工评价）
请在最符合真实情况的相应数字上画"○"

请对您的领导（与您一同参与本研究的那位领导）进行评价："我的领导……"	从不	偶尔	有时	经常	总是
1. 在工作中对我有很高的环保要求	1	2	3	4	5
2. 坚持要求我达到最佳绿色或环保绩效	1	2	3	4	5
3. 激励我设定较高水平的环保目标	1	2	3	4	5

[问卷五] 员工环保行为（T3 领导评价）
您在多大程度上同意以下说法，请在相应数字上画"○"

请对您的下属（与您一同参与本研究的那位下属）进行评价："这名员工……"	从不	偶尔	有时	经常	总是
1. 减少了工作中产生的废弃物	1	2	3	4	5
2. 减少了组织产品/服务对环境的影响	1	2	3	4	5
3. 通过帮助组织建立合作关系减少了对环境的影响	1	2	3	4	5
4. 在工作中降低了环境事故、废弃物泄漏和排放的风险	1	2	3	4	5
5. 在工作中减少了不可再生材料、化学品和元器件的采购或使用	1	2	3	4	5

多市场接触、相互克制战略与企业绩效*

——基于企业内部机制视角的研究

● 邓新明　毛凤义　谭　勇　周　强

（武汉大学经济与管理学院　武汉　430072）

【摘　要】以往文献对于企业多市场接触进行了深入而广泛的研究，大多数局限于企业外部视角，很少关注企业内部实施机制对其多市场战略的影响。本文主要考察企业内多市场协同与激励机制对企业相互克制战略实施的影响。我们构建了关于多市场接触、相互克制战略、内部协同机制、多市场激励机制等构念的量表，进行了结构方程分析。结果表明：企业间多市场接触促进了相互克制战略的实施，进而会对企业绩效产生积极影响；企业的内部多市场激励机制对多市场战略与企业绩效间关系具有显著的正向调节作用，但是多市场协同机制的调节效果并不显著。本文认为，合理地安排企业内部协同与激励机制，将对企业实施有效的相互克制战略提供重要支持，进而会对企业绩效有较大的提升作用。

【关键词】多市场接触　相互克制战略　企业绩效　协同激励机制

中图分类号：F270　　　　文献标识码：A

1. 引言

现实中，随着企业的不断发展与经营版图的扩张，在不止一个市场上开展运营活动已成为企业的经营常态（邓新明和郭雅楠，2020）。这种企业市场范围的扩张，使得它们所面临的竞争模式相较于传统经营发生了实质性变化，由最初的单一市场竞争逐步转变为在多个市场上同时展开竞争，即多市场竞争（multi-market competition）（Roy & Sarkar，2022）。在多市场竞争条件下，针对焦点企业的进攻行动，对手的报复或响应行动并不必然发生在发起进攻行动所在的市场，大量跨市场报复行动发生的可能性将极大地增加企业间竞争攻防的复杂性，并最终影响到企业的战略行动与绩效提升

＊　基金项目：国家自然科学基金"基于相互克制假说的企业多市场竞争战略及其溢出效应与实施机制研究"（72172106）；国家自然科学基金"多点竞争环境中企业的竞争决策组合及其多市场接触的驱动机理与绩效影响研究"（71872132）。

通讯作者：毛凤义，E-mail：18845592537@163.com。

（Dekeyser et al.，2021）。因此，企业需要实施有效的多市场战略来适应企业间在多个市场接触的格局，并以此谋求更大的竞争优势。

事实上，竞争双方企业在多个地理或产品市场上相遇的情况在学界被称为多市场接触（multi-market contact）（Bernheim et al.，1990）。Karnani 和 Wernerfelt（1985）等诸多学者通过研究证实了多市场接触会促使企业间形成相互克制状态（mutual forbearance）。在多市场接触下，企业间会增进对彼此的熟悉程度，同时相互之间的战略威慑力也会增强，在这两种力量的双重作用下，企业双方会为保障自身利益而可能选择在竞争中保持克制，并与对方默契合作以换取对方的同等克制，进而双方进入相互克制状态（Uribe，2020）。多市场接触作为相互克制发生的前提，为其产生提供了先决条件，企业可以通过有意、无意的多市场接触安排来构建与对手的相互克制状态，进而实现相互克制战略化（Dekeyser et al.，2021）。

为了探究相互克制战略对企业的实际价值，学者们进一步研究了其与企业绩效的关系。大多数研究表明，多市场接触下达成的企业间相互克制状态提升了企业绩效水平（Jayachandran et al.，1999）。在相互克制状态下，双方企业减少竞争投入并密切共谋扩大收益，最终使得双方企业都获得高于以往的绩效水平（Wang et al.，2021）。因此，企业可以通过积极地实施相互克制战略来提升绩效，以应对复杂多变的多市场竞争环境。但也有研究发现，在一些特定市场中，多市场接触对于企业绩效的提升并未得到有效的验证（邓新明和郭雅楠，2020）。因此，为了探明多市场接触与企业绩效间关系的内部逻辑，学者们又开始关注多市场接触下企业间相互克制状态产生的边界条件（Grigorij et al.，2021）。相关研究发现如果存在多市场竞争，多市场联系会导致竞争升级，可能无法达成相互克制状态，相互克制状态不是技术驱动型行业的一个特征，技术演进是相互克制状态达成的边界条件（Roy & Sarkar，2022）。

虽然以往研究已经将"多个市场的存在"视为理解企业间竞争动态和公司绩效间关系的潜在重要因素，但是理论和实证研究均局限于一个组织的外部视角（Golden & Ma，2003）。由于对组织内部流程和体系的相对忽视，学者们隐含地假设公司内部的产品或地区市场管理者之间有足够程度的协同（Jayachandran et al.，1999）。但是，事实并非如此。相互克制的发生需要企业从整体出发选择竞争策略以实现整体最优（邓新明等，2019）。通常情况下，在存在多市场接触时，企业可能需要牺牲次要市场的利益给竞争对手，从而换取该竞争对手对另外一个市场的默许（Golden & Ma，2003）。然而，此时我们忽视了一个关键的问题：为什么企业某一市场（比如次要市场）的组织单元（一个事业部或战略单位）会愿意牺牲本组织单元的利益去配合另外一个市场（比如核心市场）组织单元的竞争战略呢？虽然表面上是理所当然的，即所有组织单元都要服从公司总部的安排，但如果组织内部缺乏有效的协同、整合机制以及促进部门间合作的激励和控制系统，则相互克制的战略意图在现实中有可能实现不了。正如 Golden 和 Ma（2003）的观点，相互克制战略协同起来并不容易，实施这一战略需要企业内部协调能力和激励系统的支持。因此，本文试图突破这一重要的研究缺口，创新性地探讨了组织内多市场协同与激励机制对企业多市场相互克制战略实施的影响，从而构建多市场战略理论与实践的重要联结。

本文所研究的内容是对以往学者研究的开创性补充，分析并证实了多市场接触下企业内部机制对于企业间相互克制状态产生的作用。本研究扩展了多市场接触的分析角度，将企业内部视角引入多市场接触的相关研究，试图为其提供一个更为全面的分析视角。同时，本文根据已有研究，开创性地使用一手数据对多市场接触以及相互克制战略进行了衡量，采用量表的形式，对企业的主观多市场接触强度进行了更为精准的测量，这丰富了多市场接触核心数据的衡量方法，也为企业内部视角的多市场接触分析提供了数据支持。

2. 文献综述与研究假设

2.1 多市场接触、相互克制与企业绩效

当企业间在多个市场相遇时，由于竞争接触加剧，传统的竞争战略会导致更为严重的竞争行为（比如价格战、恶意营销、法律诉讼等），激烈的资源消耗会严重影响竞争双方的利益（邓新明等，2022）。因此，最终企业双方会以相互克制为前提，通过积极构建隐性合谋的市场环境来削弱竞争（邓新明等，2019）。大量的实证研究证明，多市场接触会导致相互克制的产生，最终显著降低企业间的竞争强度（Chen，1996）。

以往研究认为，多市场接触下企业达成相互克制主要基于两个方面的原因：首先是多市场接触产生了熟悉效应。随着企业间接触的市场逐步增多，企业将拥有更多的机会与能力去了解自己的竞争对手，这种现象被称为"熟悉效应"（Baum & Korn，1996）。其次是多市场接触下企业间跨市场报复能力的增强。对于焦点企业的竞争性进攻行为，对手将有更多的机会进行报复，这种跨市场的报复行为将是难以预料且极具威胁的（Edwards，1955）。这种由于多市场接触而产生的更具实质威胁性的报复能力，以及可以预期的"未来阴影"被称为"威慑效应"（Baum & Korn，1996）。

另外，相互克制的直接结果是竞争双方通过可以识别的方式向对手展示友善的合作信号，进而企业间的竞争强度下降（Buckley & Mattos，2021）。以往的研究就新市场进入、产品定价、服务质量等信号在多个领域，如航空公司、电信公司、银行和金融市场、连锁快餐业和酒店业等进行了实证研究，均发现了相互克制的存在（Reeven & Pennings，2016）。虽然有部分学者在对手机、租赁等行业进行检验时未能发现有效的相互克制战略，但是这种情况仅存在于少数特殊市场中（Peng & Liang，2016）。对于大多数行业，多市场接触会促进企业相互克制战略得到了学者们的广泛支持（Thomas & Nicholas，2003）。

在多市场竞争理论的研究领域，学者们还详细考察了多市场接触对企业绩效的影响。在航空业、银行业、保险业、地产业等，学者们均提供了多市场接触与企业绩效的正相关关系的实证证据（Baum & Bowers，2016）。除此以外，有部分学者发现了不支持"多市场接触与企业绩效正相关关系"的证据，有学者发现，多市场接触增加使得手机行业竞争行为加剧；在租赁行业的多市场接触也会导致更为严重的竞争；过度分散化决策的银行业也会区域性地出现多市场接触导致的竞争升级（Peng & Liang，2016）。上述研究均未发现多市场接触与企业绩效的正向关系。对此，学者们认为多市场接触下的相互克制可能不容易在年轻的公司间产生（Greve，2000）。也有学者认为，多市场接触会根据实际情况产生不同的战略选择结果，高水平的多市场接触对于竞争行动未必总会起到抑制作

用，反而是可以作为竞争多样性的解释而存在（Grigorij et al.，2021）。

2.2 多市场接触与相互克制战略

当企业间在多个市场相遇时，直接的市场行为会导致竞争强度提升。该结果不利于企业的绩效，因而当其逐渐熟悉自己的竞争对手后，会放弃无谓的市场竞争，选择在市场行动上更加地默契协调并相互理解，为企业间的合作创造机会，即达成企业间的相互克制（John，1991）。由于企业间更加熟悉，双方都能够快速识别出对方的竞争行动意图并做出相应的反应。这使得竞争行动难以获得预想的效果，甚至可能由于对手提前的准备而惨遭失败。同时，熟悉与配合带来的企业间相互依赖也会进一步阻止企业脱离相互克制的均衡状态，这也就是以往学者所说的"熟悉效应"（Hsieh & Hyun，2018）。与此同时，多市场接触带来的企业间跨市场报复能力使得双方有更多的机会进行报复，这些报复行为威胁极大且无法预知，因此在这种情况下，企业通过背离合谋所获得的预期收益将难以弥补竞争对手反击带来的预期损失，企业将减少不必要的竞争行为来维持相互克制状态，这也就是以往学者所说的"威慑效应"（Dekeyser et al.，2021）。

通过对以往研究的回顾可以发现，在以往大多数的研究中，相互克制是作为多市场接触下企业竞争行为选择的逻辑依据出现的，被认为是企业间多市场接触下自然产生的结果（Jayachandran et al.，1999）。但是不难发现，对于多市场企业来说，选择与竞争对手处于相互克制状态无疑是有利的，相互克制的达成意味着更低的竞争投入与更高的市场收益，企业有理由主动促使这种市场状态的达成。因此，我们认为企业间的相互克制达成是具有主观性的，而这种为了维持与多市场竞争对手相互克制而进行的一系列内外部战略安排可以被称为相互克制战略。在多市场接触的前提下，实施相互克制战略对企业极为有利，可以认为这种多个市场的竞争性联系将会导致"相互克制战略"的产生（Yu et al.，2013）。我们认为多市场接触为企业间的相互克制创造了前提条件，有助于相互克制战略的成功实施。

综上所述，本文提出假设：

H1：企业多市场接触将正向促进企业间相互克制战略的成功实施。

2.3 相互克制战略与企业绩效

以往关于多市场接触正向影响企业绩效的研究的主要解释逻辑是基于企业间达成了相互克制状态，竞争强度减弱。而相互克制战略即企业有意识地达成相互克制的战略过程，说明以往研究广泛地支持了"相互克制战略对企业绩效存在正面影响"这一观点。在密切共谋下，处于相互克制状态的竞争双方会获得更强的市场地位，可以通过联合定价、降低成本等方式从消费者处获取更大的利益。同时，缓和的竞争形势也使得企业减少了市场竞争所需的投入与储备，从而更大程度上节约了竞争成本。与此同时，虽然部分学者通过研究发现了多市场接触与企业绩效关系的特例，但是这些研究也恰恰从另一个角度进一步证实了相互克制战略正向促进企业绩效的关系。此类研究的目标企业虽然与竞争对手处于多市场接触却并未达成相互克制状态，即相互克制战略缺失，多市场接触加剧了竞争情绪，激烈的竞争导致了绩效的不利结果（Peng & Liang，2016）。这恰好说明，并非单纯的多市场接触会导致企业绩效的提升，能否达成相互克制状态才是促进绩效提升的关键，而这又恰恰取决于企业的相互克制战略。

多市场接触对于企业绩效的积极影响很大程度上来源于企业相互克制战略的成功，趋于平缓的竞争与默契的市场配合带来的是企业竞争成本的降低，这为企业的绩效提升创造了基础（Guedri & McGuire，2011）。在多市场接触下，企业间以相互依赖并互相威慑的市场力量代替重大资源承诺来构建相互克制的市场结构，最大限度上解除了资源限制，减少了资源的消耗浪费（Thomas & Nicholas，2003）。更为高效的资源利用、更为优势的市场地位最终为企业带来了更高的企业绩效。但当相互克制战略失效时，多市场接触的特殊联系使得竞争双方竞争强度更大，竞争覆盖面更广，极易产生"短兵相接"的恶性竞争，从而对企业绩效产生更为不利的影响。

综上所述，本文提出假设：

H2：企业间的相互克制战略会正向影响目标企业绩效。

2.4　企业内部协同机制、相互克制战略与企业绩效

虽然以往研究广泛地支持了相互克制战略会积极影响企业绩效的观点，但是对于其影响因素的研究还较为缺乏。相互克制战略的一大特点在于其预期利益的高度不确定性（Buckley & Mattos，2021）。虽然相互克制战略从产品利润与市场势力两方面提升了企业的收益，但是有能力实施相互克制战略的企业都拥有向对方发起进攻打破克制的能力与潜在意愿。这种意愿源于对更高利益的渴望并受制于对手的市场威胁与己方既得利益的保护，这种潜在的威胁与不确定性的未来预期使得未来的收益存在严重不确定性。企业必须从竞争对手处获取明确的市场信号以增强信心，才能保证相互克制战略达到应有的效果（Uribe，2020）。有学者指出，相互克制战略并非文字协议，一方让渡的利益必须经由有效的途径给予对方才能够实现双方的克制与共赢，而这种机制的实施往往需要企业内部的精妙安排来增强其有效性（Buckley & Mattos，2021）。

相互克制战略下，企业内部的协同配合对于整体战略执行效率的影响是极为关键的。多市场接触下的相互克制战略要求双方企业内各市场事业部开展不计利益的通力合作，为企业总体利益而非单一事业部利益进行经营。具体来说，对于多市场接触的企业双方，识别对方的核心市场并在这些市场上给予对方尊重是达成相互克制状态的重要前提（Edwards，1955）。以往学者称这种给予对方关键市场尊重以换取对方对自己核心市场优势默许的做法为市场互换（Fuentelsaz & Gomez，2006）。市场互换作为相互克制战略的重要机制，其潜在竞争能力对于威慑效应有着极大的提升作用，可以更容易地实现相互克制状态，减弱双方的潜在对抗情绪，但是这种看似精妙的市场结构其实并不易于达成（Sengul & Gimeno，2013），具体作用机制如图 1 所示，我们基于一个简单的多市场竞争情形展开分析。假定市场上只有 2 个竞争者，即 A 企业和 B 企业。A 企业的细分市场领域有 m 个，B 企业有 n 个，但二者的接触点只有 2 个市场（即市场 1 和市场 2）。其中 A 企业的核心市场是市场 1；B 企业的核心市场是市场 2。企业的核心市场也就意味着是企业的势力范围，是一定不能让人觊觎和侵入的市场（邓新明等，2019）。一旦有竞争者对自己的核心市场发起攻击，企业必将进行反击，同时

具有更高的可能性会进攻对方的核心市场（如图 1 中箭头所示，A 企业进攻 B 企业的市场 2，B 企业则反击 A 企业的市场 1）。现实中企业因为存在着较高的竞争者报复预期，不会轻易地发起进攻，双方有可能会相安无事，从而形成一种隐性的竞争合谋，这就是相互克制。比如，法国 BIC 为了阻止吉列进入一次性笔市场（BIC 的核心市场），通过进入一次性剃须刀市场（吉列的核心市场）的策略来进行反击，目的是默契地在这两个市场进行勾结。

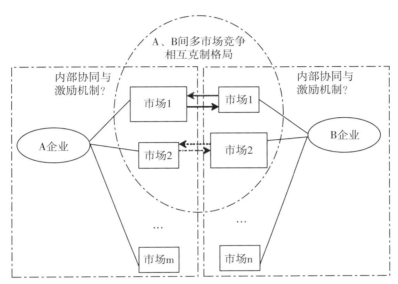

注：1. 为了分析问题的简单性，此图只假设了 A、B 两家企业以及 A、B 企业只存在市场 1 与市场 2 两个接触点；2. A 企业的核心市场是市场 1，B 企业的核心市场是市场 2；3. 箭头表示潜在进攻与报复/还击方向，最后因为存在着跨市场报复，导致相互克制结果；4. 文献只关注了椭圆形部分，但忽视了虚线方框中的内容（如"?"所示），即多市场战略实施的组织内支撑机制。

图 1　多市场接触、相互克制与组织实施机制

　　然而，在图 1 的假想情形中，我们忽视了一个实践中很关键的问题，即当 B 企业进攻 A 企业的市场 1 时，为什么 A 企业市场 2 所在的单元（或部门，比如集团内的产品事业部/分公司；或地区事业部/分公司等）会心甘情愿地为了配合市场 1 的组织单元战略而向 B 企业的市场 2 发起反攻呢？虽然表面上是理所当然的，即所有组织单元都要服从公司总部的安排，但如果组织内部缺乏有效的协调机制和促进部门间合作的激励系统（如图 1 中的"?"所示），则事情远没有想象中这么简单。从单方企业内部视角来看，这种做法存在着严重的利益不均，作为利益让渡方的事业部（如 A 企业的市场 2 事业部）会被迫处于市场弱势状态，以较低的绩效与较差的发展来保障本企业内作为利益获取方的事业部在所处的市场上获得优势地位（如 A 企业的市场 1 事业部）。由于企业事业部的战略执行决策往往是单独做出的，这种内部的不平衡与"被迫牺牲"如果不能妥善处理必然会引发企业内部的不满，进而使得战略的执行环节出现问题，不仅会影响企业间相互克制信号的传递，还会降低相互克制状态下的企业内部效率（Sengul & Gimeno，2013），并最终影响相互克制战略的绩效。

　　同时，从资源的利用角度来看，作为让渡利益方的事业部的资源是冗余的，而作为被让渡方的

事业部却需要大量资源的补充，这就需要进行统一的资源重新分配与调度，以快速适应新的市场结构（Buckley & Mattos，2021）。企业内部协同机制需要对各种内外部资源在事业部间进行合理的协同统一调配，在避免内部冲突的情况下尽快实现资源的转移，快速实现相互克制状态下的最高效率。因此，相互克制战略的实施并非只是简单的市场博弈行为，企业内部必须有高效的内部协同机制来协调资源配给，保障总体资源效率，这样才能保证相互克制战略的有效实施。

总体而言，企业相互克制战略是一项需要多部门、多层次参与的复杂市场战略，要达到预想的绩效结果不仅需要精妙的市场结构设计，更需要企业内部的精细协同配合。相互克制状态使得企业从低成本与高利润两方面获得竞争优势的提升，而精细合理的内部协同则可以将各市场的资源利用到极致，最大限度地发挥资源的效用，减少不必要的闲置资源，将这种提升放大到极致，有助于最终战略目标的实现。

因此，本文提出假设：

H3：企业内部的协同机制将正向调节相互克制战略与目标企业绩效间的关系。

2.5 企业内多市场激励机制、相互克制战略与企业绩效

当企业在市场上采用相互克制战略时，企业将降低市场的竞争行动水平以期获得互信，其短期绩效可能会由于竞争行动的减缓而下降。同时，多市场接触下企业事业部间的战略协同安排也会在一定程度上导致让渡利益的事业部绩效下降，比如事业部可能因市场互换战略的需要而让渡利益给竞争对手。Golden 和 Ma（2003）在对这一过程进行理论分析后提出了一种担忧，认为事业部管理者可能会以此为借口采取不利于绩效的"搭便车"行为。与对手处于相互克制状态下的企业事业部将不再进行应有努力来尽可能地增加企业绩效，并将未达预期的绩效水平归咎于为实现相互克制所必需的代价。这种偏离战略预期的绩效损失将会影响企业的总体战略目标，进而使得企业预期的长期收益受损。

为在一定程度上缓解这种"搭便车"行为，必须设立合理的激励机制来制约并矫正企业管理者的行为。强化理论（reinforcement theory）认为，激励机制作为有效的强化物（reinforce）将会根据管理者的具体行为产生相应的正向或负向强化作用，进而起到矫正其行为模式的作用（Wang et al.，2021）。Smirnova 等（2019）研究发现企业绩效结果直接取决于管理决策的有效性，有效的激励很重要；Lorincová 等（2019）证明了，适当激励企业管理者提升其个人效率将正向影响企业业务效率，从而使企业获得可持续性发展与成功。企业的效率取决于有效的管理和高效的业务流程，Bryson 和 White（2019）在研究中，将员工的内部工作满意度和组织承诺视为激励结果；Wziatek（2016）证实了管理者的合理激励是管理质量的重要决定因素。合理且特定的激励手段将有效地规避企业管理者的"搭便车"行为，矫正子单元的执行战略部署，有助于企业总体战略的顺利落地。

多市场竞争、相互克制战略与企业内多市场激励机制的作用模式同样可以参考图 1。一般来说，以牺牲个人利益为代价去实现目标被认为是难以实现的。为了使事业部在处于相互克制状态时仍能保持高效运作，企业需要采取合理的激励机制来为企业内的高效配合创造动机，正向及负向的激励将有助于实现这一目标（Oncioiu & Ionica，2018）。正向激励手段有针对事业部的奖励机制与针对事

业部管理者的奖励机制等；负向激励则包含针对事业部及事业部管理者的惩罚机制。对于正向激励，以往的研究表明薪金奖励会直接影响各级员工的绩效，其在提高员工绩效和组织生产率方面发挥着重要作用（Patrick，2017）。大多数企业使用工资、晋升、奖金和其他类型的奖励来提高员工绩效，表扬、设定现实且可实现的目标、适当的工作量定义、提供相关信息等被认为是重要的激励因素（Remišová et al.，2019）。合适的正向激励会正向影响目标员工的绩效水平（Dwivedi，1985）。对于负向激励，研究者认为其目的是发出组织定义的正确行动信号，并阻止目标的不适当行动或判断（Yu et al.，2021）。它可用于防止组织成员采取某些不利于组织的行动或做出错误决策（Yu et al.，2021）。从直接绩效结果来讲，它的影响效果并不明确，来源于畏惧的行为无法保证创造出更高的绩效，但可以有效预防由于行为不当带来的绩效下降（Skaggs et al.，2018）。

企业在实施相互克制战略的过程中，正、负向激励的作用得到了充分的发挥。正向激励由于其正式性与管理者的期望性，会使得事业部管理者一定程度上提升其组织忠诚度与归属感，进而对相互克制状态下内部协同的事业部绩效水平的提升起到积极的正向作用（Yang & Park，2020）。同时，负向激励虽不会直接产生更高的绩效水平，但将其作为威慑手段来保证事业部的运转符合整体战略安排，可以有效减少因相互克制状态的"搭便车"行为所带来的绩效损失。

综上所述，本文提出假设：

H4：企业内的多市场激励机制将正向调节相互克制战略与目标企业绩效间的关系。

本文研究框架如图 2 所示。

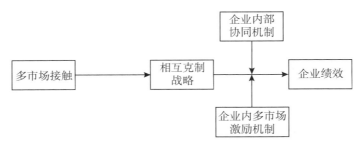

图 2   研究框架图

3. 研究方法与设计

3.1   研究对象

本研究涉及企业内部的总体战略考量、感知与决策，因而问卷调查的对象应该是企业的总经理、副总经理、部门经理等中高层管理人员。为收集到本研究所需的样本，我们选择湖北等地重点院校的 EMBA 和 MBA 学员，通过在课堂上讨论填写并当堂回收问卷的形式获得部分调查结果。同时，我们还通过网络手段向一些企业高层发放了问卷。此次调查共发放问卷 339 份，剔除无效问卷后，回收有效问卷 208 份，有效回收率为 61%，调查时间为 2022 年 4 月。

由于本研究不涉及对具体行业的检验，我们在收集数据时并未将行业作为数据的筛选条件。有效回收的 208 份问卷的结果显示，样本主要来自 IT、制造业、房地产开发、物流、机械重工等多个行业。其中 72% 的问卷来自民营企业，19% 来自国有企业，9% 来自外资企业。在公司规模方面，大多数的问卷来自中型企业，占比 65%，还有 22% 的样本来自大型企业，其余样本来自小型企业。填写样本的对象全部为企业高级管理人员，且其所在企业均在多个市场展开经营与竞争。

3.2 测量方法与测量工具

事实上，学界目前还鲜有学者从组织内部视角研究过多市场战略的实施机理问题，本文是少数实证分析多市场战略与企业内协同及激励机制之间关系的文章，且涉及的变量无法通过二手数据获取并衡量，因而采用问卷形式进行数据收集、处理与分析。同时，国内外目前鲜有运用量表研究多市场竞争战略问题的文献，因而本文对国内外多市场接触与相互克制的相关文献进行了梳理，分析并识别出可能的关键维度，并探索其可测量的结果变量，根据总结的关键变量编制了问项（Gupta & Govindarajan，2000；O'Donnell，2000；陈劲等，2006；邵云飞等，2018；唐啸等，2016）。

通过对以上资料的整理，我们得到了一些关于多市场接触、相互克制战略、企业内部协同与多市场激励机制的构念和维度。多市场接触包含 2 个维度的 5 个测项，分为熟悉效应维度和威慑效应维度；相互克制战略包含 5 个测项，需要说明的是，由于本构念的 5 个测项属于战略的结果性测项，虽然本测项仅面对单方企业收集数据，但是该结果却是双方企业共同的行为导致的，因为一方的行为只有在对方企业感知到后才能对整体的相互克制战略产生效果，因此该测项配合其余甄别项可以同时区分该战略的成立与否以及受测方的实际感知；企业内部多市场协同包含 3 个维度的 10 个测项，分为协同的信息基础维度 3 个测项、协同的文化要素维度 3 个测项、协同的考核机制维度 4 个测项；企业内多市场激励包含 2 个维度的 8 个测项，分为正、负向激励各 4 个测项；企业绩效变量共有4 个测项。具体的量表可靠性结果如表 1 所示。

在将各量表初步编制完成后，我们对其中的一些条目进行了校订与删改，并对各概念的效度进行了验证。第一步，我们请多位战略管理方向熟知多市场接触相关概念的研究生进行问卷试做并反馈，从而确定问句的含义是否明确，问句的设计是否合理，在综合各方的意见后对问卷进行了初步修改。第二步，我们请多位战略管理方向的资深教授对修改后的问卷量表进行专业性的分析，并再次给出专业性修改意见，据此对量表进行了又一轮修正。第三步，为保证问卷的目标人群可以较好地理解问卷内容，我们将问卷发给少数目标人群，并获取其一手反馈信息，以此为基础对问卷的可识别性进行改进。最后，为保障问卷质量，我们将修订好的问卷发送给部分目标人群，进行了问卷预实验。根据结果中发现的问题对问卷进行了最终调整，并且重复之前的三步检验保证新增或删改后的问项的可靠性。

问卷全部问项均采用 Likert5 点计分，我们请填答者对描述的事项在 1~5 的不同程度做判断，1~5 依次表示从完全不同意（非常少、很低）向完全同意（非常多、很高）过渡，分数 3 为中性标准。

表1 量表可靠性分析结果

潜变量	标志变量（已调整）	Corrected-item Total Correlation	Alpha If Item Deleted	Cronbach's α	Split-Half Alpha（Guttman）
多市场接触（共5个问项）	Q1	0.378	0.548	0.601	0.713
	Q2	0.215	0.609		
	Q3	0.331	0.559		
	Q4	0.411	0.515		
	Q5	0.493	0.462		
相互克制战略（共5个问项）	Q6	0.528	0.788	0.806	0.765
	Q7	0.504	0.793		
	Q8	0.59	0.769		
	Q9	0.678	0.739		
	Q10	0.66	0.746		
企业绩效（共4个问项）	Q11	0.449	0.599	0.664	0.673
	Q12	0.4	0.628		
	Q13	0.469	0.581		
	Q14	0.471	0.58		
企业内部协同机制（共10个问项）	Q15	0.348	0.76	0.769	0.728
	Q16	0.536	0.738		
	Q17	0.315	0.764		
	Q18	0.442	0.748		
	Q19	0.459	0.746		
	Q20	0.346	0.764		
	Q21	0.575	0.728		
	Q22	0.526	0.737		
	Q23	0.417	0.752		
	Q24	0.4	0.755		
企业内多市场激励机制（共8个问项）	Q25	0.411	0.739	0.756	0.791
	Q26	0.402	0.74		
	Q27	0.372	0.744		
	Q28	0.26	0.763		
	Q29	0.497	0.723		
	Q30	0.517	0.718		
	Q31	0.56	0.709		
	Q32	0.603	0.702		

3.3 统计方法

本研究采用 SPSS24 和 Amos26 进行统计分析。采用 SPSS24 针对研究涉及的变量进行验证性因子分析及探索性因子分析，考察使用量表的效度及信度，并进行描述性统计及初步相关分析。根据温忠麟等的观点，本研究采用 χ^2/df、AGFI、CFI、TLI 和 RMSEA 拟合指数。最后，采用 Amos 结构方程模型中的潜变量路径分析方法考察各变量之间关系（吴艳等，2011）。

为了确定每个潜变量下的各观测变量为彼此不同的概念，本研究用 SPSS 分别针对多市场接触、相互克制战略、企业绩效、企业内部协同机制以及企业内多市场激励机制 5 个潜变量进行了因子分析，其中相互克制战略、企业绩效为单因子潜变量。结果显示每项因子分析的总解释比例均大于 50%。同时验证性因子分析显示，潜变量的因素模型均适配实际数据。这代表我们的观测变量能有效解释数据的变异且分别代表了不同的概念。具体因子分析结果见表 2 至表 6。

表 2 多市场接触的信度与构建效度

标志变量	因子和变量	因子 1	因子 2
	熟悉效应		
Q2	企业与主要竞争对手所处的相同市场增多使企业更快地识别出对方的市场行动目的并做出回应	0.85	-0.058
Q3	企业与主要竞争对手所处的相同市场增多使企业能更清晰地识别对方的核心市场	0.668	0.234
Q1	企业与主要竞争对手所处的相同市场增多使企业更加了解彼此	0.402	0.497
	威慑效应		
Q4	企业与主要竞争对手所处的相同市场增多使双方爆发全面竞争的代价增大	-0.024	0.835
Q5	企业与主要竞争对手所处的相同市场增多使双方都获得更多的有效方式来报复对方的竞争行动	0.153	0.822
Cronbach's α		0.456	0.642
特征值		1.677	1.353
贡献率（%）		33.534	27.064
累计贡献率（%）		33.534	60.597

注：因子分析采用的是主成分分析法，表中数字为 Varimax 旋转后的因子载荷值。下同。

表 3 相互克制战略的信度与构建效度

标志变量	因子和变量	因子 1
Q9	公司会因与竞争对手达成"隐性合作"而减缓新产品/新服务的推出速度	0.827
Q10	公司会降低广告促销等活动的强度以避免打破与对手的"合作"	0.808

续表

标志变量	因子和变量	因子 1
Q8	公司会因与竞争对手达成"隐性合作"而与其一起对产品进行提价	0.754
Q6	公司会停止或减少进入竞争对手所在的其他市场	0.69
Q7	公司会与竞争对手达成"隐性合作"，在产品/服务的质量上不要那么"内卷"	0.664
Cronbach's α		0.806
特征值		2.821
贡献率（%）		56.429
累计贡献率（%）		56.429

表 4 企业绩效的信度与构建效度

标志变量	因子和变量	因子 1
Q14	公司采用的多市场战略有效地增加了公司的投资回报率	0.736
Q13	公司采用的多市场战略有效地增加了公司的资产回报率	0.726
Q11	公司采用的多市场战略有效地增加了公司的销售额	0.71
Q12	公司采用的多市场战略有效地增加了公司的利润	0.656
Cronbach's α		0.664
特征值		2.002
贡献率（%）		50.058
累计贡献率（%）		50.058

表 5 企业内部协同机制的信度与构建效度

标志变量	因子和变量	因子 1	因子 2	因子 3
	信息协同			
Q17	组织单元会及时收到内部其他组织单元传递的相关经营信息	0.733	−0.045	0.153
Q15	重视企业内部的信息沟通建设	0.728	0.221	−0.007
Q16	组织单元间会及时传递与内部其他组织单元相关的经营信息	0.648	0.262	0.31
	文化协同			
Q20	组织单元为了获得长期利益，可以接受由于企业内部合作带来的短期收益降低	0.039	0.813	−0.007
Q18	企业文化鼓励组织单元间的合作	0.156	0.669	0.193
Q19	员工对企业有较强的认同感与归属感	0.123	0.659	0.221
	考核协同			
Q23	考核方法使得各组织单元更倾向于进行协同	−0.049	0.114	0.784

续表

标志变量	因子和变量	因子 1	因子 2	因子 3
Q22	对组织单元间协同的考核方式是有效的	0.175	0.19	0.712
Q24	对组织单元间协同的考核结果有相应的奖惩机制	0.15	0.389	0.638
Q21	考核评价体系中有明确的对组织单元间协同的考核	0.321	−0.043	0.611
Cronbach's α		0.592	0.616	0.702
特征值		2.108	1.864	1.686
贡献率（%）		21.083	18.643	16.858
累计贡献率（%）		21.083	39.726	56.584

表 6 　　　　　　　　　　　　　**企业内多市场激励机制的信度与构建效度**

标志变量	因子和变量	因子 1	因子 2
	正向激励		
Q27	组织单元会因有效地协同其他组织单元达成企业总体目标而得到资金支持及额外资金奖励	0.788	0.061
Q26	组织单元的管理者会因有效地协同其他组织单元达成企业总体目标而得到公司的表彰及更好的晋升机会	0.716	0.145
Q25	组织单元的管理者会因有效地协同其他组织单元达成企业总体目标而得到物质激励（如奖金等）	0.648	0.22
Q28	组织单元会因有效地协同其他组织单元达成企业总体目标而得到绩效考核上的宽容及特殊表彰	0.529	0.083
	负向激励		
Q31	组织单元会因未按照公司要求协同其他组织单元达成企业总体目标而受到资金惩罚	0.141	0.797
Q32	组织单元会因未按照公司要求协同其他组织单元达成企业总体目标而受到批评及惩罚	0.196	0.791
Q30	组织单元的管理者会因未按公司要求协同其他组织单元达成企业总体目标而受到批评指责及失去好的晋升机会	0.102	0.766
Q29	组织单元的管理者会因未按照公司要求协同其他组织单元达成企业总体目标而被扣除部分奖金	0.128	0.721
Cronbach's α		0.619	0.787
特征值		2.447	1.918
贡献率（%）		30.581	23.981
累计贡献率（%）		30.581	54.563

4. 结果分析

4.1 变量描述性统计结果

各变量的描述性统计及相关系数矩阵见表7，从表中我们可以发现，各变量的均值及标准差均处于合理水平，各变量间有较高的相关性。

表7　　　　　　　　　　描述性统计和相关系数矩阵（$N=208$）

	数量	平均值	标准差	内部协同机制	多市场激励机制	多市场接触	相互克制战略	企业绩效
内部协同机制	208	3.04	0.32	1				
多市场激励机制	208	2.72	0.42	0.591**	1			
多市场接触	208	2.47	0.45	0.396**	0.450**	1		
相互克制战略	208	2.14	0.67	0.055	0.193**	0.353**	1	
企业绩效	208	2.60	0.28	0.652**	0.467**	0.361**	0.020	1

注：**代表在0.01级别（双尾）相关性显著。

4.2 假设检验

本研究使用潜变量路径分析对企业内部因素与企业多市场战略绩效的关系进行探究，模型的拟合指数均达到标准，$\chi^2 = 64.36$，df = 36，$\chi^2/\text{df} = 1.79$，AGFI = 0.903，CFI = 0.878，IFI = 0.886，RMSEA = 0.07。路径分析的结果如表8所示。

多市场接触（MMC）对于企业的相互克制战略有显著的正向影响。路径系数为0.455（$p<0.001$），因此假设H1得到验证。该结果表明，一方面多市场接触确实会导致相互克制战略的达成，当多市场接触程度增加时，企业双方更容易选择对对方默许以获得更强的市场地位，印证了以往研究的结果。另一方面相互克制的主观性动因得到证实，因为该衡量方法偏向于企业的主观判断，该显著影响一定程度上源自企业主动寻求与对手的相互克制。

相互克制战略会正向影响目标企业绩效的提升，路径系数为0.535（$p<0.001$），假设H2得到验证。该结果表明，企业与对手达成相互克制战略后，企业绩效得到了显著的提升。相互克制战略确实对企业的绩效产生了有利影响，企业在多市场竞争环境下采取该策略是有效的。因此，以往研究的分析逻辑即多市场接触导致企业间相互克制进而影响企业绩效得到了证实。

为了验证企业内部协同机制与企业多市场激励机制对于企业绩效的调节作用，沿用温忠麟、吴艳等的观点，通过截取调节变量与自变量间的两组或三组主要贡献因子，进行大小配对相乘，分别以两组或三组乘积作为两个调节变量的观测变量进行结构方程下的调节作用检验，最终将得到的交互项系数做标准化修正得到真实路径系数。根据最终的路径分析结果，多市场激励机制对于企业绩效有显著的正向影响，路径系数为 0.097（$p<0.05$），但是企业内部协同机制与企业绩效的关系未得到数据支持，路径系数为 -0.028（$p>0.1$）。假设 H4 得到检验，假设 H3 的检验未通过。该结果表明，企业的内部机制确实对相互克制战略与企业绩效间的关系起调节作用，但是企业内部协同机制可能受其内部搭便车问题的影响并不显著，因此需要进一步分析。

表 8   结构方程路径系数及显著性

	路径系数	p
多市场接触→相互克制战略	0.455	***
相互克制战略→企业绩效	0.535	***
多市场激励机制→企业绩效	0.097	**
内部协同机制→企业绩效	-0.028	0.598

注：*** 表示在 0.01 级别相关性显著，** 表示在 0.05 级别相关性显著。

根据结果可以发现，虽然企业内部协同的调节效应不显著且为负向，但其系数远小于其他影响多市场战略因素的系数。本文对这种情况的发生提出以下可能的解释。虽然企业的内部协同是企业多市场经营成功的重要前提，但是正如 Golden 和 Ma（2003）的研究指出的，企业内部协同只有在理想的情况下才能达到高效，大量的内部"搭便车"行为会随着企业内部协同行为的提升而上升。在无有效措施或弱有效措施下，这种偏离整体战略的无效协同不仅无法提升企业绩效，反而会成为企业绩效的沉重负担。为应对企业内"搭便车"行为，建立有针对性的正、负向多市场激励是十分重要的。根据表 1 的描述性统计我们发现，总体上，企业的内部协同机制建设领先于企业多市场激励机制的建设，前者均分高出后者 0.3 分且后者的得分波动更为明显。较为离散且均值较低的分数说明大多数多市场企业在多市场激励机制建设上存在不足，且部分企业在这方面存在严重缺陷。这种缺陷使得企业内普遍建设较为完善的内部协同机制无法得到有效监管，多市场战略可能存在大量"搭便车"行为，多市场协同效率低下，从而对内部协同与企业绩效的结果产生负向的影响。

5. 研究结论与启示

5.1 研究结论

实质上，动态竞争领域的学者们对于企业多市场竞争战略已经进行了深入而广泛的研究，但大多数学者的研究只局限于组织外部视角，很少从战略实践视角关注企业多市场战略实施的内部支撑机制，导致多市场战略理论无法真正推动战略实践的发展。本文则试图弥补这一重要的研究缺口，创新性地探讨了组织内多市场协同与激励机制对企业多市场相互克制战略实施的影响，从而构建了多市场战略理论与实践的重要联结。本文主要的研究结论如下：

第一，企业多市场接触水平会正向促进企业间相互克制战略的达成。本文通过一手数据验证了以往学者的观点，多市场接触对于达成企业间相互克制状态有着极为紧密的联系和积极的作用。当企业间在多个市场相遇后，企业的竞争本能会使得企业提升自身的竞争强度，但由于激烈的对抗不利于双方企业的发展与获利，这种竞争的本能会被"隐性合谋"下的超额收益所压制。最终，竞争双方在利益的联结下达成相互克制，减少市场竞争行为，以此谋取更多的收益。在对上述观点的检验中，本文从企业主观视角出发，注重企业的实际感知，明确了企业对所处竞争格局的了解程度与相关市场行为减少的具体缘由。问卷的数据显示，除二者在回归中呈现显著正相关关系外，企业对于多市场环境的主动构建与积极减少市场行动措施方面均有较高的认识水平，对于以往学术界常用的理论逻辑有较高的认可度，相关题项均有较高的得分。因而，本文从主观与客观两个角度实证检验了多市场接触与相互克制战略达成之间的正向关系，此结论也支持了学术界认可的相互克制假说。

第二，相互克制战略的实施会促进企业绩效的提升。本文验证了相互克制战略对于企业绩效的积极作用，对于处于相互克制状态下的企业，我们认为其绩效的提升主要有两条路径：一方面，相互克制状态下，竞争双方市场竞争强度降低，竞争行动减少，竞争行动的减少带来了竞争成本的下降，企业原本用于竞争的部分资金也将转化为收入，进而提升企业的绩效；另一方面，相互克制状态下，双方企业处于隐性的合谋之中，原本的竞争行为失去了必要性，反而成为双方谋利的工具。由于联合后拥有一定的垄断地位，双方企业会达成默契采用如共同提升价格、共同降低服务质量等方式来提高收益降低成本，以此获得超额的收益，进而提升企业绩效。

第三，企业内多市场激励机制会正向调节相互克制战略与企业绩效的关系，内部协同机制对相互克制战略与企业绩效的关系不具有显著的调节效应。本文引入并检验了企业内部协同及相关激励机制对于相互克制战略落地的调节作用，并对以往多市场接触与企业绩效的不确定关系提出新的解释。根据实证结果我们发现，企业内的多市场激励机制有效地提升了多市场战略下的企业绩效，但企业内部协同机制对于二者间关系的积极作用却未得到检验。我们认为企业内部协同机制调节效应不显著的主要原因是企业内部的相关激励机制建设不到位、不完善（问卷显示企业多市场激励机制平均得分很低），其本身的积极作用在"搭便车"等事业部管理层不利于绩效的行为影响下变得模糊，进而产生了负向的不显著结果。以往研究中多市场战略的绩效无法得到统一的结果可能一定程度上也会受到研究企业或行业的内部协同机制与多市场激励机制的建设程度的影响。如果两者差距过大可能对最终的绩效作用方向产生影响。企业多市场激励机制正向加强相互克制战略与企业绩效的关系得到了检验，有效地构建针对多市场战略的激励机制将会大大提升多市场战略的效率，进而对企业绩效的提升起到积极作用；同时，很大程度上多市场激励机制可能不仅直接对企业绩效起调节作用，其建设的完备性可能对企业内部协同机制的有效性起到关键作用。

5.2 理论贡献与管理启示

本文的理论贡献如下：

第一，本文实证证明了，企业内部机制要素如企业内部协同机制与激励机制的确会影响企业多市场接触的结果，拓展了多市场接触领域的研究视角。以往有关研究很少涉及企业内部机制的分析，少数涉及的文章也仅仅从理论的角度推演，认为企业内部机制对于多市场接触下的相互克制起到了关键性的作用，但受限于数据难以收集并未进行相关实证研究。本文通过构建相关量表，使用问卷方法对多市场接触下的企业内部数据予以测量，并进行了实证检验，证实了以往理论的可靠性，并将多市场接触下的企业内部机制研究引向定量分析，开拓了新的研究方向。

第二，拓展了多市场接触强度与相互克制战略的衡量方式。本文构建了独特的量表用来反映企业多市场接触强度与相互克制战略两个变量，使得两个变量的逻辑层次更为清晰。该衡量方法适用于企业内部机制的研究，解决了以往数据难以收集的困难，为以后学者研究多市场接触下企业内部机制问题提供了新的思路。

第三，实证了多市场接触下企业达成相互克制具有一定的主观动机。本文通过实证分析发现，多市场接触下企业有意愿主动与竞争对手达成相互克制，这种行为有可能成为公司的一种战略模式。问卷结果也显示，多市场接触企业对于相互克制的行为与后果有着较高的感知，因而本文认为多市场接触下企业相互克制的发生并非是完全被动的。这也将多市场接触下相互克制的成因予以扩展，相互克制将不再是单纯的市场博弈结果，其产生也存在一定的主观性因素。

本文的管理启示如下：

第一，企业应该积极寻求构建多市场接触格局，实施相互克制战略。多市场接触格局有助于减少恶性市场竞争，显著提升企业绩效。当下随着市场经济的发展，市场竞争愈发激烈，企业如果想跳出简单的恶性竞争，可以选择进行积极的多市场格局构建。在多市场的竞争环境下，相互克制战略将更容易实施，这将大大减少竞争双方的直接对抗，为竞争双方提供更大的利益。但是构建成功的多市场格局与实施相互克制战略并不容易，这要求企业有多市场战略思维，以更大的视角来看待市场与对手，掌握多市场战略规律，进而获取在多市场下的动态竞争优势。

第二，企业应关注多市场接触下组织内部协同效率的提升。从实证结果看，企业内部协同机制的建设处于较高的水平，但是其对于相互克制战略与企业绩效之间关系的正向调节作用却并不显著。企业积极构建内部协同通道，以机制建设确保在需要企业内部合作时有章可循是值得提倡的，但是目前情况下，内部协同的低效却也十分棘手。这一点确实值得企业关注。企业内如何减少由于协同下难监管、难考核带来的"搭便车"等不利于企业绩效提升的问题是企业需要考虑的重点。

第三，企业应加强多市场激励机制的建设。从问卷结果我们可以发现，企业内部针对多市场战略的激励机制建设尚有待完善，大多数企业没有建立有效地促进多市场协同的激励机制。这在一定程度上是由于相关机制的情况复杂、考核不便等现实问题引起的，但企业仍应积极解决。企业内部的多市场激励机制能有效加强多市场战略对企业绩效的正向影响；同时，这种激励机制有很大可能会对企业内协同的低效问题起到遏制缓解的作用，因而企业应该强化内部的多市场激励机制的建设。

5.3 研究局限性

本文虽然得出了上述重要的结论与启示，但仍存在以下研究局限性：第一，本文研究的样本偏小，由于研究样本收集难度大、要求高，本文仅收集了 208 份有效试卷，在样本量上有一定欠缺。

希望未来研究可以获得更多有效数据对理论进行检验。第二，本文采用的量表因子内部信度虽然均超过了采纳标准的克隆巴哈系数临界值（0.6），但还有进一步提升的空间。

◎ 参考文献

［1］陈劲，谢芳，贾丽娜 . 企业集团内部协同创新机理研究［J］. 管理学报，2006（6）.

［2］邓新明，张婷，王惠子 . 政治关联、多点接触与企业绩效——市场互换性的调节作用［J］. 管理科学，2016，29（6）.

［3］邓新明，刘禹，刘国华，龙良智 . 多市场接触对新市场进入行为的影响研究——市场集中度与势力范围的调节效应［J］. 管理评论，2019，31（4）.

［4］邓新明，郭雅楠 . 竞争经验、多市场接触与企业绩效——基于红皇后竞争视角［J］. 管理世界，2020，36（11）.

［5］胡海波，王怡琴，卢海涛 ."一带一路"背景下中国海外重大工程建设成就与经验总结［J］. 江西社会科学，2023，43（12）.

［6］綦良群，王曦研 . 先进制造企业外部资源获取、协同能力与服务创新绩效研究［J］. 学习与探索，2022（10）.

［7］邵云飞，庞博，方佳明 . IT能力视角下企业内部多要素协同与创新绩效研究［J］. 管理评论，2018，30（6）.

［8］唐啸，胡鞍钢，杭承政 . 二元激励路径下中国环境政策执行——基于扎根理论的研究发现［J］. 清华大学学报，2016，31（3）.

［9］吴艳，温忠麟，侯杰泰 . 无均值结构的潜变量交互效应模型的标准化估计［J］. 心理学报，2011，43（10）.

［10］徐宁，张阳 . 子公司"自下而上"的制衡：实现路径、弱化因素与作用边界［J］. 重庆大学学报（社会科学版），2022，28（3）.

［11］杨皖苏，杨善林 . 联盟网络知识嵌入性、知识耦合与企业绩效——基于知识距离的视角［J］. 郑州大学学报（哲学社会科学版），2022，55（1）.

［12］卓娜，周明生 . 国内外服务型制造研究热点与发展趋势［J］. 科学管理研究，2022，40（6）.

［13］Bryson, A., White, M. HRM and small-firm employee motivation: Before and after the great recession［J］. ILR Review, 2019, 72（3）.

［14］Bernheim, D., Michael D. Whiston. Multimarket contact and collusive behavior［J］. The RAND Journal of Economics, 1990, 21（1）.

［15］Baum, J. C., Korn, H. J. Competitive dynamics of interfirm rivalry［J］. Academy of Management Journal, 1996, 39（2）.

［16］Baum, J., Bowers, A., Mohanram, P. Mutual forbearance and competition among security analysts［J］. Management Science, 2016, 62（6）.

［17］ Buckley, P., Mattos, C. Understanding the processes underlying inter-firm collaboration: Mutual forbearance and the principle of congruity ［J］. British Journal of Management, 2021, 32 (1).

［18］ Chen, M. J. Competitor analysis and interfirm rivalry: Toward a theoretical integration ［J］. Academy of Management Review, 1996, 21 (1).

［19］ Dekeyser, S., Gaeremynck, A., Knechel, W. R., et al. Multimarket contact and mutual forbearance in audit markets ［J］. Journal of Accounting Research, 2021, 59.

［20］ Dwivedi, O. P. Ethics and values of public responsibility and accountability ［J］. International Review of Administrative Sciences, 1985, 51 (1).

［21］ Edwards, C. Conglomerate bigness as a source of power in business concentration and price policy ［M］. New Jersey: Princeton University Press, 1955.

［22］ Fuentelsaz, L. Gomez, J. Multipoint competition, strategic similarity and entry into geographic market ［J］. Strategic Management Journal, 2006, 27 (12).

［23］ Grigorij, L., Mirko, B., Anna, N. Multimarket contact and target size: The moderating effect of market concentration and location ［J］. Strategic Organization, 2021, 21 (2).

［24］ Golden, B. R., Ma, H. Mutual forbearance: The role of intrafirm integration and rewards ［J］. Academy of Management Review, 2003, 28 (3).

［25］ Greve, H. R. Market niche entry decisions: Competition, learning, and strategy in Tokyo banking ［J］. Academy of Management Journal, 2000, 43 (5).

［26］ Guedri, Z., McGuire, J. Multimarket competition, mobility barriers, and firm performance ［J］. Journal of Management Studies, 2011, 48.

［27］ Gupta, A. K., Govindarajan, V. Knowledge flows within multinational corporations ［J］. Strategic Management Journal, 2000, 21.

［28］ Hsieh, K., Hyun, E. J. Matching response to competitors' moves under asymmetric market strength ［J］. Journal of Business Research, 2018, 82.

［29］ Jayachandran, S., Gimeno, J., Varadarajan, P. The theory of multimarket competition: A synthesis and implications for marketing strategy ［J］. Journal of Marketing, 1999, 63 (3).

［30］ John, T. Multimarket contact among diversified oligopolists ［J］. International Journal of Industrial Organization, 1991, 9 (2).

［31］ Karnani, A., Wernerfelt, B. Multiple point competition ［J］. Strategic Management Journal, 1985, 6 (1).

［32］ Lorincová, S., Štarchoň, P., Weberová, D., et al. Employee motivation as a tool to achieve sustainability of business processes ［J］. Sustainability, 2019, 11 (13).

［33］ Oncioiu, I. The impact of employee motivation on Romanian organizational performance ［J］. Information Resources Management Journal, 2018, 31 (4).

［34］ O'Donnell, S. W. Managing foreign subsidiaries: Agents of headquarters, or an interdependent network？［J］. Strategic Management Journal, 2000, 21.

［35］ Peng, Y. S., Liang, I. C. A dynamic framework for competitor identification: A neglecting role of dominant design ［J］. Journal of Business Research, 2016, 69 (5).

［36］ Patrick, K. Performance appraisals and job satisfaction ［J］. The International Journal of Human Resource Management, 2017, 28 (5).

［37］ Roy, R., Sarkar, S. Boundary conditions of the mutual forbearance hypothesis: Impact of technology evolution on multimarket competition ［J］. Managerial and Decision Economics, 2022, 43 (6).

［38］ Reeven, V., Pennings. On the relation between multimarket contact and service quality: Mutual forbearance or network coordination？ ［J］. Strategic Management Journal, 2016, 37.

［39］ Remišová, A., Lašáková, A., Kirchmayer, Z. Influence of formal ethics program components on managerial ethical behavior ［J］. Journal of Business Ethics, 2019, 160 (1).

［40］ Sengul, M., Gimeno, J. Constrained delegation: Limiting subsidiaries' decision rights and resources in firms that compete across multiple industries ［J］. Administrative Science Quarterly, 2013, 58 (3).

［41］ Smirnova, Z., Vaganova, O., Sirotyk, S., et al. Improving the personnel motivation system in service activities organizations ［J］. International Journal of Innovative Technology and Exploring Engineering, 2019, 8 (12).

［42］ Skaggs, B., Manz, C., Lyle, M., et al. On the folly of punishing A while hoping for A: Exploring punishment in organizations ［J］. Journal of Organizational Behavior, 2018, 39 (6).

［43］ Thomas, H., Nicholas, V. Strategic research partnerships: A managerial perspective ［J］. Technology Analysis and Strategic Management, 2003, 15 (2).

［44］ Uribe, J. N. Multipoint contact without forbearance？ How coverage synergies shape equity analysts' forecasting performance ［J］. Strategic Management Journal, 2020, 41.

［45］ Wang, T., Cao, Z., Zhong, X., et al. Self-regulation failure？ The influence mechanism of leader reward omission on employee deviant behavior ［J］. Frontiers in Psychology, 2021, 12.

［46］ Wziatek-Staśko, A. The extent of managers' motivation as a determinant of leadership quality ［J］. Management in Production and Services, 2016, 8 (1).

［47］ Yang, J., Park, Y. The impact of the incentive system on organizational loyalty, work performance and corporate performance: Focusing on resort employees ［J］. Journal of Tourism Research, 2020, 34 (1).

［48］ Yu, T., Albert Cannella. A comprehensive review of multimarket competition research ［J］. Journal of Management, 2013, 39 (1).

［49］ Yu, S., Yoo, E. J., Kim, S. The effects of performance evaluation on punishment in organizations ［J］. International Review of Administrative Sciences, 2021, 89 (2).

珞珈管理评论

2024 年卷第 3 辑（总第 54 辑）

Multi-market Contact, Mutual Forbearance Strategy and Firm Performance
—Based on the Moderating Effect of Multi-market Synergy and Incentive Mechanism Within an Organization

Deng Xinming   Mao Fengyi   Tan Yong   Zhou Qiang

（Economics and Management School, Wuhan University, Wuhan, 430072）

Abstract：Previous literature has conducted in-depth and extensive research on multi-market engagement, but most of them are limited to the external perspective of the firm, and few pay attention to the impact of the internal implementation mechanism on its multi-market strategy. This paper mainly examines the influence of multi-market coordination and incentive mechanism on the implementation of mutual forbearance strategy. We construct a scale of constructs such as multi-market contact, mutual forbearance strategy, internal synergy mechanism and multi-market incentive mechanism, and conduct structural equation analysis. The results show that multi-market contact promotes the implementation of mutual forbearance strategy, and then has a positive impact on firm performance. The internal multi-market incentive mechanism has a significant positive moderating effect on the relationship between multi-market strategy and firm performance, but the moderating effect of multi-market coordination mechanism is not significant. This paper holds that reasonable arrangement of internal coordination and incentive mechanism will provide important support for the implementation of effective mutual forbearance strategy, and will further improve the performance of enterprises.

Key words：Multi-market contact; Mutual forbearance strategy; Enterprise performance; Synergistic incentive mechanism

专业主编：杜旌

珞珈管理评论
2024 年卷第 3 辑（总第 54 辑）

Luojia Management Review
No. 3，2024（Sum. 54）

保险还是补偿？
政府主导的企业社会责任对负面记录的应对机制*

● 贾　芳[1]　杨志林[2,3]　耿晓玉[1]

（1　深圳大学管理学院　深圳　518000；2　香港城市大学商学院　香港　999077；
3　杭州师范大学阿里巴巴商学院　杭州　310000）

【摘　要】精准扶贫是政府主导的企业社会责任的重要形式之一。为探索负面记录对于企业长短期绩效的影响，以及企业在不同时间参与不同类型的精准扶贫对企业应对负面记录的影响，基于资源基础观和合法性视角，以 2016—2021 年 A 股上市公司为研究对象展开实证分析。研究结果表明：负面记录对企业长期、短期绩效均会产生消极影响，而参与精准扶贫能够在一定程度上缓解这种消极影响；企业出现负面记录之前参与的精准扶贫和出现负面记录之后参与的精准扶贫分别通过"保险效应"和"补偿效应"削弱了负面记录对于企业绩效的消极影响；不同类型的精准扶贫（慈善型和整合型）对负面记录与绩效的关系起到的调节效果有所差异。本研究为企业应对负面记录等危机以及积极协助政府助推社会长远发展提供了启发和参考。

【关键词】负面记录　精准扶贫　政府主导的企业社会责任　合法性　保险与补偿效应
中图分类号：F272.3　　　　文献标识码：A

1. 引言

企业的违规行为及其产生的负面记录一直以来是学者和管理者最为关注的核心议题之一（Donker et al.，2008）。负面记录是指企业在经营活动中被政府监管部门发现的一些违规行为（李征仁等，2020），如双汇"瘦肉精"事件、"老坛酸菜"事件、三星"爆炸门"事件、丰田"召回门"事件等。企业违规行为这种负面记录的曝光向市场传递了异质性信息（辛宇等，2019），降低了企业生存与经营的合法性。因此，当企业被政府监管部门记录下违规信息之后，企业有强烈的动机去弥

* 基金项目：国家自然科学基金资助项目"制度理论视角下的企业社会责任与制度资本的关系研究"（项目批准号：71872116）；"外部突发事件对本土企业及跨国公司的市场战略影响"（项目批准号：72072152）。
通讯作者：耿晓玉，E-mail：pyxiaoyu888@163.com。

补政府、投资者、消费者和社会公众等利益相关者对其失望的态度。企业社会责任（Corporate Social Responsibility，CSR）可以帮助企业传递或强调某种有利信息或者抑制某种不利信息，帮助企业获取战略性资源（Porter & Kramer，2006），从而增强或保护其合法性（Scott，2008）。Porter 和 Kramer（2006）认为，企业履行社会责任行为是具有战略性动机的。因此，在负面记录发生后，仅仅通过慈善捐赠等 CSR 方式对社会公众或投资者的不满做出反应可能还不够（朱丽娜和高皓，2022），为了消除未来潜在的发展威胁，企业还需要利用企业社会责任有目的、战略性地塑造其制度环境（Luo & Wang，2021）。在这个过程中，精准扶贫作为政府主导的企业社会责任具有独特的意义。

在乡村振兴战略和实现共同富裕的时代背景下，相比一般的企业社会责任，企业参与精准扶贫等政府主导的社会责任（government initiated CSR）对民生事业更具特殊意义（Yang et al.，2023）。中国政府自 1986 年开始扶贫开发，2015 年明确制定了脱贫攻坚战略，提出了精准扶贫的指导方针。精准扶贫不仅是中国特色社会主义的特色（王雨磊和苏杨，2020），也成为新时代企业社会责任的一种重要实践方式。在国家脱贫攻坚战略的背景下，企业作为同时拥有资金、人才和产业优势的社会组织，是我国精准扶贫事业的重要参与主体（张曾莲和董志愿，2020）。当前，我国精准扶贫工作取得重大成绩，这离不开政府领导下精准扶贫模式的引导，同时也不可否认政府鼓励企业积极参与社会责任、深入挖掘企业参与扶贫的潜力、发挥企业在扶贫工作中的社会力量这一决策的正确性和重要性。可见，企业积极参与政府主导的社会责任活动不仅彰显了企业的政治责任，也是企业积极响应政府号召，打赢脱贫攻坚战的具体体现，彰显了企业参与 CSR 活动的深刻内涵。尽管企业社会责任的相关研究比较丰富，但我们发现较少有研究考虑到企业社会责任的政府驱动性质，并且也少有研究探讨政府对企业负面记录的处罚与随后企业开展政府主导的 CSR 活动之间的关系。面对来自政府监管部门的负面记录的压力，相比以企业为主体发起的 CSR 活动，参与政府主导的 CSR 活动是否有助于企业改善政企关系，改进企业形象，进而弥补负面记录对企业经营与发展造成的合法性受损的影响？

本文结合资源基础观和制度理论中的合法性视角来探索企业在负面记录情境下参与政府主导的企业社会责任行为。一方面，基于合法性视角，在企业因负面记录而受到政府处罚的情境下，自身的合法性受到威胁，进而影响了经济绩效。在合法性受损的情况下，企业开展的带有政府主导性质的精准扶贫这一企业社会责任行为能否帮助企业恢复合法性？这一问题关系到企业参与政府主导的 CSR 活动的积极性和预期。另一方面，资源基础观（RBV）强调企业的成长依赖于内部所拥有的资源和能力，企业保持竞争优势和提高经济效益的关键在于不断产生并且有效配置这些资源（Do et al.，2022）。由此本文认为，企业内部可利用的资金充裕度会影响企业是否有能力参与精准扶贫，同时，因为参与精准扶贫这一政府主导的 CSR 活动而获得的有形或无形的资源也将影响企业后续的经营状况和经济绩效。

我国上市公司普遍从 2016 年起开始披露精准扶贫的实施情况，因此本文利用 A 股上市公司 2016—2021 年负面记录和精准扶贫等信息进行实证研究。研究发现：违规处罚等负面记录对企业长短期绩效都会产生消极影响，这一影响会受到企业参与精准扶贫的负向调节。我们还基于企业发生负面记录之前开展的精准扶贫活动来进一步验证 CSR 所具有的"保险效应"，以及发生负面记录之后开展的精准扶贫活动来验证"补偿效应"。此外，通过对两种精准扶贫类型（整合型和慈善型）调节效果的对比，发现慈善型削弱了负面记录对于短期企业绩效的影响，而整合型则对企业长期绩效存在一定的补偿效果。

与现有的危机情境下企业社会责任的相关研究相比，本文的研究意义主要体现在以下几方面：

第一，丰富了对战略性企业社会责任的研究。当前对企业战略性 CSR 行为的研究多从慈善捐赠这一行为切入（朱丽娜和高皓，2022）或并不对其做具体的区分，认为危机情境下，履行企业社会责任是减轻企业负面损失的一种保险机制，并强调了其有效性。但本文认为与常见的 CSR 行为相比，精准扶贫这一具有政府主导性质的企业社会责任活动，既体现了较强的时代背景和中国特色，同时也在弥补企业经营合法性方面更具有针对性，在恢复企业经济绩效方面更加有效。本文对企业社会责任的战略性功能提供了具体情境下的支持，也丰富了当前对战略性 CSR 的研究内容。

第二，深化了精准扶贫的研究。目前对精准扶贫的研究一方面是从国家治理的角度，探讨如精准扶贫的内涵及这一概念的发展历程（王雨磊和苏杨，2020）、对精准扶贫效果的评价和经验的总结（燕继荣，2020）等；另一方面，少量关注企业参与精准扶贫的文献则将研究的重点聚焦到了精准扶贫对企业价值或企业创新的直接影响（Jing et al.，2023；Gao & Wang，2022）。而本研究的目的不在于讨论企业参与精准扶贫对经济绩效的直接影响，而关注的是参与精准扶贫对于负面记录与绩效之间的关系的调节影响，并深入探讨企业在不同时间（负面记录出现之前和之后）、参与不同类型的精准扶贫（慈善型和整合型）对负面记录冲击的应对作用。通过区分企业参与精准扶贫时间的不同，对学者们研究发现的企业社会责任所具有的"保险效应"和"补偿效应"进行了进一步的验证（Yang et al.，2023）。此外，不同的精准扶贫类型（整合型和慈善型）（Jing et al.，2023）对于企业长短期绩效的调节作用的差异也进一步拓展了目前有关企业参与精准扶贫方式的研究文献。

第三，拓展了企业负面记录和公司危机管理领域的研究。当前关于企业危机管理的研究发现，当企业出现违规处罚行为时，发布公告向公众道歉（Chakravarthy et al.，2014）或解聘相关当事人是较为常用的危机公关的方式。本文认为相对于这些危机公关行为，履行社会责任，尤其是政府主导的企业社会责任，将更有效地缓解政府层面的处罚对企业声誉和未来发展的负面影响，这拓展了当前对缓解企业负面记录冲击的相关研究。

第四，为企业积极参与政府主导的 CSR 战略决策提供了参考。从现实意义来看，精准扶贫不仅是一项政治任务，也是解决民心和民生需要的社会公共问题（Yang et al.，2023）。虽然我国脱贫攻坚战已取得全面胜利，但政府主导的企业社会责任活动不会停止，目前许多企业并未完全认识到参与政府主导的 CSR 活动对实现国家战略和自身声誉的双重有利影响，本文的研究结论体现了企业参与精准扶贫以及其他形式的政府主导的 CSR 活动对企业获得资源、修复合法性、提升绩效等方面的重要意义。

2. 理论分析与研究假设

2.1 负面记录的经济后果

负面记录是指在企业经营活动中被监管部门检查而记录下来的违规处罚行为（李征仁等，2020），如企业未依法履行职责、涉嫌违反法律法规、未如实披露财务信息等。近年来，伴随着我国市场监督体系的逐步完善，一些上市企业在经营中存在的不合规的行为也越来越多地被监管部门查处并向社会大众披露。研究发现，监管部门对于企业负面记录的披露及处罚会引起资本市场对企业显著的负向反应，并且对企业的经营环境造成了严重冲击，使得企业绩效严重下滑（Zhang et al.，2020；辛宇等，2019）。与此同时，企业也同样面临着外部利益相关者对企业施加的合法性压力（吴华等，2018）。企业的合法性是指在一个由规范、价值、信念等构成的社会系统中，企业的行为被认为是合适的、适当的一般性认知或假定（Suchman，1995）。上市企业的违规行为向市场传递了有关企业价值的异质性信息，降低了企业生存的合法性，所以我们认为这对企业短期及长期发展都将产生负面冲击。

从短期角度来看，违规处罚破坏了企业"好公民"的形象，使得企业的合法性受到严重质疑，因此资本市场中的投资者会根据公告信息对企业价值重新进行预判，使投资者对违规企业的市场参与度降低（Giannetti & Wang，2016），同时对当事企业的股票交易行为减少（王诗雨等，2019），反应更为消极。此外，一些研究也发现，当代媒体报道的及时性、广泛性和导向性会加快"坏事传千里"的速度（贾明等，2021），在投资者中引起短期的"羊群效应"，因此使得企业在短期内呈现显著的负向的超额异常收益率（黄辉，2013），进而对公司的股价和短期绩效都会产生影响。

从长期角度来看，企业生存合法性的降低会减少企业可以获得的外部资源（Scott，2008），加重企业在生产、销售、融资、管理等方面的困难，使得企业的经营环境受到影响，未来业绩的不确定性增加（辛宇等，2019）。负面记录将损害企业的声誉，导致客户对其进行声誉制裁，从而增加了企业的生产销售成本，进而导致企业利润下降（Johnson et al.，2014）。企业负面记录的存在还进一步损害了公司的债权价值和商业信用（Zhou & Reesor，2015），使得企业可获得的银行借款金额更少，利率更高，期限更短。此外，负面记录使企业有更加强烈的动机去改善内部管理质量（Farber，2005），因此会增加董事会和 CEO 变更的可能性（李维安等，2017），而高管的变更对企业网络造成了冲击，破坏了组织稳定性以及政策连续性，同时增加了组织的运行成本和磨合成本，导致企业绩效下降。由此，本文提出假设：

H1：负面记录会对（a）企业短期绩效和（b）企业长期绩效产生负向影响。

2.2　精准扶贫的调节作用

资源基础观（RBV）认为企业是各种资源的集合体，而拥有独特资源的企业将获得独特的竞争优势。如果企业能够正确选择适合自己履行的社会责任，就能有效强化自身的合法性（Zhao，2012），拥有参与市场竞争的差异化资源，建立起其他企业所不具备的竞争优势（Gao & Wang，2022），实现商业和社会的有机结合，达到双赢（Porter & Kramer，2006）。

一方面，企业参与精准扶贫可以通过优化资源分配、获取独特竞争优势等方式削弱负面记录造成的不利影响。在我国脱贫攻坚及乡村振兴战略的时代背景下，精准扶贫是一种独特的带有政府政策导向的企业社会责任（Yi et al.，2020），因此也成为企业履行社会责任的一种新方式。由于贫困地区劳动力资源较为丰富，并且具有成本低及熟悉当地产业优势的特点，当企业通过产业扶贫的方式参与精准扶贫时，就可以通过较低的用工成本整合贫困地区的劳动力资源，使得企业可以将更多的资金分配到其他业务单元（张玉明和邢超，2019）。此外，目前大多数企业在参与精准扶贫时，采用了将自身先进的生产技术或营销模式与贫困地区的特色资源相结合的方式来助农，这也使得企业自身获得了在市场上具有竞争力的扶贫产品，给企业带来了额外的经济收益（张曾莲和董志愿，2020）。因此，当负面记录发生后，上述竞争优势的存在，能够增强企业抵御负面风险的能力，并且帮助企业获得了应对危机管理的资本，企业还因积极履行 CSR 的行为逐渐恢复了自身的市场合法性（Zhang et al.，2020），降低了违规处罚等负面记录对于企业的冲击。

另一方面，企业参与精准扶贫可以通过提升合法性、建立良好声誉等无形资源来缓解负面记录造成的冲击。企业履行社会责任有助于获得来自政府的认可，提高了自身的政治合法性，使得企业建立起良好的声誉与组织形象等难以量化的优势，进而帮助企业获得一些稀缺性资源（Barney，1991）。在中国的制度环境中，政府控制着对企业生存和持续发展至关重要的资源与信息（Huang et al.，2022）。鼓励企业参与精准扶贫是政府的号召，并且近些年来中国各级政府对积极参与精准扶贫工作的企业给予了许多关键资源方面的分配与优惠政策，如提高财政补贴（Huang et al.，2022；Chang et al.，2021）、降低行业的准入门槛（严若森和唐上兴，2020）、缓解金融机构对于小微企业的融资约束（Cheng et al.，2014）、降低融资成本（Yi et al.，2020）等，这些都进一步增强了企业应对负面危机的能力。同时，企业积极参与精准扶贫是建立政治关系的理想渠道，具有很强的政治嵌入性（Chang et al.，2021），可以在政府面前树立良好的声誉和企业形象，与其建立良好的关系（Zhang et al.，2020），从而增强自身的政治合法性。在政府之中积累的"声誉资本"及"道德资本"虽然难以量化，但这种具有竞争优势的稀缺性资源以及合法性的逐渐强化不可否认可以在发生负面记录等危机事件时能够给企业带来类似"背书"式的回报。由此，本文提出假设：

H2：企业积极参与精准扶贫能够削弱负面记录对于企业绩效的消极影响。

2.3　精准扶贫的"保险效应"与"补偿效应"

战略性企业社会责任（strategic CSR）的观点认为企业做 CSR 活动是出于战略角度的考量，企业承担社会责任能预防企业未来可能面对的风险（冯丽艳等，2016），具有一定的"保险"与"补偿"效应（Bae et al.，2020）。那么企业在发生负面记录之前所做的精准扶贫活动与企业在负面记录之后所做的精准扶贫活动对于企业绩效是否也会存在这种"保险效应"与"补偿效应"？在本节中我们从这两个方面来探索精准扶贫的调节效果。

在负面记录发生之前，企业在社会责任方面的支出可以看作提前支付的"保险费用"，在面对负面事件的冲击时会对绩效发挥类似"保险"的作用，在强化自身合法性的同时也前瞻性地为不可预测的负面事件建立了"蓄水池"（冯丽艳等，2016；Yang et al.，2023），减少了一些潜在的风险因素。积极参与精准扶贫使企业获得了更多的经济资源，如信贷支持和政府补贴，从而缓解了自身在融资方面受到的约束（李维安等，2015），提高了其应对潜在的危机事件造成的财务环境变动的能力，降低了企业的财务风险；同时，企业参与精准扶贫加强了其与政府、社会组织、合作伙伴等多方利益相关者的联系（祝丽敏等，2021），良好合作关系的形成有助于最小化潜在的负面事件发生时造成的企业生产经营中断的风险，从而降低损失；此外，如果企业长期以来一直以参与精准扶贫的方式积极履行社会责任，这向利益相关者传递了企业关注社会利益、助力实现共同富裕等积极信号，强化了其对企业合法性的认知，而当企业发生负面记录时，先前所做的精准扶贫活动可能会使外界有选择性地朝着有利于企业的方面做出认知判断，并且增加他们认为企业不会逃避责任的信心。这也意味着负面记录之前的精准扶贫行为提高了外界对企业可信度的认可，并且减少对公司"道德品质"的担忧（Zolotoy et al.，2019）。

在负面记录发生之后，企业在社会责任方面的投入可以看作一种危机管理，能够帮助企业重新建立合法性（吴华等，2018），并且减缓负面事件对于企业的冲击，降低已发生的违规事件对于企业未来发展可能存在的消极影响。通过精准扶贫的方式履行社会责任，能够帮助企业积累良好的道德资本和声誉资本，这种认同感和信任度的重建使利益相关者更易将负面事件与组织的其他部门相分离，并且在归因上更倾向于将发生负面记录归因于外因或"坏运气"而非企业糟糕的管理（Bansal & Clelland，2004），从而能够缓解各方对企业合法性的负面评价。此外，在企业发生负面的合法性事件后，精准扶贫信息的披露具有"信息沟通"的作用，分散了公众对企业负面事件的注意力，同时增加了企业信息的透明度，降低了投资者在评估企业未来收益时的不确定性（Babenko et al.，2016），有助于获得更积极的市场反应；先前的研究也进一步发现，参与精准扶贫还有助于促进企业自身社会合作网络的构建，从而使得企业可以从利益相关者那里获得可持续性的资源（Huang et al.，2022），我们认为这种资源的获得能够帮助企业快速地从负面记录造成的消极影响中"振作"起来，增强其从危机中恢复的能力。由此，本文提出假设：

H3a：负面记录之前的精准扶贫行为能够削弱负面记录对于企业绩效的消极影响，即精准扶贫行为具有"保险效应"。

H3b：负面记录之后的精准扶贫行为能够削弱负面记录对于企业绩效的消极影响，即精准扶贫行为具有"补偿效应"。

2.4 慈善型与整合型精准扶贫

国务院 2016 年印发的《"十三五"脱贫攻坚规划》将企业参与精准扶贫的方式分为产业发展脱贫、转移就业脱贫、异地搬迁脱贫、教育扶贫、健康扶贫、生态保护扶贫、兜底保障、社会扶贫和其他项目 9 类。前两种扶贫方式与企业生产经营相联系，与公司业务相整合，被称为整合型精准扶贫，其它七种方式在企业的生产经营之外，是通过提供自身资源进行扶贫，被称为慈善型精准扶贫（Liu et al.，2021；Jing et al.，2023；Huang et al.，2022）。我们认为慈善型精准扶贫所具有的"信号优势"属性可以快速地将有关企业的合法性信息第一时间同步给资本市场中的投资者，这种方式较为直接，从而可以最快地弥补负面记录对于企业短期绩效的冲击。整合型精准扶贫对合法性的弥补更多通过间接的方式实现，需要一定的时间周期，并且对绩效的影响会更加深入与全面，具有缓慢的增长效应（Liu et al.，2021），因此可能会有利于企业长期绩效的恢复。

慈善型精准扶贫是一种偏重"输血"的扶贫工具（Huang et al.，2022），如企业捐资助学或改善贫困地区医疗卫生条件等。这类方式企业更好实施与操控，并且外部可视化程度高，更易引起关注，能够及时回应社会环境对企业经营的规范和期望，更易让公众相信企业的行为与利益相关者的期望和价值观相一致（Kirsch et al.，2009），从而帮助企业快速重塑合法性的形象，降低资本市场中投资者对企业未来发展的风险预期。此外，慈善型精准扶贫这种具有仪式感的 CSR 行为可以帮助企业快速分散社会注意力和引导舆论走向，向外界传递出企业积极作为并且勇于改正错误的信号，改善了利益相关者对于企业的负面评价（樊建锋等，2020），从而减少了不利事件对公司的威胁，修复了在危机中受损的企业形象，因此对企业绩效起到了快速弥补的效果。

整合型精准扶贫则是一种偏重"造血"的扶贫工具（Huang et al.，2022），这种方式主要是将公司产业和当地优势资源结合起来，通过构建贫困地区生产、加工、运输、营销、销售一体化的农业产业链模式来帮助贫困户（Liu et al.，2021），因此与企业生产经营密切联系。首先，企业参与整合型精准扶贫属于开拓新业务的一种方式，意味着企业可以根据贫困地区的自然资源和环境等情况，结合自身的发展战略、市场定位、产品工艺等，改造现有技术、优化产业结构、开发新产品，使业务发展能够突破地理位置、消费结构和自然环境的限制，为企业创造新效益（Gao & Wang，2022）。其次，通过整合贫困地区的劳动力资源，企业可以缩减招聘工人的时间，降低了自身的用工成本，减少了部分运营开支（张曾莲和董志愿，2020）。最后，由于整合型精准扶贫中的产业发展脱贫是政府大力主推的扶贫类型（刘明月等，2019），政府对参与其中的企业及其所创办的产业会提供相应的财政资金的支持，这对企业来说是获得了另一种形式的融资资金（张玉明和邢超，2019），降低了由于负面记录发生而可能导致的财务风险。同时，企业参与整合型精准扶贫更易获得政府对关键资源的分配，如财政补贴、税收优惠、行业准入等（严若森和唐上兴，2020），这些都有助于企业政治合法性的重新建立，并且为危机过后企业未来发展创造了更有利的经营环境。由此，本文提出假设：

H4a：慈善型精准扶贫能够削弱负面记录对于短期企业绩效的消极影响。

H4b：整合型精准扶贫能够削弱负面记录对于长期企业绩效的消极影响。

3. 研究设计

3.1　样本选取与数据来源

中共中央、国务院于 2015 年底出台了《关于打赢脱贫攻坚战的决定》，2016 年沪深交易所对上市公司履行精准扶贫的信息披露制定了格式指引，所以从 2016 年起上市公司开始对外披露精准扶贫的参与情况，因此本文样本采用 A 股上市公司 2016—2021 年的数据，并按照以下标准进行筛选：（1）剔除金融业公司；（2）剔除 ST、＊ST 公司；（3）剔除变量数据缺失的样本。最终获得了由 4771 家上市公司所组成的 19011 个样本观测数据。数据来源主要包括：（1）负面记录来自国泰安数据库企业违规处罚子库；（2）企业参与精准扶贫数据及其财务数据来自国泰安数据库和企业年报。

3.2　变量测量

（1）被解释变量。本文借鉴辛宇等（2019）的测量方法，采用总资产利润率（ROA）来反映企业绩效。计算方法是企业净利润与总资产平均余额的比值。考虑到因果关系的时间顺序且区分企业长短期绩效，本文的被解释变量包括：企业短期绩效（每个样本的 t 期的总资产利润率（ROA））和企业长期绩效（每个样本的 $t+1$ 期的总资产利润率（ROA））。

（2）解释变量。本文将企业在 t 年（$2016 \leqslant t \leqslant 2021$）受到的违规处罚公告的次数（Frequency）作为解释变量。

（3）调节变量。本文借鉴易玄等（2020）的做法，采用企业 t 年（$2016 \leqslant t \leqslant 2021$）相应精准扶贫投入金额加 1 后取自然对数的测量方式来反映企业参与精准扶贫的水平。其中，TPA（Targeted Poverty Alleviation）表示企业参与精准扶贫的总体水平，ITPA（Integrated Targeted Poverty Alleviation）表示企业整合型精准扶贫的参与水平，CTPA（Charity Targeted Poverty Alleviation）表示企业慈善型精准扶贫的参与水平。此外，本文利用 TPA_L（Last-year Targeted Poverty Alleviation）和 TPA_N（Next-year Targeted Poverty Alleviation）来分别表示企业 $t-1$ 年参与精准扶贫的水平和企业 $t+1$ 年参与精准扶贫的水平，从而验证精准扶贫所具有的"保险效应"和"补偿效应"。

（4）控制变量。本文借鉴冯丽艳等(2016)的研究，针对影响企业绩效的其他主要因素，选取成长能力、股权集中度、股权性质、独立董事占比、资产负债率、企业规模、公司治理水平作为控制变量。

表 1 列出了本研究的主要变量及测量方法。

表 1 变量定义与衡量

变量类型	变量名称	符号	测 量 方 法
被解释变量	企业绩效	ROA	企业净利润与总资产平均余额的比值
解释变量	负面记录	Frequency	企业在 t 年（$2016 \leqslant t \leqslant 2021$）受到的违规处罚公告的次数
调节变量	精准扶贫水平	TPA	企业 t 年（$2016 \leqslant t \leqslant 2021$）精准扶贫投入总金额加 1 后取自然对数
	上年参与精准扶贫水平	TPA_L	企业 $t-1$ 年（$2016 \leqslant t \leqslant 2021$）精准扶贫投入总金额加 1 后取自然对数
	下年参与精准扶贫水平	TPA_N	企业 $t+1$ 年（$2016 \leqslant t \leqslant 2021$）精准扶贫投入总金额加 1 后取自然对数
	整合型精准扶贫参与水平	ITPA	企业 t 年（$2016 \leqslant t \leqslant 2021$）整合型精准扶贫投入金额加 1 后取自然对数
	慈善型精准扶贫参与水平	CTPA	企业 t 年（$2016 \leqslant t \leqslant 2021$）慈善型精准扶贫投入金额加 1 后取自然对数
控制变量	成长能力	Growth	（营业收入本年本期金额−营业收入上年同期金额）/营业收入上年同期金额
	股权集中度	Top10	企业前十大股东股权集中度
	股权性质	Soe	若上市公司为国有企业赋值为 1，否则赋值为 0
	独立董事占比	Indep	独立董事人数占董事会总人数的百分比
	资产负债率	Lev	年末总负债/年末总资产
	企业规模	Size	企业年末总资产的自然对数
	公司治理水平	Dual	若董事长与总经理二者合一赋值为 1，否则为 0

3.3 研究模型

基于面板数据特征，本文首先通过 Hausman 检验来确定具体使用固定效应模型还是随机效应模型。经过 Hausman 检验后发现，两者之间具有显著的差异（$p = 0.000$），因此采用固定效应模型。

对于假设 H1，研究模型如下：

$$\mathrm{ROA}_{i,t} = \beta_0 + \beta_1 \mathrm{Frequency}_{i,t} + \sum \gamma \mathrm{Var}_{i,t}^{control} + \sum \mathrm{year} + \sum \mathrm{industry} + \varepsilon_{i,t} \quad （模型 1）$$

$$\mathrm{ROA}_{i,t+1} = \beta_0 + \beta_1 \mathrm{Frequency}_{i,t} + \sum \gamma \mathrm{Var}_{i,t}^{control} + \sum \mathrm{year} + \sum \mathrm{industry} + \varepsilon_{i,t} \quad （模型 2）$$

其中，$\sum \mathrm{year}$、$\sum \mathrm{industry}$ 表示分别控制了时间效应和行业效应，下同。

对于假设 H2，研究模型如下：

$$ROA_{i,t} = \beta_0 + \beta_1 \, Frequency_{i,t} + \beta_2 \, TPA_{i,t} + \beta_3 \, Frequency_{i,t} \times TPA_{i,t} + \sum \gamma \, Var_{i,t}^{control} +$$

$$\sum year + \sum industry + \varepsilon_{i,t} \qquad\qquad （模型 3）$$

$$ROA_{i,t+1} = \beta_0 + \beta_1 \, Frequency_{i,t} + \beta_2 \, TPA_{i,t} + \beta_3 \, Frequency_{i,t} \times TPA_{i,t} + \sum \gamma \, Var_{i,t}^{control} +$$

$$\sum year + \sum industry + \varepsilon_{i,t} \qquad\qquad （模型 4）$$

对于假设 H3，研究模型如下：

$$ROA_{i,t+1} = \beta_0 + \beta_1 \, Frequency_{i,t} + \beta_2 \, TPA\_L_{i,\,t-1} + \beta_3 \, Frequency_{i,\,t} \times TPA\_L_{i,\,t-1} +$$

$$\sum \gamma \, Var_{i,\,t}^{control} + \sum year + \sum industry + \varepsilon_{i,\,t} \qquad\qquad （模型 5）$$

$$ROA_{i,\,t+1} = \beta_0 + \beta_1 \, Frequency_{i,\,t} + \beta_2 \, TPA\_N_{i,\,t+1} + \beta_3 \, Frequency_{i,\,t} \times TPA\_N_{i,\,t+1} +$$

$$\sum \gamma \, Var_{i,\,t}^{control} + \sum year + \sum industry + \varepsilon_{i,\,t} \qquad\qquad （模型 6）$$

对于假设 H4，研究模型如下：

$$ROA_{i,\,t} = \beta_0 + \beta_1 \, Frequency_{i,\,t} + \beta_2 \, CTPA_{i,\,t} + \beta_3 \, Frequency_{i,\,t} \times CTPA_{i,\,t} + \sum \gamma \, Var_{i,\,t}^{control} +$$

$$\sum year + \sum industry + \varepsilon_{i,\,t} \qquad\qquad （模型 7）$$

$$ROA_{i,\,t+1} = \beta_0 + \beta_1 \, Frequency_{i,\,t} + \beta_2 \, ITPA_{i,\,t} + \beta_3 \, Frequency_{i,\,t} \times ITPA_{i,\,t} + \sum \gamma \, Var_{i,\,t}^{control} +$$

$$\sum year + \sum industry + \varepsilon_{i,\,t} \qquad\qquad （模型 8）$$

4. 实证结果与分析

4.1 样本描述性统计与相关性分析

表 2 报告了本文全样本中主要变量的描述性统计结果及各个研究变量的相关系数矩阵。主要变量方面：企业出现负面记录的次数均值约为 0.298，且标准差约为 0.9，说明大多企业的违规次数集中在少数几次。企业精准扶贫投入水平的均值为 1.019，经计算可知，企业精准扶贫每年平均投入金额约为 1398 万元，而企业精准扶贫投入水平的标准差约为 2.205，表明企业间对精准扶贫的投入水平存在一定差距。样本企业对于整合型和慈善型精准扶贫的投入水平的均值分别为 0.571 和 0.675，相对应的每年的平均投入金额约为 1135 万元和 262 万元，表明企业对整合型精准扶贫的投入要大于慈善型。

在变量的相关性方面，企业绩效与负面记录的相关系数为负值，这与假设 H1 中企业负面记录会负面影响企业绩效的猜想一致。TPA、ITPA、CTPA、TPA_L、TPA_N 为企业不同类型、不同时间参与精准扶贫的代理变量，除此之外，其他变量的相关系数均小于 0.5，可以认为变量间的共线性问题较弱。为了进一步检验多重共线性的潜在威胁，本研究还计算了各回归模型的方差膨胀因子（VIF），结果表明最大的膨胀因子为 1.20，远小于规定的临界值 10，不存在严重的多重共线性问题。

表2 描述性统计结果与相关系数

	Mean	SD	ROA	Frequency	TPA	ITPA	CTPA	TPA_L	TPA_N	Growth	Top10	Soe	Indep	Lev	Size
ROA	0.052	0.121	1												
Frequency	0.298	0.874	-0.195***	1											
TPA	1.019	2.205	0.015*	-0.028***	1										
ITPA	0.571	1.725	-0.005	-0.024***	0.803***	1									
CTPA	0.675	1.770	0.021***	-0.019**	0.808***	0.407***	1								
TPA_L	1.021	2.207	0.022***	-0.49***	0.764***	0.668***	0.599***	1							
TPA_N	1.088	2.268	-0.003	-0.010	0.764***	0.648***	0.612***	0.640***	1						
Growth	0.381	8.039	-0.002	-0.003	-0.005	-0.012	0.001	-0.010	-0.007	1					
Top10	60.182	15.645	0.230***	-0.142***	0.079***	0.081***	0.059***	0.103***	0.082***	0.026***	1				
Soe	0.290	0.454	-0.084***	-0.060***	0.271***	0.248***	0.205***	0.271***	0.282***	-0.012*	-0.001	1			
Indep	37.777	5.618	-0.022	0.022***	0.008	0.020**	0.001	0.011	0.010	-0.006	0.018*	-0.041***	1		
Lev	0.424	0.296	-0.358***	0.146***	0.166***	0.152***	0.140***	0.143***	0.187***	0.003	-0.065***	0.170***	0.004	1	
Size	22.282	1.556	-0.045***	-0.005	0.433***	0.383***	0.363***	0.434***	0.431***	0.006	0.100***	0.405***	-0.007	0.339***	1
Dual	0.311	0.463	0.051***	-0.004	-0.110***	-0.097***	-0.086***	-0.104***	-0.109***	0.000	0.054***	-0.310***	0.103***	0.109***	-0.212***

注：*，**，***分别表示在 10%、5%和 1%水平上显著。

4.2　回归结果分析

　　表 3 列出了模型回归结果。从模型（1）和（2）可以看出，企业负面记录的次数显著地负向影响了企业的短期绩效（$\beta=-0.013$，$p<0.01$），支持假设 H1a；企业负面记录的次数同样也显著地负向影响了长期绩效（$\beta=-0.012$，$p<0.01$），假设 H1b 得到了验证。模型（3）和（4）表明精准扶贫对企业短期绩效（$\beta=0.002$，$p<0.01$）和长期绩效（$\beta=0.001$，$p<0.01$）都有显著的负向调节效果，假设 H2 得到了验证，调节效应如图 1、图 2 所示。

表 3　　　　　　　　　　　　　　　　回 归 结 果

	（1）ROA	（2）（$t+1$）ROA	（3）ROA	（4）（$t+1$）ROA	（5）（$t+1$）ROA	（6）（$t+1$）ROA	（7）ROA	（8）（$t+1$）ROA
Frequency	-0.013^{***}	-0.012^{***}	-0.012^{***}	-0.010^{***}	-0.011^{***}	-0.010^{***}	-0.012^{***}	-0.010^{***}
	(-19.09)	(-13.20)	(-15.07)	(-11.10)	(-9.65)	(-9.72)	(-15.46)	(-11.33)
TPA			0.001	0.001^{***}				
			(1.53)	(2.66)				
Frequency×TPA			0.002^{***}	0.001^{***}				
			(4.59)	(3.25)				
CTPA							0.001^{**}	
							(2.53)	
Frequency×CTPA							0.002^{***}	
							(3.56)	
ITPA								0.000
								(0.38)
Frequency×ITPA								0.001^{**}
								(2.55)
TPA_L					0.000			
					(0.76)			
Frequency×TPA_L					0.002^{***}			
					(2.72)			
TPA_N						0.002^{***}		
						(5.02)		
Frequency×TPA_N						0.002^{***}		
						(3.49)		

续表

	（1）	（2）	（3）	（4）	（5）	（6）	（7）	（8）
	ROA	$(t+1)$ ROA	ROA	$(t+1)$ ROA	$(t+1)$ ROA	$(t+1)$ ROA	ROA	$(t+1)$ ROA
Growth	0.001***	−0.000*	0.001***	−0.000*	−0.000	−0.001*	0.001***	−0.000*
	（4.45）	（1.71）	（3.88）	（1.74）	（0.91）	（1.92）	（3.88）	（1.72）
Top10	0.001***	0.001***	0.001***	0.001***	0.001***	0.001***	0.001***	0.001***
	（26.25）	（20.58）	（23.21）	（19.21）	（13.66）	（17.57）	（23.23）	（19.26）
Soe	−0.006***	0.004*	−0.003*	0.004**	0.007***	0.003	−0.003*	0.005**
	（−3.40）	（1.76）	（−1.85）	（1.99）	（2.89）	（1.28）	（−1.83）	（2.22）
Indep	−0.000**	−0.000	−0.000**	−0.000	−0.000	−0.000**	−0.000**	−0.000
	（−2.55）	（−1.50）	（−2.27）	（−1.28）	（−1.43）	（−2.13）	（−2.22）	（−1.28）
Lev	−0.130***	−0.029***	−0.193***	−0.072***	−0.070***	−0.048***	−0.194***	−0.072***
	（−60.76）	（−10.67）	（−56.54）	（−17.24）	（−13.89）	（−9.32）	（−56.6）	（−17.36）
Size	0.009***	−0.000	0.013***	0.002**	0.003***	0.001	0.013***	0.002***
	（16.22）	（−0.38）	（18.70）	（2.21）	（3.08）	（−1.55）	（18.81）	（2.92）
Dual	0.003**	0.001	0.003*	0.001	0.001	0.001	0.003*	0.001
	（2.08）	（0.58）	（1.94）	（0.50）	（0.46）	（0.40）	（1.96）	（0.52）
Cons	−0.161***	−0.004	−0.211***	−0.029	−0.054**	0.030	−0.209***	−0.040**
	（−12.20）	（−0.22）	（−13.86）	（−1.64）	（−2.51）	（1.46）	（−13.91）	（−2.27）
N	19011	16372	16075	16023	12256	12258	16075	16023
固定效应	控制	控制	控制	控制	控制	控制	控制	控制
调整 R^2	0.264	0.085	0.268	0.097	0.087	0.086	0.268	0.097

注：括号内为 t 值；*、**、***分别表示在 10%、5% 和 1% 水平上显著。后同。

图 1 为精准扶贫投入水平对负面记录与短期绩效的调节，图 2 为精准扶贫投入水平对负面记录与长期绩效的调节。由图 1 可知，在精准扶贫投入水平较高的情境下，负面记录与短期绩效的负相关关系（$\beta = -0.008$，$p < 0.01$）显著大于精准扶贫投入水平较低的情境（$\beta = -0.016$，$p < 0.01$）。这说明企业精准扶贫的投入减弱了负面记录与短期绩效的负向关系，即相对于在精准扶贫方面投入水平较低而言，在精准扶贫方面投入水平较高的企业受到负面记录对短期绩效的负向影响相对较弱。图 2 精准扶贫投入水平对负面记录与长期绩效的调节效应同理可得到验证。

模型（5）表明负面记录发生之前的企业精准扶贫行为为负面事件之后的企业绩效提供了显著的保险效应（$\beta = 0.002$，$p < 0.01$），假设 H3a 得到验证；模型（6）表明负面记录发生之后的企业精准扶贫行为为负面事件之后的企业绩效提供了显著的补偿效应（$\beta = 0.002$，$p < 0.01$），支持了假设 H3b，调节效应如图 3 和图 4 所示。图 3 为上一年精准扶贫投入水平对负面记录和长期绩效的调节效

应，图 4 为下一年精准扶贫投入水平对负面记录和长期绩效的调节效应。由图 3 可知，在上一年精准扶贫投入水平较高的情境下，负面记录与企业绩效的负向关系（$\beta=-0.007$，$p<0.01$）显著大于上一年精准扶贫投入水平较低的情境（$\beta=-0.014$，$p<0.01$）。这说明企业负面记录之前的精准扶贫投入减弱了负面记录与企业绩效的负向关系，即在负面记录发生之前，相对于在精准扶贫方面投入水平较低而言，在精准扶贫方面投入水平较高的企业受到负面记录对企业绩效的负向影响相对较弱，"保险效应"得到了验证。图 4 企业负面记录之后的精准扶贫行为对企业绩效的"补偿效应"同理可得到验证。

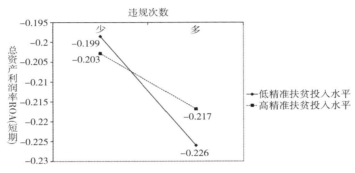

图 1　精准扶贫投入水平对负面记录和短期绩效关系的调节

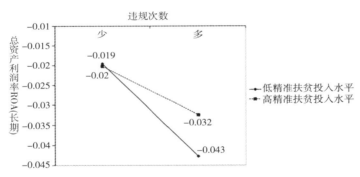

图 2　精准扶贫投入水平对负面记录和长期绩效关系的调节

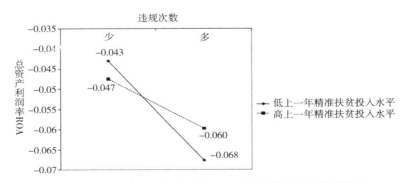

图 3　上一年精准扶贫投入水平对负面记录和长期绩效关系的调节

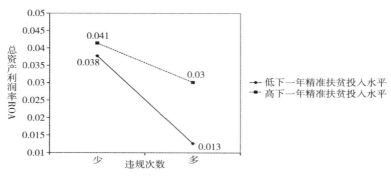

图 4 下一年精准扶贫投入水平对负面记录和长期绩效关系的调节

模型（7）表明慈善型精准扶贫对当期企业绩效存在显著的负向调节作用（$\beta = 0.002$，$p < 0.01$），而模型（8）表明整合型精准扶贫对长期企业绩效存在显著的负向调节作用（$\beta = 0.001$，$p < 0.05$）。H4a 和 H4b 分别得到了验证，调节效应如图 5 和图 6 所示。图 5 为慈善型精准扶贫对短期绩效的调节效应，图 6 为整合型精准扶贫对长期绩效的调节效应。由图 5 可知，在慈善型精准扶贫投入水平较高的情境下，负面记录对短期绩效的负向关系（$\beta = -0.009$，$p < 0.01$）显著大于慈善型精准扶贫投入水平较低的情境（$\beta = -0.015$，$p < 0.01$）。这说明企业在慈善型精准扶贫方面的投入减弱了负面记录对于短期绩效的负向关系，即相对于在慈善型精准扶贫方面投入水平较低而言，在慈善型精准扶贫方面投入水平较高的企业受到负面记录对短期绩效的负向影响相对较弱。图 6 整合型精准扶贫对长期绩效的调节效应同理可得到验证。

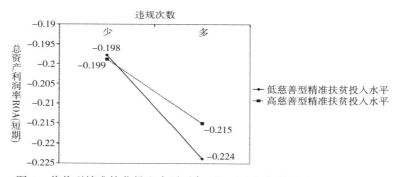

图 5 慈善型精准扶贫投入水平对负面记录和短期绩效关系的调节

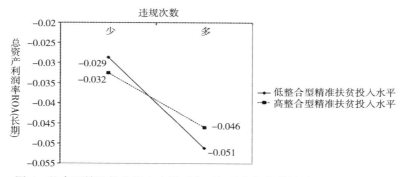

图 6 整合型精准扶贫投入水平对负面记录和长期绩效关系的调节

4.3 稳健性检验

4.3.1 工具变量法回归

经济绩效较差的企业更不具备资源和能力去规避负面记录的发生，从而可能会导致反向因果，或者在模型构建过程中可能遗漏某些重要变量而产生内生性。为了排除上述问题可能对研究结论产生的干扰，我们以上一年的负面记录次数 $Frequency_{(t-1)}$ 以及负面记录的年度行业平均值 $MeanFrequency_t$ 作为负面记录 Frequency 的工具变量，采用 2SLS 法重新对模型进行回归。

表 4 第（2）列报告了工具变量的第一阶段回归结果（仅列出核心变量），$Frequency_{(t-1)}$ 系数为 0.265，在 1%水平上显著；$MeanFrequency_t$ 系数为 1.064，在 1%水平上显著，表明工具变量满足相关性要求。第一阶段 F 统计量为 97.80，远大于经验值 10（拒绝存在弱工具变量的原假设），Kleibergen-Paaprk LM 统计量 $Chi^2 = 114.90$（强烈拒绝不可识别的原假设），Hansen J 统计量为 1.826，接受所有工具变量均为外生变量的原假设，表明工具变量的合理性。在第二阶段，负面记录 Frequency 对当期 ROA 及（t+1）ROA 的回归系数分别为-0.019 和-0.029，在 1%水平上显著，表明负面记录的次数对企业的短期绩效和长期绩效均会产生负向影响。工具变量法 2SLS 检验结果与前述主检验结果一致，故本文研究结论具有稳健性。

表4 工具变量法回归

	第一阶段		第二阶段	
变量名	Frequency	变量名	ROA	（t+1）ROA
$Frequency_{(t-1)}$	0.265 *** （9.72）	Frequency	-0.019 *** （-3.06）	-0.029 *** （-4.42）
$MeanFrequency_t$	1.064 *** （10.79）			
控制变量	Yes		Yes	Yes
观测值	13329		13329	13279
固定效应	Yes		Yes	Yes
R^2	0.144		0.245	0.040
不可识别检验	Kleibergen-Paaprk LM 统计量 $Chi^2 = 114.90$，P-val = 0.0000			
弱工具变量检验	F 统计量 = 97.80，P-val = 0.0000			
外生性检验	Hansen J Chi = 1.826，$p = 0.1766$			

4.3.2 替换关键变量

本文从两个方面对关键变量进行了替换，研究结论没有发生改变。（1）替换解释变量。我们将企业违规处罚的次数（Frequency）替换为虚拟变量（Dummy）对负面记录进行重新测量。Dummy 的具体定义为：如果企业在 t 年（$2016 \leq t \leq 2021$）受到的违规处罚公告的次数超过 1 次，我们将其记为 1，否则记为 0。（2）替换被解释变量。我们将企业总资产利润率（ROA）替换成企业净资产利润率（ROE）重新进行了回归分析。ROE 的计算公式为：净利润与股东权益平均余额的比值。两种检验方式下，负面记录对企业长期和短期绩效的直接影响、企业参与精准扶贫对负面记录与企业绩效的调节效应、精准扶贫对企业绩效的"保险效应"和"补偿效应"及慈善型和整合型精准扶贫对企业短期、长期绩效的调节作用与上述结果一致。具体见表 5、表 6。

表 5　　　　　　　　　　　　　　替换解释变量稳健性回归结果

	（1）ROA	（2）（t+1）ROA	（3）ROA	（4）（t+1）ROA	（5）（t+1）ROA	（6）（t+1）ROA	（7）ROA	（8）（t+1）ROA
Dummy	−0.036***	−0.032***	−0.031***	−0.025***	−0.028***	−0.026***	−0.031***	−0.025***
	（−15.42）	（−10.70）	（−11.74）	（−8.21）	（−7.76）	（−7.42）	（−12.01）	（−8.37）
TPA			0.001*	0.001***				
			（1.71）	（2.80）				
Frequency×TPA			0.002***	0.002***				
			（5.26）	（3.71）				
LCTA							0.001***	
							（2.63）	
Frequency×LCTA							0.002***	
							（3.73）	
LITA								0.000
								（0.46）
Frequency×LITA								0.002***
								（2.77）
TPA_L					0.000			
					（0.88）			
Frequency×TPA_L					0.005**			
					（2.47）			
TPA_N						0.002***		
						（5.09）		
Frequency×TPA_N						0.004**		
						（2.35）		
Controls	控制	控制	控制	控制	控制	控制	控制	控制
Cons	−0.164***	−0.006	−0.215***	0.032*	−0.058***	0.027	−0.213***	−0.044**
	（−12.42）	（−0.38）	（−14.05）	（−1.83）	（−2.65）	（1.31）	（−14.13）	（−2.49）
N	19011	16372	16075	16023	12256	12258	16075	16023
固定效应	控制	控制	控制	控制	控制	控制	控制	控制
调整 R^2	0.259	0.082	0.264	0.094	0.084	0.082	0.264	0.094

表6　　　　　　　　　　　　　替换被解释变量稳健性检验回归结果

	（1）ROE	（2）(t+1) ROE	（3）ROE	（4）(t+1) ROE	（5）(t+1) ROE	（6）(t+1) ROE	（7）ROE	（8）(t+1) ROE
Frequency	−0.076***	−0.034***	−0.078***	−0.173***	−0.193***	−0.173***	−0.080***	−0.177***
	（−7.05）	（−2.76）	（−6.02）	（−10.18）	（−8.77）	（−10.13）	（−6.21）	（−10.43）
TPA			0.003	0.005				
			（0.46）	（0.66）				
Frequency×TPA			0.014**	0.032***				
			（2.28）	（4.08）				
LCTA							0.004	
							（0.57）	
Frequency×LCTA							0.013*	
							（1.82）	
LITA							0.004	
							（0.37）	
Frequency×LITA							0.033***	
							（3.29）	
TPA_L					0.002			
					（0.18）			
Frequency×TPA_L					0.038***			
					（3.19）			
TPA_N						0.007		
						（0.99）		
Frequency×TPA_N						0.036***		
						（4.60）		
Controls	控制	控制	控制	控制	控制	控制	控制	控制
Cons	−0.454**	0.093	−0.579**	0.392	0.468	0.438	−0.576**	0.364
	（−2.27）	（0.40）	（−2.32）	（1.20）	（1.06）	（1.33）	（−2.34）	（1.12）
N	19011	16372	16075	12256	8909	12208	16075	12256
固定效应	控制	控制	控制	控制	控制	控制	控制	控制
调整 R^2	0.006	0.003	0.007	0.014	0.014	0.014	0.007	0.013

4.3.3　随机效应模型

本文实证检验部分采用的回归模型均为固定效应模型，为了验证本文结论的有效性，采用随机效应模型对主要回归模型进行重新估计。表 7 列出了估计结果。结果支持了假设 H1、假设 H2、假设 H3b 和假设 H4a，假设 H3a 上一年精准扶贫的"保险效应"及 H4b 整合型精准扶贫对长期企业绩效的调节效应结果与固定效应模型相较有所不同，但也在 20% 的水平上显著，因此也在较大程度上支持了本文的结论。

表 7   随机效应模型回归结果

	（1）ROA	（2）(t+1) ROA	（3）ROA	（4）(t+1) ROA	（5）(t+1) ROA	（6）(t+1) ROA	（7）ROA	（8）(t+1) ROA
Frequency	-0.010^{***}	-0.006^{***}	-0.008^{***}	-0.005^{***}	-0.004^{***}	-0.006^{***}	-0.008^{***}	-0.006^{***}
	(-13.77)	(-7.26)	(-10.38)	(-6.07)	(-3.55)	(-5.97)	(-10.66)	(-6.16)
TPA			0.000	0.001^{***}				
			(0.19)	(2.93)				
Frequency×TPA			0.001^{***}	0.001^{*}				
			(3.42)	(1.88)				
LCTA							0.001	
							(1.55)	
Frequency×LCTA							0.001^{***}	
							(2.65)	
LITA								0.001
								(1.01)
Frequency×LITA								0.001
								(1.11)
TPA_L					0.001^{**}			
					(2.09)			
Frequency×TPA_L					0.001			
					(1.26)			
TPA_N						0.003^{***}		
						(5.28)		
Frequency×TPA_N						0.001^{**}		
						(2.12)		
Controls	控制	控制	控制	控制	控制	控制	控制	控制
Cons	-0.142^{***}	0.102^{***}	-0.242^{***}	0.115^{***}	0.175^{***}	0.167^{***}	-0.237^{***}	0.102^{***}
	(-9.14)	(5.57)	(-13.45)	(5.55)	(6.30)	(7.06)	(-13.37)	(5.01)
N	19011	16373	16076	16024	12256	12258	16076	16024
调整 R^2	0.150	0.003	0.192	0.001	0.040	0.008	0.192	0.001

4.3.4 改变长期绩效的测量方式

为了能够充分地反映变量之间的因果关系并且突出对长期绩效的影响，我们用企业（$t+1$）期和（$t+2$）期（$2016 \leqslant t \leqslant 2021$）总资产利润率（ROA）的平均值（ROA_avg）来重新测量企业的长期绩效。回归结果如表 8 所示。负面记录对企业长期绩效的直接影响、企业参与精准扶贫对负面记录与长期企业绩效的调节效应、精准扶贫对企业绩效的"保险效应"和"补偿效应"及整合型精准扶贫对企业长期绩效的调节作用与上述结果一致，证明了本文研究结果的稳健性。

表 8　　　　　　　　　　　　　　改变长期绩效测量方式回归结果

	（1）ROA_avg	（2）ROA_avg	（3）ROA_avg	（4）ROA_avg	（5）ROA_avg
Frequency	−0.009 ***	−0.008 ***	−0.007 ***	−0.01 ***	−0.009 ***
	（−14.49）	（−12.08）	（−11.37）	（−11.79）	（−12.35）
TPA		0.001 ***			
		（3.02）			
Frequency×TPA		0.001 ***			
		（3.57）			
LITA					0.000
					（0.75）
Frequency×LITA					0.001 ***
					（2.89）
TPA_L			0.000		
			（1.07）		
Frequency×TPA_L			0.001 ***		
			（2.62）		
TPA_N				0.002 ***	
				（5.33）	
Frequency×TPA_N				0.002 ***	
				（4.24）	
Controls	控制	控制	控制	控制	控制
Cons	0.016	0.004	−0.015	0.017	−0.012
	（1.47）	（−0.29）	（−1.15）	（1.05）	（−0.92）
N	19012	16075	14835	12258	16075
固定效应	控制	控制	控制	控制	控制
调整 R^2	0.112	0.122	0.112	0.131	0.122

5. 研究结论与启示

本文以 2016—2021 年中国 A 股市场的非金融类上市公司为样本，研究当企业存在违规处罚这类负面记录时，企业参与政府主导的企业社会责任行为是否会通过企业社会责任的"保险效应"或"补偿效应"对企业绩效起到调节作用。此外，本文还进一步考察了两种类型的扶贫方式（整合型和慈善型）在调节企业长期及短期绩效方面的差异。研究发现：（1）企业违规处罚等负面记录会直接影响企业长短期绩效，即违规处罚等负面记录的出现负向影响了企业的长期和短期的绩效。（2）违规处罚对企业所造成的负面影响会受到企业参与精准扶贫的负向调节，即企业参与精准扶贫能够缓解这种负面影响对于企业的冲击。（3）企业在出现负面记录之前的精准扶贫行为对负面记录之后的企业绩效起到一定的"保险效应"，出现负面记录之后的精准扶贫行为对负面记录之后的企业绩效起到"补偿效应"。（4）两种扶贫类型对负面记录和企业绩效间的调节效果存在差异：整合型在负面记录和长期企业绩效间存在显著的负向调节，而慈善型在负面记录和短期企业绩效间存在显著的负向调节。

本研究的理论贡献主要体现在以下方面。首先，本文对企业社会责任的战略性功能提供了具体情境下的支持，丰富了当前对战略性 CSR 的研究内容。本文从政府主导的企业社会责任活动——精准扶贫的视角进行分析，体现了较强的时代背景和中国特色，丰富了关于战略性企业社会责任的研究内容，同时负面记录的特殊情境也为战略性企业社会责任提供了具体情境的支持。其次，本研究通过精准扶贫的不同类型和时间（负面记录出现之前和之后）两个角度深化了精准扶贫相关的研究。研究结果展现了精准扶贫在负面记录的应对中的重要作用，从不同的角度验证了以往研究提出的企业社会责任对企业财务绩效所具有的"保险效应"和"补偿效应"（Bae et al., 2020），研究结论更好地帮助我们认识到企业社会责任如何在负面记录发生前后影响企业绩效，为更加深入全面地理解精准扶贫的"战略性"功能提供了经验证据。此外，本文还基于企业自身产业发展角度对精准扶贫类型做进一步划分（整合型和慈善型）（Jing et al., 2023; Huang et al., 2022），探讨了它们对于调节企业长短期绩效影响的差异，这深入推进并进一步发展了目前有关精准扶贫的研究文献，也有助于理解危机情境下企业参与精准扶贫时在方式选择上的差异性。最后，本文为企业的危机管理提供了一个新的视角。之前有关企业违规处罚的研究，认为企业会选择一系列举措来重新挽回声誉（Chakravarthy et al., 2014），但是忽略了危机管理的有效性和针对性。本文从企业社会责任中带有政府主导性质的精准扶贫活动这一细分视角出发进行分析，丰富了当前关于企业负面记录及危机管理领域的研究内容。

本研究的结论对企业具有以下实践指导意义。首先，在企业应对负面记录方面，负面记录的发生会影响企业绩效，并且这种影响是不可逆的，因此企业应采取相应措施及时弥补负面记录带来的损失。积极履行社会责任的行为会对企业绩效发挥"减震器"的作用，能够帮助企业修复受损的外部形象，同时也促进了企业绩效的提高，是一种有效应对危机的方式。其次，在企业的正常经营中，也要将企业社会责任作为一项日常业务积极推进并发展，营造良好的客户关系，吸引各利益相关者的支持，提高外部利益相关者对企业的认同，充分发挥企业社会责任的"保险效应"，从而帮助自身不断建立起一定的声誉资本和道德资本，以应对有可能出现的危机；值得注意的是，慈善型精准扶贫和整合型精准扶贫的作用存在差异，所以企业管理者要在考虑投入和收益比的情况下结合实际情况对两种精准扶贫方式有所选择。若要最大化整合型精准扶贫对于企业绩效的弥补效果，企业管理者应尽早规划并保持扶贫行动的持续性和长期性，通过多样化的形式将整合型扶贫融入自身的经营管理，与自身业务巧妙结合，充分发挥精准扶贫这一企业社会责任对企业成长的积极作用；而在慈善型精准扶贫方面，投资者会通过证券交易所披露的扶贫信息来预期公司未来的价值，并以此来制定投资策略，因此就要求企业能够主动并全面客观地向市场披露相关扶贫信息，提升信息披露的质量，从而向投资者有效传递出自身在慈善型精准扶贫方面所做出的努力与贡献，以更好地提升市场表现，提高企业短期绩效。

2020 年我国全面实现小康社会后，后续的扶贫工作的重心由"扶贫"转为"防返贫"，这就更需要以企业为代表的社会力量参与到乡村振兴工作中来，有效利用市场的力量来巩固我国脱贫攻坚所取得的成果，实现贫困群众的持续增收。本研究发现，企业参与精准扶贫通过获得正式制度的合法性而提高了自身的经济效益，这为企业参与政府主导的 CSR 活动注入了充足的信心，提升了企业参与政府主导的 CSR 活动的积极性和参与预期，有助于在后续的扶贫工作中实现政府力量和社会力量的联动。

6. 局限性及未来研究方向

本研究仍存在不足之处。在本文中，我们没有对企业受到的违规处罚的类型进行进一步的细分，而是将它作为一个整体纳入模型进行探究。但结合万良勇等（2014）对违规行为的分类——信息披露类违规行为、经营类违规行为和其他违规行为，我们认为在之后的研究中，可以进一步探讨不同的违规处罚类型对企业绩效的影响以及是否慈善型、整合型精准扶贫对不同类型的违规处罚存在着调节作用的差异。此外，在测量企业的短期绩效时，我们利用了企业当期的总资产利润率（ROA）来进行衡量，此指标可能无法准确反映资本市场中企业股价的短期变化，因此在未来的研究中，可以利用负面记录出现后企业股价涨跌幅度等指标，或事件研究法等其他方法来探究负面记录对于企业短期绩效的影响。最后，在本文中我们只以精准扶贫作为政府主导的 CSR 类型进行了探讨，在后续的研究中还可以积极探索其他方式的政府主导的 CSR 活动，助推社会与企业个体的协同发展。

◎ **参考文献**

[1] 冯丽艳，肖翔，程小可. 社会责任对企业风险的影响效应——基于我国经济环境的分析 [J]. 南开管理评论，2016，19（6）.

[2] 樊建锋，赵秋茹，田志龙. 危机情境下的企业社会责任保险效应与挽回效应研究 [J]. 管理学报，2020，17（5）.

［3］ 黄辉．媒体负面报道、市场反应与企业绩效［J］．中国软科学，2013（8）．

［4］ 李征仁，王羽，石文华．亡羊补牢：负面记录对企业社会责任的影响及绩效分析［J］．管理评论，2020，32（9）．

［5］ 李维安，李晓琳，张耀伟．董事会社会独立性与 CEO 变更——基于违规上市公司的研究［J］．管理科学，2017，30（2）．

［6］ 李维安，王鹏程，徐业坤．慈善捐赠、政治关联与债务融资——民营企业与政府的资源交换行为［J］．南开管理评论，2015，18（1）．

［7］ 刘明月，陈菲菲，汪三贵，等．产业扶贫基金的运行机制与效果［J］．中国软科学，2019（7）．

［8］ 贾明，孙向坤，张喆．社交媒体在企业应对危机事件中的作用［J］．管理评论，2021，33（5）．

［9］ 王雨磊，苏杨．中国的脱贫奇迹何以造就？——中国扶贫的精准行政模式及其国家治理体制基础［J］．管理世界，2020，36（4）．

［10］ 吴华，张爱卿，唐擎．企业社会责任行为会促进组织污名管理吗？——基于归因理论视角［J］．管理评论，2018，30（7）．

［11］ 王诗雨，汪官镇，陈志斌．企业社会责任披露与投资者响应——基于多层次资本市场的研究［J］．南开管理评论，2019，22（1）．

［12］ 辛宇，滕飞，顾小龙．企业集团中违规处罚的信息和绩效传递效应研究［J］．管理科学，2019，32（1）．

［13］ 严若森，唐上兴．上市公司参与精准扶贫能获得政府资源支持吗［J］．证券市场导报，2020（11）．

［14］ 燕继荣．反贫困与国家治理——中国"脱贫攻坚"的创新意义［J］．管理世界，2020，36（4）．

［15］ 张曾莲，董志愿．参与精准扶贫对企业绩效的溢出效应［J］．山西财经大学学报，2020，42（5）．

［16］ 张玉明，邢超．企业参与产业精准扶贫投入绩效转化效果及机制分析——来自中国 A 股市场的经验证据［J］．商业研究，2019（5）．

［17］ 祝丽敏，赵晶，孙泽君．社会责任承担能提升企业信心吗？——企业参与精准扶贫的实证研究［J］．经济管理，2021，43（4）．

［18］ 朱丽娜，高皓．危机管理视角下的慈善捐赠——基于中国上市公司的数据分析［J］．管理评论，2022，34（11）．

［19］ Bae, J., Choi, W., Lim, J. Corporate social responsibility: An umbrella or a puddle on a rainy day? Evidence surrounding corporate financial misconduct［J］. European Financial Management, 2020（26）.

［20］ Bansal, P., Clelland, I. Talking trash: Legitimacy, impression management, and unsystematic risk in the context of the natural environment［J］. Academy of Management Journal, 2004, 47（1）.

［21］ Barney, J. Firm resources and sustained competitive advantage［J］. Journal of Management, 1991, 17（1）.

［22］ Babenko, I., Boguth, O., Tserlukevich, Y. Idiosyncratic cash flows and systematic risk ［J］. The Journal of Finance, 2016, 71 （1）.

［23］ Chang, Y. Y., He, W., Wang, J. L. Government initiated corporate social responsibility activities: Evidence from a poverty alleviation campaign in China ［J］. Journal of Business Ethics, 2021, 173 （4）.

［24］ Cheng, B. T., Ioannou, I., Serafeim, G. Corporate social responsibility and access to finance ［J］. Strategic Management Journal, 2014, 35 （1）.

［25］ Chakravarthy, J., deHaan, E., Rajgopal, S. Reputation repair after a serious restatement ［J］. Accounting Review, 2014, 89 （4）.

［26］ Donker, H., Poff, D., Zahir, S. Corporate values, codes of ethics, and firm performance: A look at the Canadian context ［J］. Journal of Business Ethics, 2008, 82 （3）.

［27］ Do, H., Budhwar, P., Shipton, H. et al. Building organizational resilience, innovation through resource-based management initiatives, organizational learning and environmental dynamism ［J］. Journal of Business Research, 2022, 141.

［28］ Farber, D. B. Restoring trust after fraud: Does corporate governance matter ［J］. Accounting Review, 2005, 80 （2）.

［29］ Gao, T., Wang, H. Participation in targeted poverty alleviation and enterprise innovation investment: Analysis of the mediating effect test model based on financing constraints ［J］. Journal of Function Spaces, 2022, Article ID: 7060462.

［30］ Giannetti, M., Wang, T. Y. Corporate scandals and household stock market participation ［J］. Journal of Finance, 2016, 71 （6）.

［31］ Huang, H., Shang, R., Wang, L. et al. Corporate social responsibility and firm value: Evidence from Chinese targeted poverty alleviation ［J］. Management Decision, 2022, 60 （12）.

［32］ Johnson, W. C., Xie, W., Yi, S. Corporate fraud and the value of reputations in the product market ［J］. Journal of Corporate Finance, 2014 （25）.

［33］ Jing, J., Wang, J., Hu, Z. Has corporate involvement in government-initiated corporate social responsibility activities increased corporate value? —Evidence from China's targeted poverty alleviation ［J］. Humanities and Social Sciences Communications, 2023, 10 （1）.

［34］ Kirsch, D., Goldfarb, B., Gera, A. Form or substance: The role of business plans in venture capital decision making ［J］. Strategic Management Journal, 2009, 30 （5）.

［35］ Liu, M. Y., Feng, X. L., Wang, S. G. et al. Does poverty-alleviation-based industry development improve farmers' livelihood capital? ［J］. Journal of Integrative Agriculture, 2021, 20 （4）.

［36］ Luo, X. R., Wang, D. Are politically endorsed firms more socially responsible? Selective engagement in corporate social responsibility ［J］. Journal of Business Ethics, 2021, 170 （3）.

［37］ Porter, M. E., Kramer, M. R. Strategy and society ［J］. Harvard Business Review, 2006, 84 （12）.

［38］ Scott, W. R. Institutions and organizations: Ideas and interests ［M］. Thousand Oaks, CA: Sage,

2008.

[39] Suchman, M. C. Managing legitimacy-strategic and institutional approaches [J]. Academy of Management Review, 1995, 20 (3).

[40] Yang, G., Wei, S., Chen, K. et al. Repairing damaged reputations through targeted poverty alleviation: Evidence from private companies' strategies to deal with negative media coverage [J]. China Journal of Accounting Research, 2023, 16 (3).

[41] Yi, Y. T., Xie, B. S., Zhou, L. X. et al. Does CSR affect the cost of equity capital: Empirical evidence from the targeted poverty alleviation of listed companies in China [J]. Plos One, 2020, 15 (2).

[42] Zhang, L., Xu, Y. H., Chen, H. H. et al. Corporate philanthropy after fraud punishment: An institutional perspective [J]. Management and Organization Review, 2020, 16 (1).

[43] Zhou, X., Reesor, R. M. Misrepresentation and capital structure: Quantifying the impact on corporate debt value [J]. Journal of Corporate Finance, 2015 (34).

[44] Zhao, M. CSR-based political legitimacy strategy: Managing the state by doing good in China and Russia [J]. Journal of Business Ethics, 2012, 111 (4).

[45] Zolotoy, L., O'Sullivan, D., Klein, J. Character cues and contracting costs: The relationship between philanthropy and the cost of capital [J]. Journal of Business Ethics, 2019, 154 (2).

Insurance or Compensation? The Role of Government Initiated Corporate Social Responsibility in Response to Negative Records

Jia Fang[1]   Yang Zhilin[2,3]   Geng Xiaoyu[1]

(1   College of Management, Shenzhen University, Shenzhen, 518000;

2   College of Business, City University of Hong Kong, Hong Kong, 999077;

3   Alibaba Business School, Hangzhou Normal University, Hangzhou, 310000)

Abstract: Targeted poverty alleviation (TPA) is one of the important forms of government initiated corporate social responsibility. To explore the impact of negative records on long-term and short-term performance of enterprises, as well as the moderating influences of enterprises participating in different types of targeted poverty alleviation at different times on the relationship between negative records and performance, this research conducted an empirical investigation using A-share listed companies from 2016 to 2021 as the research object. The results demonstrate that negative records decrease enterprises' long-term and short-term performance, and participating in TPA can alleviate this negative impact to a certain extent. TPA activities before negative records and after negative records weakened the negative impact of negative records on enterprise performance through the "insurance effect" and "compensation effect". In addition, different types of TPA (charitable and integrated) had different moderating effects on the relationship between negative records and performance. This paper provides insights and guidance for companies to respond to crises such as negative records and to actively assist government in promoting long-term social development.

Key words：Negative records；Targeted poverty alleviation（TPA）；Government initiated corporate social responsibility；Legitimacy；Insurance and compensation effects

专业主编：寿志钢

突破创新更利"东山再起"吗？*
——危机后企业新产品类型对消费者采纳意愿的影响

● 王　夏　黄苏萍　郭文静

（首都经济贸易大学工商管理学院　北京　100070）

【摘　要】本研究聚焦于探讨并揭示产品伤害危机对涉事企业后续新产品推广的潜在溢出效应，以及危机发生后涉事企业推出哪种类型的新产品更有助于规避此种溢出效应、提升消费者采纳意愿。基于三项消费行为实验的研究结果表明，在危机事件后，相对于涉事企业推出的渐进型新产品，消费者对其推出的突破型新产品采纳意愿更高；新产品类型通过感知相似性与感知风险的链式中介作用对消费者采纳意愿产生影响。此外，危机后新产品类型对消费者采纳意愿的影响还会受到产品外观新颖性的调节。本研究结论不仅有助于拓展有关产品伤害危机溢出效应以及新产品采纳意愿影响因素的现有认知，而且能够为存在危机史且正在寻求"破局"的企业提供有价值的参考。

【关键词】产品伤害危机　新产品类型　消费者采纳意愿　感知相似性　产品外观新颖性

中图分类号：F272.3　　　文献标识码：A

1. 引言

近年来，随着新闻媒体等社会监督力量的增强、消费者权益保护意识的提升以及自媒体的兴起，产品伤害危机事件在网络传播的速度更快也愈发受到大众关注，企业更应重视并警惕。典型的产品伤害危机如 2016 年三星手机爆炸事件、2019 年奔驰汽车漏油事件、2021 年特斯拉刹车失灵事件、2022 年雅培问题奶粉含致命病菌事件等等。这些事件的发生使消费者对问题产品的感知风险提升、购买意愿下降，产品的市场份额和渗透率降低，并且使企业声誉与品牌资产严重受损，也迫使企业

* 基金项目：国家自然科学基金青年项目"品牌来源国形象对品牌负面事件溢出效应的影响及其心理作用机制研究"（项目批准号：71902122）；"平台型企业社会责任行为内在驱动机制与能力构建研究"（项目批准号：72202147）。

通讯作者：黄苏萍，E-mail：hsp@cueb.edu.cn。

由常态管理阶段进入危态管理阶段（Cleeren et al., 2017；Dawar & Pillutla, 2000）。

在危态管理阶段，如何消除危机事件带来的负面影响、重塑企业形象并恢复市场竞争力成为企业重点锁定的目标。尽管已有充分的论据表明企业社会责任策略有助于修复企业形象、重新赢得消费者信任（Kim & Choi, 2018；白琳和高洁，2023），然而，仅利用社会责任实践与公关活动进行危机修复远远不够。产品与服务是企业存续之本、发展之基，基于产品视角的危机修复路径同样具有探索价值。现实中，与三鹿这样在发生重大危机事件后彻底走向破产清算的企业相比，更多的企业虽然深受危机事件影响，但在后续经营中会充分吸取教训、重整旗鼓乃至浴火重生；涉事企业在应对、缓和危机后，经常采取及时开发并推出新产品的举措，即通过改进原有产品或推出全新产品等方式来重新获得消费者接纳、实现消费者与品牌关系再续。

产品创新是企业最重要的营销活动之一，也是企业获取持续竞争优势的关键所在。尽管产品创新如此重要，但新产品推出市场后的成功率却不高，每年有超过一半的新产品由于不被市场认可而以失败告终（Andrew & Sirkin, 2003）。相对于声誉良好的企业，存在产品伤害危机史的企业若要"东山再起"、使其新产品获得消费者采纳则更具难度与挑战。依据产品技术层面创新程度的差异，新产品通常可以划分为渐进型新产品（incremental new products）与突破型新产品（radical/really new products）这两种类型（Song & Montoya-Weiss, 1998；Mugge & Dahl, 2013；Ma et al., 2014）。受过往产品伤害危机事件的影响，不同的新产品策略可能带来截然不同的消费者评价。2016 年三星手机被曝电池存在安全隐患引发多起爆炸事故后，三星将发生爆炸事故的 Note 7 型号手机召回，进行电池更换，并遵照循序渐进的路径推出 Note FE、Note 8 等 Note 系列新产品。然而，在"手机爆炸"事件后，三星同系列改进型新产品并没有得到消费者的认可，Note 7 手机爆炸的负面影响一直持续到 Note 20，该系列手机销量惨淡，即使采取降价策略也并无较大起色。与之不同，康泰克在经历"PPA 事件"后于次年推出"不含 PPA"的新品感冒药，随即在短短三个月内迅速收复丢失的市场、销量恢复至危机前的 70%；农夫山泉在"标准门"事件后则着力于开发与原产品截然不同的高端水、婴儿水系列，新产品面世后拉动销量强劲增长，其中高端水系列更于次年成功入选 G20 峰会独家用水，实现危机后的华丽转身。然而，相对于企业界的大胆尝试，学术研究领域尚未针对这一问题展开充分探讨。鉴于此，本文旨在突破现有对危机修复策略的认知，深入探究危态管理阶段企业采用不同的新产品策略对消费者采纳意愿的影响及其潜在的作用机制和边界条件，以期为曾发生危机事件且正在努力寻求"破局"的企业提供有价值的启示以及可操作的思路。

2. 文献综述

2.1 产品伤害危机及其溢出效应

产品伤害危机（product harm crisis）是指被媒体广泛报道并引起公众关注的某种产品存在质量问题或缺陷并因此对顾客产生伤害的事件（Song & Montoya-Weiss, 1998；Siomkos & Kurzbard, 1994）。产品伤害危机通常会使消费者产生较强的风险感知并果断采取品牌转换行为，从而导致消费者与品牌关系断裂、涉事企业产品的市场份额急剧降低，同时也使企业声誉、品牌形象与品牌资产等严重受损（Cleeren et al. 2017；Dawar & Pillutla，2000）。同时，产品伤害危机还易使消费者产生愤怒、无助、恐慌等负面情绪，导致网络集群行为等激烈的对抗及报复行为（青平等，2016）。

依据联想网络模型（或称激活扩散模型）与可接近—可诊断模型，在大脑记忆系统中，关联度强、相似性高的产品之间具有更强的联结，彼此间也更容易被视作参照从而提供更高的诊断价值（Dahlén & Lange，2006；方正等，2013）。因此，产品伤害危机事件还易对同品牌其他产品以及同类产品产生溢出效应（spillover effect）：一种是内部溢出效应，即危机事件对企业内部同品牌产品以及企业联盟内其他成员品牌关联产品产生的影响（Lei et al.，2008；范宝财等，2014）；另一种是外部溢出效应，即危机事件对同行竞争企业乃至整个行业或产品品类产生的影响（方正等，2013；Borah & Tellis，2016；Wu et al.，2020）。作为对内部溢出效应相关研究的延伸，于文领等（2020）以汽车消费市场为研究对象，基于纵向时间轴的分析结果进一步表明，企业曾经发生的产品召回事件会对其新产品绩效产生显著的溢出效应。

在以往研究基础上，本研究旨在深入探讨曾经发生的产品伤害危机是否会向涉事企业后续推出的新产品溢出、影响危机后消费者对涉事企业新产品的评价与响应，以及这种潜在溢出效应的强弱是否会由于新产品类型的不同而表现出明显的差异。

2.2　新产品类型与消费者采纳意愿

在快速变化与竞争加剧的商业环境中，创新已然成为企业提高绩效、实现可持续竞争优势的关键解决方案；诚如美国管理学大师马斯·彼得斯论断，"要么创新，要么死亡"。双元创新理论认为，突破式创新与渐进式创新是两种不同类型的创新模式。相应地，依据产品在技术或功能层面创新程度的差异，企业面向市场推出的新产品也可以区分为突破型新产品与渐进型新产品这两种类型（Ma et al.，2014；Mugge & Dahl，2013；Song & Montoya-Weiss，1998）。其中，突破型新产品（或称颠覆型新产品、革新型新产品）通常源于突破式创新，是企业采用产业里未曾使用的新技术从而创造出全新类型或全新功能、对整个行业造成较大影响或引起重要变化的产品，消费者对这类新产品的感知创新度相对较高；而渐进型新产品（或称持续改进型新产品）则是指在现有产品基础上进行调整、改进的产品，与现有产品相比，此类新产品能够为消费者提供的附加益处相对较少，消费者对产品创新度的感知相对较低（Hoeffler，2003；Ma et al.，2014；Mugge & Dahl，2013；Song & Montoya-Weiss，1998）。

现有研究表明，消费者对新产品的采纳意愿主要受到新产品自身特征、消费者特质以及特定情境这三方面因素的影响。首先，新产品自身的特征尤其是新产品的创新性与风险性是影响消费者评价与采纳意愿的重要因素（Henard & Szymanski，2001）。突破型新产品体现出更高的新颖性，因此更容易引起消费者的注意和兴趣，并且改变消费者对产品的评价依据，进而使消费者的偏好从现有产品转向此类新产品（Bagga et al.，2016）。此外，相对于渐进型新产品，突破型新产品拥有全新的产品功能和设计，因此会传递出更强的产品有用性与产品效用（Hoeffler，2003；Nielsen et al.，2018）。然而，突破型新产品往往也会由于较高的性能不确定性带来较高的感知风险，而消费者对于新产品的感知风险则负向影响其对新产品的采纳意愿（Hoeffler，2003；朱华伟等，2022）。同时，突破型新产品的学习难度较大，也会使部分消费者望而却步、转向购买学习难度相对较小的渐进型创新产品（Alexander et al.，2008）。

其次，消费者自身的特质也是影响其新产品采纳意愿的重要因素。创新特质更高或创造力更强的消费者更容易发掘新产品的优点，同时具有更高的胆识、更愿意放弃原有的选项和消费模式，购买不同于以往的全新产品（Arts et al.，2011；曾伏娥等，2022）。类似地，促进型（vs. 防御型）聚焦导向的消费者也更看重新产品带来的价值与希望，同时对新产品蕴含的风险更为不敏感，因此更倾向于选择突破型新产品而非渐进型新产品（Herzenstein et al.，2007）。另外，消费者的自我建构类型以及思维模式也会影响其对不同类型新产品的响应：独立型自我建构或是重新开始型思维模式的消费者更倾向于采纳突破型新产品，而互依型自我建构或成长型思维模式的消费者则更倾向于采纳渐进型新产品（Ma et al.，2014；黄静等，2019）。

此外，心理模拟与可视化方法（Zhao et al.，2009）、有关新产品的口碑（黄敏学等，2016）、新产品代言人类型（朱华伟等，2022）以及环境温度（朱华伟等，2022）等情境因素也会影响消费者对新产品的评价与采纳意愿。

总体而言，以往研究主要是在没有危机事件发生的常态情境下探讨消费者对新产品的评价与采纳意愿。作为对前人研究的拓展，本研究旨在进一步探讨企业曾经发生的产品伤害危机事件这一特定情境因素对危机后消费者新产品评价与采纳意愿的潜在影响，以及这种影响是否会因新产品类型的不同而呈现出明显差异。具体而言，不同于常态下消费者对新产品的评价，存在产品伤害危机史的企业推出渐进型新产品时是否会由于与原危机产品的相似性更可能引发消费者的负面联想，从而很难获得积极的市场反响？相对而言，该类企业推出突破型新产品是否更易获得消费者的认同，从而更有助于实现消费者与品牌关系再续？

3. 研究假设

3.1 危机后新产品类型对消费者采纳意愿的影响

如前文所述，新产品自身的特征尤其是新产品的创新性和风险性是影响消费者评价与接纳意愿的重要因素。尽管渐进型新产品的创新性相对较弱，但不确定性与风险也相应较小；而突破型新产品尽管创新性相对较强，但同时不确定性与风险也相对较大（Nielsen et al.，2018）。由于各有利弊，大部分研究表明，消费者在通常情况下对于两类新产品的偏好不会呈现出特定的倾向，而是受到消费者创新性、调节聚焦导向、自我建构类型以及思维模式等个体因素及情境因素的影响（Herzenstein et al.，2007；Ma et al.，2014；黄敏学等，2016；黄静等，2019）；也有少数研究认为，由于损失厌恶倾向，消费者会消极抗拒新产品（Heidenreich & Kraemer，2016）或是更偏好渐进型新产品而非突破型新产品（Alexander et al.，2008；Hoeffler，2003）。然而，关注产品伤害危机情境的研究发现，企业曾经发生的产品召回事件会对其新产品销售绩效产生负面溢出效应（于文颂等，2020）。在此基础上，本研究进一步推测，危机事件发生后，企业后续推出新产品的创新程度会影响消费者对原有产品及与之相关的危机事件的联想，而这种负面联想认知将会成为阻碍消费者采纳新产品的关键因素。

联想网络模型（或称激活扩散理论）是阐释产品伤害危机事件向同类产品溢出的主要作用机制（Dahlén & Lange，2006）。依据该模型，危机事件溢出效应主要源于消费者的联想认知（也即记忆激活）过程，即危机产品与关联品牌产品或竞争企业同类产品之间的关联度越强、相似性越高，危机事件对其产生的传染效应也越强（Borah & Tellis，2016；方正等，2013；Wu et al.，2020）。据此，本研究推测，危机后涉事企业推出的新产品与原危机产品之间的关联度和相似性也会影响消费者的联想认知，进而影响过往产品伤害危机事件对新产品产生的溢出效应。具体而言，渐进型新产品是对现有产品进行的优化、改进或依赖于原有技术路径进行的改良创新，与企业原有产品之间难免存在一定的关联与相似；而突破型新产品则是基于革新性的理念或技术创造出的新产品，与原有产品的关联较弱甚至截然不同（Herzenstein et al.，2007；Ma et al.，2014；Song & Montoya-Weiss，1998）。因此，相对于创新程度较大的突破型新产品，消费者在面对创新程度较小的渐进型新产品时更容易联想起曾发生危机事件的原有产品，进而对涉事企业推出的渐进型新产品的认知及采纳意愿也更容易受到过往危机事件的影响。换言之，企业曾经发生的产品伤害危机事件会对其后续渐进型新产品（vs. 突破型新产品）产生更强的负面溢出效应。综上所述，本文提出如下假设：

H1：相较于企业在产品伤害危机发生后推出的突破型新产品，消费者对其推出的渐进型新产品的采纳意愿更低。

3.2　感知相似性与感知风险的链式中介作用

现有研究表明，相似性是影响个体认知决策的主要因素之一，主要体现为相似性有助于个体的认知、情感、态度和意愿从一个产品/品牌迁移到另一个产品/品牌（Gierl & Huettl，2011）。在产品伤害危机情境中，若竞争企业同类产品与危机产品的相似性越高，意味着产品记忆节点在消费者联想记忆网络中的联系越紧密，产品信息的可诊断性也越高，从而导致产品伤害危机对同类产品的传染效应也越强（Borah & Tellis，2016；范宝财等，2014；方正等，2013）；并且产品属性层面的相似性比品牌整体层面的相似性具有更强的信息可诊断性，因此对溢出效应具有更强的预测力（范宝财等，2014；方正等，2013）。

如前文所述，在新产品评价情境中，感知风险通常被视作影响消费者新产品评价与采纳的重要因素（Ma et al.，2015；Nielsen et al.，2018；朱华伟等，2022）。本研究推断，在产品伤害危机事件发生后，不同类型新产品（渐进型新产品 vs. 突破型新产品）与原危机产品之间的相似性及由此引发的负面联想会直接影响消费者在新产品购买情境中的风险感知，进而影响其对新产品的采纳意愿。换言之，感知相似性和感知风险在新产品类型与消费者采纳意愿的关系中发挥链式中介作用。具体而言，依据联想网络模型与可接近—可诊断模型（Dahlén & Lange，2006；Feldman & Lynch，1988），由于渐进型新产品是在原危机产品基础上的改良与优化、创新程度有限，消费者会感知到新旧产品之间仍然存在一定的相似性，从而容易联想起原危机产品并认为过往危机事件具有较高的可诊断性，因此在危机情境中（vs. 非危机情境）会对此类新产品产生更强的风险感知；反之，突破型新产品由于较高的创新程度而与原危机产品呈现出较大的差异，原产品的可接近性较低、其危机事件的可诊断性也较低，因此，消费者在危机情境中（vs. 非危机情境）对此类新产品的感知风险则不易受过往危机事件的影响而发生明显提升。据此，对于曾发生产品伤害危机事件的企业而言，其后续推出的渐进型新产品不仅在创新程度方面（创新带来的效用与利益）逊色于突破型新产品，而且由于与原危机产品较高的相似性而在感知风险层面也会提升至高于突破型新产品，同样处于劣势位置，基于利弊权衡，消费者对涉事企业推出的渐进型新产品的采纳意愿就会明显低于对其突破型新产品的采纳意愿。据此，本文提出如下假设：

H2：产品伤害危机后企业新产品类型通过感知相似性与感知风险的链式中介作用对消费者采纳意愿产生影响。

3.3 产品外观新颖性的调节作用

除了产品功能或功效层面的相似性，产品外观（如实物形状、颜色、图案等）作为产品带给消费者的第一印象，其传递的视觉线索也会影响消费者对于产品之间相似性的感知与判断（Rindova & Petkova，2007；胡学平等，2014；朱振中等，2020）。企业常对现有产品外观特征进行改变，以在视觉上形成与现有产品及消费者预期不一致的产品外观形象。基于此，产品外观新颖性通常被界定为某种产品外观与当前该产品类别典型外观特征的偏离程度，是影响消费者产品评价与选择的重要因素（Mugge & Dahl，2013；Talke et al.，2009；朱振中等，2020）。本研究中，产品外观新颖性特指新产品外观与企业原产品（即引发危机事件的产品）外观特征之间的偏离程度，两者偏离越大，即认为新产品外观新颖性水平越高。

认知心理学领域的研究表明，人们倾向于依据物体之间视觉层面的相似性进行识别与归类，通常将形态相似的物体视作一个类别，组织在一起进行类似的比较与加工（Keil，1992；胡学平等，2014）。产品外观的变化能够提供直观的视觉线索，影响消费者对新旧产品之间相似性的感知（Rindova & Petkova，2007）。消费者也倾向于依据产品外观相似性这一简单明了的外部线索对产品进行分类识别与信息加工（Creusen & Schoormans，2005；Rindova & Petkova，2007）。在此基础上，本研究进一步推测，当新产品的外观新颖性较低时，消费者容易联想起企业原来的产品，也倾向于将外观相似的新产品与原危机产品划分到同一个子类别中，同时由于原产品危机事件具有较高的可诊断性，处于警惕状态的消费者会将新产品与原产品进行较仔细的对比以判定其相似性及其蕴含的风险，基于此，创新程度较低的渐进型新产品（vs. 创新程度较高的突破型新产品）会令消费者产生更强的感知相似性以及更强的风险感知。反之，当新产品的外观新颖性较高时，由于传递出差异化的"第一印象"，消费者则更倾向于将新产品视作与原产品不同的子类别，其对于两者之间相似性的判断有可能基于以下三种路径：第一，由于原危机产品的可接近性较低、危机事件的可诊断性也较低，消费者不再倾向于去联想、参照原危机产品，同时由于认知惰性直接判定新旧产品之间相似性较低；第二，即使消费者仍然联想起原危机产品，但由于此时的注意力焦点与认知资源集中于处理新颖的视觉刺激（Creusen & Schoormans，2005；Rindova & Petkova，2007），在认知资源不足的情况下更倾向于采用基于直觉的启发式系统进行信息加工（Kahneman & Frederick，2002），从而对产品其他信息进行深入加工的倾向降低，导致产品外观新颖性这一简单的外在线索对感知相似性判断的影响作用增强，而产品其他属性尤其是相对复杂的技术层面的属性对感知相似性判断的影响作用减弱；第三，由于初始视觉线索的干扰，消费者倾向于对归为不同子类别的新旧产品进行相异性检验，依据选择通达机制（Mussweile，2003），相异性检验的结果会导致新旧产品之间的差异性感知增强，从而有助于拉开原本改进有限的渐进型新产品与原危机产品之间的差距、削弱其感知相似性。综合上述因素可以推断，当外观新颖性较高时，两类新产品与原危机产品的感知相似性均较低，而且两者在此方面的差异缩小甚至消失。综上所述，本文提出如下假设：

H3：产品外观新颖性能够调节产品伤害危机后企业新产品类型对消费者采纳意愿的影响。当产品外观新颖性较高（vs. 较低）时，涉事企业新产品类型对消费者采纳意愿的影响作用减弱。

本文的研究框架如图 1 所示。

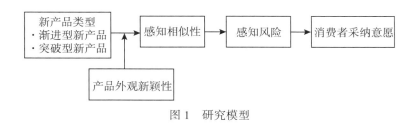

图 1　研究模型

4. 实证研究与假设检验

4.1　研究一：新产品类型对消费者采纳意愿的影响

（1）研究设计。研究一的主要目的是通过消费行为实验法严谨检验产品伤害危机事件发生后涉事企业推出的新产品类型是否会影响消费者的采纳意愿。基于危机溢出效应的视角，研究一也有助于揭示企业过往产品伤害危机事件是否会对其后续新产品产生溢出效应以及对不同类型新产品的溢出效应是否会有所差异。研究采用 2（新产品类型：渐进型新产品 vs. 突破型新产品）×2（产品伤害危机：有 vs. 无）的组间因子设计，其中，过往没有产品伤害危机发生的情境作为实验的参照组。本研究通过见数平台（Credamo）收集数据，剔除其中答题时间过短的 3 名被试，最终样本包含了由 117 名被试提供的数据。其中，45.30% 的被试为男性，平均年龄是 28.90 岁，75.21% 的被试月收入在 1 万元以下（其余 15.39% 在 1 万~1.5 万元，9.40% 在 1.5 万元以上）。

实验采用的刺激物是手机这一常见的电子消费产品。依据实验流程，所有被试通过随机分配进入不同的实验组别。首先，实验对危机事件情境进行操控，产品伤害危机情境组的被试通过阅读材料了解到某虚拟品牌手机曾发生的危机事件，即该品牌手机存在设计缺陷、易在充电时由于温度过高导致手机电池爆炸，致使多名消费者发生不同程度的皮肤烧伤。危机事件材料改编自"三星手机爆炸"事件，且已经过预实验测试。在阅读危机事件材料后，被试需要对事件可信度、严重性等多个方面做出评价。接着，被试阅读到危机事件发生 6 个月后，该涉事企业面向市场推出的新产品相关信息；而非危机情境组被试则跳过危机事件材料刺激，直接进入新产品评价环节。新产品类型的操控材料已经过预实验的检验，其中，渐进型新产品组的介绍材料强调新款手机为原有手机的升级款，优化了充电系统、提升了充电效率，且优化的电路板设计能够减少循环充电对电池的损伤，提升了手机的安全性能；而突破型新产品组的介绍材料则强调新款手机为该品牌全新系列产品，采用先进的光能发电技术、能够将太阳光和人造光转化为手机的电能，突破性地提升了电池的续航能力，增强了手机的安全性能。其后，被试需要对新产品采纳意愿、感知创新程度等多个方面做出评价。最后，被试填写人口统计相关信息，并在实验结束后领取相应的报酬。

实验中主要变量的测量均参考前人的研究且经过预实验的充分检验，均采用七点式李克特量表（1 = 非常不同意，7 = 非常同意）。对于消费者新产品采纳意愿的测量涵盖了产品态度与购买意愿两个方面，包括"我很喜欢这款产品""我非常想要购买这款产品"等五个题项（Herzenstein et al.，2007；Ma et al.，2014）（Cronbach's $\alpha = 0.91$）。感知产品创新程度的测量包括"这款产品具有较强的技术创新"等三个题项（Ma et al.，2014；Ma et al.，2015）（Cronbach's $\alpha = 0.87$）。

（2）研究结果。总体而言，产品伤害危机情境组被试认为对应材料中呈现的产品伤害危机事件较为真实可信（$M = 5.85$，SD = 0.85）并且性质较为严重（$M = 5.98$，SD = 0.98）。操控检验结果表明，被试感知的突破型新产品的创新程度显著高于渐进型新产品的创新程度（$M_{突破型} = 5.99$ vs. $M_{渐进型} = 4.53$，$F_{(1, 115)} = 59.75$，$p < 0.001$），与预实验结果一致。

在操控检验得到支持的基础上，首先通过方差分析（ANOVA）刻画不同情境中新产品类型对消费者采纳意愿的影响，结果表明，新产品类型（$M_{渐进型} = 4.62$ vs. $M_{突破型} = 5.46$，$F_{(1, 113)} = 22.53$，$p < 0.001$）、危机事件情境（$M_{产品伤害危机} = 4.55$ vs. $M_{无危机} = 5.57$，$F_{(1, 113)} = 36.58$，$p < 0.001$）以及两者的交互作用（$F_{(1, 113)} = 18.61$，$p < 0.001$）对消费者采纳意愿均具有显著影响，其中，显著的交互作用表明不同情境中新产品类型对消费者采纳意愿的影响存在显著差异。具体而言（如图 2 所示），在作为参照组的非危机情境中，新产品类型对消费者采纳意愿没有产生显著影响，即消费者对于突破型新产品和渐进型新产品的采纳意愿并无显著差异（$M_{渐进型} = 5.54$ vs. $M_{突破型} = 5.61$，$F_{(1, 53)} = 0.22$，$p = 0.65$）。然而，在过往曾发生产品伤害危机的情境中，消费者对涉事企业后续推出的突破型新产品的采纳意愿则显著高于对其推出的渐进型新产品的采纳意愿（$M_{渐进型} = 3.82$ vs. $M_{突破型} = 5.32$，$F_{(1, 60)} = 28.70$，$p < 0.001$）；在充分考虑危机事件严重性（$F_{(1, 58)} = 1.32$，$p = 0.26$）、消费者与危机事件关联度（$F_{(1, 58)} = 0.01$，$p = 0.97$）等控制变量的影响后，涉事企业新产品类型对消费者采纳意愿的影响仍然显著（$F_{(1, 58)} = 29.61$，$p < 0.001$）。因此，H1 得到有力支持。

事后比较结果进一步表明，与过往没有危机事件发生的情境相比，消费者在产品伤害危机情境中对渐进型新产品的采纳意愿显著降低（$M_{无危机} = 5.54$ vs. $M_{产品伤害危机} = 3.82$，$F_{(1, 58)} = 36.09$，$p < 0.001$）；尽管消费者对突破型新产品的采纳意愿也有所降低（边际显著），但相对而言变化的幅度很小（$M_{无危机} = 5.61$ vs. $M_{产品伤害危机} = 5.32$，$F_{(1, 55)} = 3.29$，$p = 0.08$）。由此也表明，企业过往产品伤害危机事件大幅降低了消费者对涉事企业后续渐进型新产品的采纳意愿，而对其采纳突破型新产品的意愿影响较弱。

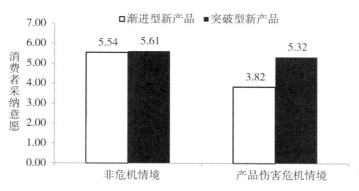

图 2　新产品类型对消费者采纳意愿的影响

（3）讨论。研究一的结果表明，企业应高度警惕并充分评估过往产品伤害危机事件对其后续新产品产生的负面溢出效应，以形成合理的市场预期。此外，不同于非危机情境，在产品伤害危机事件发生后，涉事企业后续推出不同类型的新产品极有可能引发截然不同的市场反响。相较于企业在危机后推出的渐进型新产品，消费者对其推出的突破型新产品的采纳意愿更高。换言之，曾经发生的产品伤害危机事件对涉事企业后续推出的渐进型新产品（vs. 突破型新产品）产生了更强的负面溢出效应。在此基础上，接下来的研究旨在继续深入探索导致这一效应的深层作用机制以及潜在的边界条件。

4.2　研究二：感知相似性和感知风险的链式中介作用

（1）研究设计。研究二的主要目的一是通过变换产品类型与危机事件材料以进一步检验研究一结果的稳定性，二是严谨检验产品伤害危机后涉事企业新产品类型作用于消费者采纳意愿的潜在心理作用机制。研究采用 2（新产品类型：渐进型新产品 vs. 突破型新产品）×2（产品伤害危机：有 vs. 无）的组间因子设计，其中，过往没有危机事件发生的情境作为控制组。本研究通过见数（Credamo）平台招募被试并收集样本数据，共有 177 名被试参与了实验，其中约 46.20% 的被试是男性，平均年龄是 30.41 岁，63.80% 的被试月收入在 1 万元以下（其余 23.20% 在 1 万 ~ 1.5 万元，13.00% 在 1.5 万元以上）。

实验采用的刺激物是充电宝，实验总体流程与研究一类似。首先，针对危机事件情境进行操控，产品伤害危机情境组被试通过阅读相关材料了解到某虚拟品牌充电宝被媒体曝光存在品控缺陷导致充电时自燃并因此烫伤消费者的危机事件（材料改编自罗马仕等品牌充电宝自燃事件，且已经过预实验测试）。在阅读危机事件材料后，被试需要对事件可信度、严重性等多个方面做出评价。接着，危机情境组被试阅读到危机事件发生 10 个月后，该涉事企业面向市场推出的新产品相关信息；而非危机情境组被试则在阅读一段财经新闻材料后进入新产品评价环节。实验仍然通过已经过预实验测试的介绍材料操控新产品类型，其中，渐进型新产品组被试了解到该款新产品为原有充电宝的升级款，研发团队改善了生产工艺，强化了过充和短路保护，扩充了电池容量，增强了充电宝的安全性和耐用性；而突破型新产品组被试则了解到此款新产品为该品牌推出的全新系列产品，区别于传统充电宝，新款充电宝拥有十余项新专利，能够有效规避电流过充问题、增强安全性，同时突破性地实现了将光能转化为电能的新技术应用。其后，被试需要对新产品采纳意愿、感知创新程度、感知相似性以及感知风险等多个方面做出评价。最后，被试填写人口统计相关信息，并在实验结束后领取相应的报酬。

实验中对于消费者采纳意愿、感知产品创新程度等变量的测量与研究一保持一致。同时增加了对消费者创新特质测量，包括"我喜欢尝试使用具有新型功能的产品"等三个题项（Ma et al.，2015；Mugge & Dahl，2013）。此外，感知相似性的测量包括"新款产品和原款产品给我相似的感觉"等五个题项（Gierl & Huettl，2011；方正等，2013）（Cronbach's $\alpha = 0.77$）。感知风险的测量包括"新产品存在安全隐患"等三个题项（Dawar & Pillutla，2000；Ma et al.，2015）（Cronbach's $\alpha = 0.90$）。实验中主要变量的测量均采用七点式李克特量表。

（2）研究结果。操控检验结果表明，被试感知的突破型新产品的创新程度显著高于渐进型新产品的创新程度（$M_{渐进型} = 5.08$ vs. $M_{突破型} = 6.02$，$F_{(1, 175)} = 33.36$，$p < 0.001$），与预实验结果一致。在操控检验得到支持的基础上进行方差分析，结果表明，在考虑消费者创新特质这一控制变量的影响（$F_{(1, 172)} = 112.40$，$p < 0.001$）后，新产品类型（$M_{渐进型} = 5.43$ vs. $M_{突破型} = 5.95$，$F_{(1, 172)} = 10.82$，$p = 0.001$）与危机事件情境（$M_{产品伤害危机} = 5.43$ vs. $M_{无危机} = 5.94$，$F_{(1, 172)} = 16.10$，$p < 0.001$）对消费者采纳意愿的影响均显著，同时，两者的交互作用对消费者采纳意愿也具有显著影响（$F_{(1, 172)} = 8.87$，$p = 0.003$），由此表明不同情境中新产品类型对消费者采纳意愿的影响存在显著差异。具体而言（如图3所示），在企业过往无危机事件发生的情境中，新产品类型对消费者采纳意愿的影响不显著，即消费者对两类新产品的偏好不存在显著差异（$M_{渐进型} = 5.87$ vs. $M_{突破型} = 6.00$，$F_{(1, 87)} = 0.95$，$p = 0.33$）。然而，在企业过往曾发生产品伤害危机事件的情境中，消费者对涉事企业后续推出的突破型新产品的采纳意愿则显著高于对其推出的渐进型新产品的采纳意愿（$M_{渐进型} = 4.95$ vs. $M_{突破型} = 5.90$，$F_{(1, 86)} = 18.52$，$p < 0.001$）；即使在充分考虑危机事件严重性（$F_{(1, 83)} = 0.45$，$p = 0.51$）、消费者与危机事件关联度（$F_{(1, 83)} = 0.06$，$p = 0.81$）以及消费者创新特质（$F_{(1, 83)} = 59.72$，$p < 0.001$）等控制变量的影响后，新产品类型对消费者采纳意愿的影响仍然显著（$F_{(1, 83)} = 17.34$，$p < 0.001$）。因此，H1再次得到有力支持。事后比较结果进一步表明，与过往无危机事件情境相比，消费者在产品伤害危机情境中对渐进型新产品的采纳意愿显著降低（$M_{无危机} = 5.87$ vs. $M_{产品伤害危机} = 4.95$，$F_{(1, 89)} = 16.98$，$p < 0.001$），但对突破型新产品的采纳意愿却没有发生显著变化（$M_{无危机} = 6.00$ vs. $M_{产品伤害危机} = 5.90$，$F_{(1, 84)} = 0.76$，$p = 0.39$）。

在产品伤害危机情境中，相对于突破型新产品，消费者感知渐进型新产品与原危机产品之间的相似性更高（$M_{渐进型} = 4.23$ vs. $M_{突破型} = 3.49$，$F_{(1, 86)} = 13.56$，$p < 0.001$），对渐进型新产品的感知风险也更强（$M_{渐进型} = 3.47$ vs. $M_{突破型} = 2.57$，$F_{(1, 86)} = 11.95$，$p = 0.001$）；而感知相似性（$\beta = -0.58$，$F_{(1, 86)} = 31.56$，$p < 0.001$）与感知风险（$\beta = -0.72$，$F_{(1, 86)} = 172.81$，$p < 0.001$）对消费者采纳意愿均具有显著的负向影响。在此基础上，参照Hayes（2013）提供的Bootstrapping方法进一步开展中介效应检验，以新产品类型为自变量、消费者采纳意愿为因变量、感知相似性和感

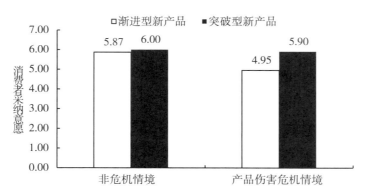

图 3　不同情境中新产品类型对消费者采纳意愿的影响

知风险为潜在的链式中介变量，选择模型 6，基于 5000 样本量的重复测试结果表明（如图 4 所示），感知相似性和感知风险的链式中介作用的间接效应大小为 0.16（SE = 0.08），其对应的 95% 置信区间为 [0.02, 0.33]，该区间不包含 0，表明链式中介效应显著，即新产品类型通过感知相似性和感知风险的链式中介作用对消费者采纳意愿产生影响。因此，H2 也得到支持。

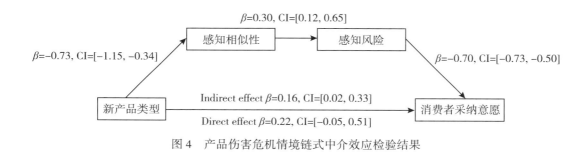

图 4　产品伤害危机情境链式中介效应检验结果

（3）讨论。研究二的结果再次表明，不同于企业过往无危机事件发生的常态情境，在产品伤害危机事件发生后，涉事企业的新产品类型对消费者采纳意愿具有不可忽视的影响，表现为消费者对其推出的突破型新产品的采纳意愿显著高于对其推出的渐进型新产品的采纳意愿。究其原因，主要在于消费者对涉事企业后续推出的渐进型新产品（vs. 突破型新产品）的感知创新程度相对较低，对这类新产品与原危机产品之间的感知相似性更强、感知风险也相应更高，从而对此类新产品的采纳意愿也相对较低。

进一步对比分析的结果表明，在非危机情境中，消费者对渐进型新产品的感知风险显著低于对突破型新产品的感知风险（$M_{渐进型} = 2.13$ vs. $M_{突破型} = 2.55$，$F(1, 87) = 6.40$，$p = 0.013$），这点与前人的研究结论一致（Herzenstein et al., 2007；Hoeffler, 2003；朱华伟等，2022）。然而，若企业过往曾发生产品伤害危机事件，则会导致消费者在认知、评判企业新产品风险时高度警惕危机事件再次发生的可能性。故此，相对于非危机情境，在产品伤害危机情境中由于渐进型新产品与原危机产品相似性较高，消费者对其感知风险显著提升（$M_{无危机} = 2.13$ vs. $M_{产品伤害危机} = 3.47$，$F(1, 89) = $

29.02，$p<0.001$）并因此对其采纳意愿显著降低（$M_{无危机}=5.87$ vs. $M_{产品伤害危机}=4.95$，$F(1,89)=16.98$，$p<0.001$）；而他们对与原产品差异较大的突破型新产品的感知风险（$M_{无危机}=2.55$ vs. $M_{产品伤害危机}=2.57$，$F(1,84)=0.01$，$p=0.922$）及采纳意愿（$M_{无危机}=6.00$ vs. $M_{产品伤害危机}=5.90$，$F(1,84)=0.76$，$p=0.385$）则没有发生明显变化。换言之，在产品伤害危机情境中，消费者对渐进型新产品感知风险的显著提升使两类新产品在感知风险层面的优劣势发生逆转，导致渐进型新产品（vs. 突破型新产品）在创新程度与感知风险方面均处于劣势位置，因此，消费者表现出对此类新产品显著更低的采纳意愿。

4.3　研究三：产品外观新颖性的调节作用

（1）研究设计。研究三的主要目的在于严谨检验产品外观新颖性是否会进一步调节产品伤害危机后企业新产品类型对消费者采纳意愿的影响。研究采用2（新产品类型：渐进型新产品 vs. 突破型新产品）×2（产品外观新颖性：较低 vs. 较高）×2（产品伤害危机：有 vs. 无）的组间因子设计，其中，过往没有产品伤害危机发生组为实验的参照组。本次实验仍然通过见数（Credamo）平台广泛招募被试并收集现实消费者样本数据，最终的样本构成为282名被试提供的数据，其中约35.07%的被试是男性，平均年龄是30.05岁，62.85%的被试月收入在1万元以下（其余28.47%在1万~1.5万元，8.68%在1.5万元以上）。

实验采用的刺激物是蓝牙耳机，实验流程与前两项研究类似。首先，产品伤害危机情境组的被试通过阅读材料了解到某虚拟品牌耳机曾发生的产品伤害危机事件，即被媒体曝光其材质中含有易致敏的成分，已导致多名消费者出现皮肤过敏反应甚至引起中耳炎（改编自OPPO等品牌耳机致敏事件）。其后，被试阅读到距危机事件发生8个月后，该品牌耳机向市场推出的新产品相关信息；而非危机情境即参照组的被试则在阅读一段社会新闻材料后直接进入新产品评价环节。其中，渐进型新产品组强调该款新产品为原有耳机的升级款，升级了耳机材质，即使长时间佩戴也很舒适，新增了快充功能，并强化了全景声环绕音效；而突破型新产品组强调此款新产品为该品牌推出的全新系列产品，区别于传统耳机，新款耳机除了在立体音效和降噪功能方面具有跨越式的提升，还可将运动时产生的动能转化成电能自动给耳机充电。同时，被试会通过图片（如图5所示）与文字介绍了解到新产品外观的相关信息：产品外观新颖性较低组被试看到的是新款产品延续了以往蓝牙耳机的圆形外观设计，但更加小巧且便于携带；而产品外观新颖性较高组被试看到的则是新款产品区别于以往蓝牙耳机的圆形外观设计、采取手环嵌入式设计，更便于消费者携带。之后，被试需要对新产品采纳意愿、感知产品创新程度及产品外观新颖性等多个方面做出评价。最后，被试填写个人创新特质以及人口统计相关信息，并在实验结束后领取相应的报酬。

实验中对于消费者采纳意愿、感知产品创新程度、感知相似性、感知风险以及消费者创新特质等变量的测量与研究一、研究二保持一致。此外，产品外观新颖性的测量包括"该产品外观设计很新颖"等三个题项（Mugge & Dahl，2013；朱振中等，2020）（Cronbach's $\alpha=0.91$）。同时实验中增加了对信息处理流畅性的测量，包括"我认为新产品的相关信息是容易理解的"等三个题项（Ma et al.，2015），以排除其对研究结论的潜在影响。

（产品外观新颖性低）　　　（产品外观新颖性高）

图 5　研究三中对产品外观新颖性的操控材料

（2）研究结果。操控检验结果表明，被试感知的突破型新产品的创新程度显著高于渐进型新产品的创新程度（$M_{突破型}$ = 6.02 vs. $M_{渐进型}$ = 5.42，F（1，280）= 41.95，$p<0.001$）；另外，手环外观组被试对产品外观新颖性的评价显著高于传统外观组被试做出的评价（$M_{外观新颖性高}$ = 5.92 vs. $M_{外观新颖性低}$ = 4.14，F（1，280）= 152.01，$p<0.001$），且产品外观新颖性对感知创新程度不存在显著影响（$M_{外观新颖性高}$ = 5.79 vs. $M_{外观新颖性低}$ = 5.65，F（1，280）= 1.92，p = 0.17）。由此表明实验对于新产品类型以及产品外观新颖性的操控是有效的。

在操控检验得到支持的基础上进行方差分析，结果表明，在考虑消费者创新特质（F（1，272）= 42.14，$p<0.001$）与信息处理流畅性（F（1，272）= 12.47，$p<0.001$）等控制变量的影响后，新产品类型与产品外观新颖性的交互作用对消费者采纳意愿的影响显著（F（1，272）= 5.52，p = 0.02），同时，它们与危机事件情境的三阶交互作用也显著（F（1，272）= 7.23，p = 0.008），由此表明新产品类型与产品外观新颖性的交互作用对消费者采纳意愿的影响在不同情境中具有显著差异。具体而言，在过往无危机事件情境中，除消费者创新特质（F（1，135）= 26.90，$p<0.001$）与信息处理流畅性（F（1，135）= 23.59，$p<0.001$）这两个控制变量的影响显著以外，新产品类型（$M_{渐进型}$ = 5.857 vs. $M_{突破型}$ = 5.863，F（1，135）= 2.44，p = 0.12）、产品外观新颖性（$M_{外观新颖性低}$ = 5.87 vs. $M_{外观新颖性高}$ = 5.85，F（1，135）= 0.18，p = 0.67）以及两者的交互效应（F（1，135）< 0.01，p = 0.98）对消费者采纳意愿的影响均不显著。然而，在产品伤害危机情境中，充分考虑消费者创新特质（F（1，133）= 22.39，$p<0.001$）、信息处理流畅性（F（1，133）= 4.04，p = 0.05）、危机事件严重性（F（1，133）= 0.78，p = 0.38）以及危机事件与消费者关联度（F（1，133）= 0.20，p = 0.66）等因素的影响后，涉事企业推出的新产品类型对消费者采纳意愿仍然产生了显著影响，表现为消费者对突破型新产品的采纳意愿显著高于对渐进型新产品的采纳意愿（$M_{渐进型}$ = 5.06 vs. $M_{突破型}$ = 5.75，F（1，133）= 16.88，$p<0.001$）。故此，H1 再次得到支持。另外，虽然涉事企业新产品的外观新颖性对消费者采纳意愿的主效应影响不显著（$M_{外观新颖性低}$ = 5.21 vs. $M_{外观新颖性高}$ = 5.61，F（1，133）= 2.20，p = 0.14），但其与新产品类型的交互作用对消费者采纳意愿具有显著影响（F（1，133）= 6.99，p = 0.009）。事后比较结果表明（如图 6 所示），当产品外观新颖性较低时，企业在危机后推出的新产品类型对消费者采纳意愿具有显著影响，即相对于渐进型新产品，被试对突破型新产品的采纳意愿更强（$M_{渐进型}$ = 4.62 vs. $M_{突破型}$ = 5.79，F（1，68）= 16.20，$p<0.001$）；然而，当产品外观新颖性较高时，涉事企业推出的新产品类型对消费者采纳意愿则不再产生显著影响（$M_{渐进型}$ = 5.50 vs. $M_{突破型}$ = 5.72，F（1，69）= 0.98，p = 0.33）。因此，H3 得到支持。

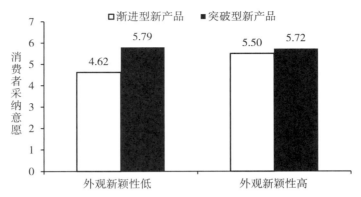

图 6　危机后企业新产品类型与产品外观新颖性的交互作用对消费者采纳意愿的影响

针对产品伤害危机情境，Bootstrapping 中介效应检验结果表明，新产品类型通过感知相似性与感知风险的链式中介作用对消费者采纳意愿产生影响（Model = 6，$N = 5000$，$\beta = 0.39$，SE = 0.11，CI = [0.19, 0.63]，不包含 0），H2 再次得到支持。有调节的中介效应检验结果进一步表明，新产品类型与产品外观新颖性的交互作用仍然是通过感知相似性与感知风险这一链式中介机制对消费者采纳意愿产生影响（Model = 83，$N = 5000$，$\beta = -0.34$，SE = 0.17，CI = [-0.70, -0.02]，不包含 0），而并非通过信息处理流畅性的中介作用产生影响（Model = 7，$N = 5000$，CI = [-0.61, 0.05]，包含 0）。

（3）讨论。与前两项研究的结果一致，研究三的结果同样表明，企业曾经发生的产品伤害危机事件会对其后续渐进型新产品的推广产生不可忽视的负面溢出效应（$M_{无危机} = 5.86$ vs. $M_{产品伤害危机} = 5.06$，$F(1, 139) = 21.04$，$p < 0.001$），但对其突破型新产品推广的影响却微乎其微（$M_{无危机} = 5.86$ vs. $M_{产品伤害危机} = 5.75$，$F(1, 139) = 1.01$，$p = 0.32$）。换言之，产品伤害危机后企业的新产品类型对消费者采纳意愿具有重要影响，涉事企业推出创新程度更大的突破型新产品比推出改良性质的渐进型新产品更容易获得消费者采纳；而这种影响会进一步受到产品外观新颖性的制约。对于存在产品伤害危机史的企业而言，在后续新产品的设计与生产中若能着力提升渐进型新产品的外观新颖性将有助于削弱其与原危机产品的相似性（$M_{外观新颖性低} = 4.01$ vs. $M_{外观新颖性高} = 3.24$，$F(1, 68) = 12.93$，$p = 0.001$），从而降低消费者的感知风险（$M_{外观新颖性低} = 4.02$ vs. $M_{外观新颖性高} = 2.96$，$F(1, 68) = 8.88$，$p = 0.004$）并最终增强消费者的采纳意愿（$M_{外观新颖性低} = 4.62$ vs. $M_{外观新颖性高} = 5.50$，$F(1, 68) = 7.69$，$p = 0.007$）；反之，由于突破型新产品在技术层面的颠覆性创新已充分与原危机产品拉开差距，在感知相似性已经很低的情况下继续提升其外观新颖性则不会再对消费者采纳意愿产生可观的积极影响（$M_{外观新颖性低} = 5.79$ vs. $M_{外观新颖性高} = 5.72$，$F(1, 69) = 0.17$，$p = 0.68$）。

5. 讨论

5.1　研究结论

随着网络的普及以及社会监督力量的增强，产品伤害危机事件的曝光及其对涉事企业的巨大冲击已得到业界与理论界的共同关注与广泛探讨，尤其在于危机事件后企业采用何种修复策略更有助于实现消费者与品牌关系再续、重新赢得市场。在前人的研究基础上，本研究聚焦于深入探讨过往产品伤害危机事件对企业后续新产品推广潜在的溢出效应，尤其在于危机事件后企业推出创新程度较大的突破型新产品（vs. 渐进型新产品）是否更有助于抑制此种负面溢出效应。

基于三项消费行为实验的研究结果表明，对于存在产品伤害危机史的企业而言，一方面，受危机事件负面溢出效应的影响，其后续推出的新产品不易获得消费者采纳；另一方面，危机后企业推出的新产品类型会成为影响消费者采纳意愿的关键因素——创新程度更大的突破型新产品比渐进型新产品更有可能重新获得消费者接纳；换言之，企业过往产品伤害危机事件对其后续渐进型新产品产生的负面溢出效应远强于对突破型新产品的负面溢出效应。导致这一影响效应的深层心理机制在于渐进型新产品（vs. 突破型新产品）的创新程度有限，消费者感知其与企业原危机产品之间的相似性更高，从而感知风险也更强，因此对这类新产品的采纳意愿也相应更低；即危机后新产品类型通过感知相似性与感知风险的链式中介作用对消费者采纳意愿产生影响。

此外，危机后企业新产品类型对消费者采纳意愿的影响还会受到产品外观新颖性的制约。当产品外观新颖性较低时，涉事企业的新产品类型对消费者采纳意愿具有显著影响，表现为消费者对渐进型新产品的采纳意愿显著低于对突破型新产品的采纳意愿；然而，当产品外观新颖性较高时，危机后新产品类型对消费者采纳意愿的影响则不再显著。

5.2 理论贡献

本研究结论能够在如下四个方面对现有研究与认知形成有益补充，对产品伤害危机管理及新产品评价与采纳研究做出了有价值的理论贡献。

首先，现有研究已经证实产品伤害危机会向市场上类似的产品与关联产品溢出（Lei et al., 2008；范宝财等，2014），本文拓展了产品伤害危机溢出效应的研究内容。现有研究对产品伤害危机溢出效应的探讨主要基于内部和外部两种视角，基于内部视角的研究大多聚焦于横向剖析产品伤害危机对企业内部其他品牌与产品的溢出（Lei et al., 2008；范宝财等，2014），但产品伤害危机对企业后续新产品的影响，以及企业后续的新产品类型对产品伤害危机的修复又会产生怎样的影响，这些问题尚不明确。而本研究将此视角拓展至基于纵向时间线探索企业过往发生的产品伤害危机事件对其后续新产品的潜在溢出效应及其作用机制，并将新产品区分为渐进型新产品和突破型新产品以展开对比分析，由此发现产品伤害危机对企业后续渐进型新产品产生的负面溢出效应显著强于对其突破型新产品产生的负面溢出效应。

其次，尽管新产品采纳意愿文献中已有大量研究探索其影响因素，诸如新产品特征、消费者个体因素以及各种情境因素，但本研究创新性地将产品伤害危机情境引入新产品采纳意愿研究，进而辨识出危机情境中消费者新产品采纳意愿的影响因素及其作用机制与非危机情境的差异。现有研究发现新产品类型对消费者采纳意愿的影响主要取决于消费者个体因素以及情境因素（Herzenstein et al., 2007；Ma et al., 2014；黄静等，2019；朱华伟等，2022）；而本研究补充指出在产品伤害危机情境中，新产品类型是影响消费者重新采纳意愿的关键因素，改进更大的突破型新产品（vs. 渐进型新产品）更容易获得消费者采纳。另外，已有文献指出产品外观新颖性既有可能由于独特的符号价值与差异化形象促进消费者采纳（Rubera，2014；Talke et al.，2017），也有可能降低消费者对产品可靠性与易用性的感知（Mugge et al.，2018）、增强产品蕴含的社会风险（朱振中等，2020），进而阻碍消费者采纳。本研究进一步指出，在产品伤害危机事件发生后，着力提升产品外观新颖性对促进渐进型新产品（vs. 突破型新产品）的采纳具有更为重要的意义与价值。

再次，本文将产品伤害危机情境、新产品类型与消费者采纳意愿联系起来进行研究后进一步挖掘出其中的心理作用机制，揭示出感知相似性和感知风险的链式中介作用，指出在企业过往危机史的影响下，新产品与原产品之间的相似性会成为影响消费者风险感知的关键因素，此时原本不确定性风险更小的渐进型新产品会失去其比较优势，而具有更大突破性、对原产品颠覆更大的突破型新产品则更容易得到消费者青睐。这一点在已有文献中未能充分阐释。本文运用消费行为实验法探索出这一结论，丰富了现有文献对新产品类型影响消费者采纳意愿的研究视野，对深入剖析新产品类型与消费者采纳意愿之间的联系提供了有价值的见解，有助于对危机发生后新产品开发策略的思考和分析。

最后，本研究拓宽了企业可采取危机修复策略的研究思路。现有研究对危机修复策略的探讨主要集中于企业社会责任策略（Kim & Choi，2018；白琳和高洁，2023），而本研究关注到新产品开发对危机修复的影响，进一步表明涉事企业在产品层面的研发与创新对于修复危机负面影响也具有重要意义。不同于以往研究对危机后企业形象修复的关注，本研究更关注并强调危机后企业在市场销量与市场份额上的修复，并补充指出危机后新产品传递出的创新性与差异化感知是重新获得消费者采纳的关键，企业可从技术层面与外观设计层面着手寻求突破，以重获市场关注与青睐，从而尽早摆脱危机事件的负面影响、加速恢复其市场地位。

5.3　管理启示

本研究的结论对企业经营管理者而言也具有一定的启示。企业应警惕过往产品伤害危机事件对其后续新产品推广产生的负面溢出效应。考虑到此类溢出效应的存在，企业在后续经营中应更注重技术突破与创新，有针对性地选择开发与原危机产品差别更明显、突破更大的新产品，从而有助于削弱消费者对新旧产品之间相似性的感知及在此基础上对风险的评估，也就更有可能重新获得消费者的认可与接纳、实现消费者与品牌关系再续。换言之，选择适宜的新产品开发策略有助于企业重新占领市场，修复危机事件对品牌与企业经营的负面影响，重整旗鼓、东山再起。

尽管本研究结果表明危机事件后推出突破型新产品是涉事企业的最优选择，然而，在竞争日益白热化的成熟市场中企业开展技术创新愈发困难、技术创新的成本也愈发高昂，部分企业受外部环境或自身条件诸如研发能力与研发经费（尤其是产品伤害危机导致市场业绩急剧下滑造成研发投入受限）等因素限制在短期内只能开展渐进型创新。在这种情况下，企业应充分认识到除了产品功效或技术层面的相似性，产品外观新颖性这一视觉线索也有助于消费者对新产品产生差异化的"第一印象"、影响其对新旧产品之间相似性的感知进而影响其新产品采纳意愿。因此，对于开展渐进型创新的企业而言，可以通过在产品外观设计层面着力提升新产品外观（包括实物形状、颜色、图案等）的新颖性（胡学平等，2014；Rindova & Petkova，2007），传递全新的产品形象，达到让消费者"耳目一新"的效果，不仅有助于切断与原危机产品的关联，而且有助于让消费者感受到企业在产品危机事件上"穷则思变"的反省与反思，从而更容易获得消费者的重新接纳。

5.4 研究局限与未来研究方向

尽管三个消费行为实验的实证数据有力支持了本研究模型与各项假设，但本研究仍然存在如下几方面的局限，有待后续研究继续深入探索并加以改进。

首先，为了排除真实品牌相关因素对研究结果可能造成的干扰，本研究在一系列实验设计中只采用了虚拟品牌进行产品伤害危机情境构建。然而在现实生活中，消费者对某一品牌推出的新产品的评价不可避免地会受到品牌因素（如品牌知名度、品牌典型性、品牌实力、品牌来源国形象以及新产品是否采用新品牌）、情境因素（如消费者与品牌关系）等影响。因此，未来的研究可进一步探讨这些因素与危机情境下消费者新产品采纳意愿的潜在联系，从而构建出更为精准也更贴近现实情况的危机事件后消费者对新产品的采纳意愿模型。另外，产品伤害危机事件本身的性质（如严重性、可辩解性、危机归因类型等）以及涉事企业的应对方式（如是否道歉、是否给予补偿等）也可能会影响消费者对涉事企业的态度。因此，后续研究可继续深入探析这些因素会如何影响消费者的宽恕意愿及其与品牌关系再续意愿，从而进一步明确界定涉事企业新产品策略与新产品类型能够作用于消费者采纳意愿的前提与边界条件。再者，尽管产品伤害危机是企业危机事件的一种常见类型，但除此以外，企业危机事件还包括企业道德型危机、道德引致产品性能型危机等其他类型（庄爱玲和余伟萍，2011）。相对于非危机情境，在其他类型危机中尤其是当危机事件并非由产品层面的问题导致时，消费者对涉事企业后续新产品的采纳意愿会如何变化以及是否仍然会表现出对突破型新产品（vs. 渐进型新产品）的偏好也值得后续研究深入探索。

其次，延续营销领域大部分前人的研究，本研究仍然依据产品技术层面的创新这一标准将新产品区分为渐进型新产品与突破型新产品这两种类型（Song & Montoya-Weiss，1998；Mugge & Dahl，2013；Ma et al.，2014）。然而，一些学者对产品创新这一问题也有不同的看法，例如，Talke 等（2009，2017）认为，产品创新性（product innovativeness）应区分为技术层面的创新与外观设计层面的创新两个维度，这两个维度均会影响产品新颖性（newness）进而有助于提升产品销量。鉴于此，后续研究也可考虑采取多个维度综合界定及测量产品创新性，并在此基础上进一步验证本研究结果的稳定性，以及综合考虑消费群体特质因素（如自我建构、思维模式等）可能发挥的潜在调节作用。此外，即使是在危机情境中，产品创新性提升到一定程度后有可能导致感知风险急剧提升（Ma et al.，2015），其对消费者采纳意愿是始终具有积极影响还是存在影响作用的上限也有待后续研究进一步检验。

再次，以往研究主要以市场上某类产品现有外观特征的平均水平为参照以衡量新产品的外观新颖性，外观新颖性越高意味着与市场上现有产品典型外观偏离程度越大（Mugge & Dahl，2013；Talke et al.，2009；朱振中等，2020）。尽管在本研究中产品外观新颖性特指新产品外观与企业原产品（即引发危机事件的产品）外观特征之间的偏离程度，但在实验具体操作中原产品的外观被设定为市场上该品类现有产品的典型外观从而新产品的外观新颖性仍然体现为与现有产品典型外观的偏离程度，因此在操作层面并未偏离以往研究对这一概念的界定。对此，后续研究可更严谨考量新产品外观虽与企业原产品外观偏离较大但与市场上其他企业现有产品外观较为类似这一特殊情形，以检验本研究结果的稳定性或做出新的补充。另外，本研究发现产品外观新颖性能够调节新产品类型对消费者采纳意愿的影响，但其中一个基本的假设在于消费者在视觉差异化线索干扰下的启发式信息处理方式，对此，后续研究可继续深入探讨当通过操控引导消费者采用分析式信息处理方式或投入更多认知努力时，或是对于具备更多产品专业知识的专家型（vs. 新手型）消费者而言，即使是在高外观新颖性的情况下是否仍能辨识出两类新产品在（与原危机产品）感知相似性上的差异从而仍然表现出对突破型新产品更强的偏好，导致产品外观新颖性的调节作用不再显著。

最后，本研究在实验设计中参照部分企业实践将危机事件发生与企业后续推出新产品的时间间隔设定在一年以内，但考虑到"时间打折"效应的存在（Ma et al., 2014），后续研究一方面可继续探讨危机事件与新产品面市之间更长的时间间隔是否有助于弱化危机事件对新产品的负面溢出效应，另一方面，也可深入探讨这一时间间隔长短是否会进一步制约危机后新产品类型对消费者采纳意愿的影响。

◎ 参考文献

[1] 白琳，高洁 . "私"之不存，"公"将焉附？——产品伤害危机后 CSR 策略的修复机理研究 [J]. 珞珈管理评论，2023，49（4）.

[2] 范宝财，杨洋，李蔚 . 产品伤害危机属性对横向溢出效应的影响研究——产品相似性和企业声誉的调节作用 [J]. 商业经济与管理，2014（11）.

[3] 方正，杨洋，李蔚，蔡静 . 产品伤害危机溢出效应的发生条件和应对策略研究——预判和应对其它品牌引发的产品伤害危机 [J]. 南开管理评论，2013，16（6）.

[4] 胡学平，孙继民，曹蕊，姚温青，王美珠 . 实物形状的知觉相似性对视觉隐喻加工的影响 [J]. 心理学报，2014，46（5）.

[5] 黄静，肖皓文，温振洋，陈彦旭 . 更进一步还是重新开始？——思维模式对消费者新产品采用的影响 [J]. 中国软科学，2019（12）.

[6] 黄敏学，李萍，王艺婷 . 新产品评论不一致一定是坏事吗？——基于社会价值视角 [J]. 营销科学学报，2016，12（3）.

[7] 青平，张莹，涂铭，张勇，陈通 . 网络意见领袖动员方式对网络集群行为参与的影响研究——基于产品伤害危机背景下的实验研究 [J]. 管理世界，2016（7）.

[8] 于文领，卜令通，陈玲玲，赵金龙 . 汽车市场产品召回危机对新产品绩效的溢出效应研究 [J]. 工业技术经济，2020，39（11）.

[9] 曾伏娥，陈文斌，何琼 . 消费者新产品采纳的特征 [J]. 心理科学进展，2022，30（6）.

[10] 朱华伟，何斌，温兴琦，李姝瑾 . 环境温度对新产品采用的影响——基于认知资源理论 [J]. 珞珈管理评论，2022，43（4）.

[11] 朱华伟，苏羽，冯靖元 . 代言人类型和产品创新类型对创新产品购买意愿的交互影响 [J]. 南开管理评论，2022（6）.

［12］ 朱振中，李晓君，刘福，Haipeng（Allan）Chen. 外观新颖性对消费者购买意愿的影响：自我建构与产品类型的调节效应［J］. 心理学报，2020，52（11）.

［13］ 庄爱玲，余伟萍. 道德关联品牌负面曝光事件溢出效应实证研究——事件类型与认知需求的交互作用［J］. 商业经济与管理，2011（10）.

［14］ Alexander, D. L., Lynch, J. G., Wang, Q. As time goes by: Do cold feet follow warm intentions for really new versus incrementally new products?［J］. Journal of Marketing Research, 2008, 45（3）.

［15］ Andrew, J. P., Sirkin, H. L. Innovating for cash［J］. Harvard Business Review, 2003, 81（9）.

［16］ Arts, J., Frambach, R. T., Bijmolt, T. Generalizations on consumer innovation adoption: A meta-analysis on drivers of intention and behavior［J］. International Journal of Research in Marketing, 2011, 28（2）.

［17］ Bagga, C. K., Noseworthy, T. J., Dawar, N. Asymmetric consequences of radical innovations on category representations of competing brands［J］. Journal of Consumer Psychology, 2016, 26（1）.

［18］ Borah, A., Tellis, G. J. Halo (spillover) effects in social media: Do product recalls of one brand hurt or help rival brands?［J］. Journal of Marketing Research, 2016, 53（2）.

［19］ Cleeren, K., Dekimpe, M. G., Heerde, H. J. Marketing research on product-harm crises: A review, managerial implications, and an agenda for future research［J］. Journal of the Academy of Marketing Science, 2017, 45（5）.

［20］ Creusen, M. E. H., Schoormans, J. P. L. The different roles of product appearance in consumer choice［J］. Journal of Product Innovation Management, 2005, 22（1）.

［21］ Dahlén, M., Lange, F. A. A disaster is contagious: How a brand in crisis affects other brands［J］. Journal of Advertising Research, 2006, 46（4）.

［22］ Dawar, N., Pillutla, M. M. Impact of product-harm crises on brand equity: The moderating role of consumer expectations［J］. Journal of Marketing Research, 2000, 37（2）.

［23］ Feldman, J. M., Lynch, J. G. Self-generate validity and other effects of measurement on belief, attitude, intention, and behavior［J］. Journal of Applied Psychology, 1988, 73.

［24］ Gierl, H., Huettl, V. A closer look at similarity: The effects of perceived similarity and conjunctive cues on brand extension evaluation［J］. International Journal of Research in Marketing, 2011, 28（2）.

［25］ Hayes, A. F. Introduction to mediation, moderation, and conditional process analysis: A regression-based approach［M］. New York: The Guillford Press, 2013.

［26］ Heidenreich, S., Kraemer, T. Innovations-doomed to fail? Investigating strategies to overcome passive innovation resistance［J］. Journal of Product Innovation Management, 2016, 33（3）.

［27］ Henard, D. H. H., Szymanski, D. M. Why some new products are more successful than others［J］. Journal of Marketing Research, 2001, 38（3）.

［28］ Herzenstein, M., Posavac, S. S., Brakus, J. J. Adoption of new and really new products: The effects of self-regulation systems and risk salience［J］. Journal of Marketing Research, 2007, 44（2）.

[29] Hoeffler, S. Measuring preferences for really new products [J]. Journal of Marketing Research, 2003, 40 (4).

[30] Kahneman, D., Frederick, S. Representativeness revisited: Attribute substitution in intuitive judgment [M]. Cambridge: New York and Melbourne, 2002.

[31] Keil, F. C. Concepts, kinds, and cognitive development [M]. Cambridge: The MIT Press, 1992.

[32] Kim, S., Choi, S. M. Congruence effects in post-crisis CSR communication: The mediating role of attribution of corporate motives [J]. Journal of Business Ethics, 2018, 153 (2).

[33] Lei, J., N. Dawar, and J. Lemmink. Negative spillover in brand portfolios: Exploring the antecedents of asymmetric effects [J]. Journal of Marketing, 2008, 72 (3).

[34] Ma, Z., Gill, T., Jiang, Y. Core versus peripheral innovations: The effect of innovation locus on consumer adoption of new products [J]. Journal of Marketing Research, 2015, 52 (3).

[35] Ma, Z., Yang, Z., Mourali, M. Consumer adoption of new products: Independent versus interdependent self-perspectives [J]. Journal of Marketing, 2014, 78 (2).

[36] Mugge, R., Dahl, D. W. Seeking the ideal level of design newness: Consumer response to radical and incremental product design [J]. Journal of Product Innovation Management, 2013, 30 (S1).

[37] Mugge, R., Dahl, D. W., Schoormans, J. P. L. "What you see, is what you get?" Guidelines for influencing consumers' perceptions of consumer durables through product appearance [J]. Journal of Product Development Management, 2018, 35 (3).

[38] Mussweiler, T. Comparison processes in social judgment: Mechanism and consequences [J]. Psychological Review, 2003, 110 (3).

[39] Nielsen, J. H., Escalas, J. E., Hoeffler, S. Mental simulation and category knowledge affect really new product evaluation through transportation [J]. Journal of Experimental Psychology Applied, 2018, 24 (2).

[40] Rindova, V. P., Petkova, A. P. When is a new thing a good thing? Technological change, product form design, and perceptions of value for product innovations [J]. Organization Science, 2007, 18 (2).

[41] Rubera, G. Design innovativeness and product sales' evolution [J]. Marketing Science, 2014, 34 (1).

[42] Siomkos, G. J., Kurzbard, G. The hidden crisis in product-harm crisis management [J]. European Journal of Marketing, 1994, 28 (2).

[43] Song, X. M., Montoya-Weiss, M. M. Critical development activities for really new versus incremental products [J]. Journal of Product Innovation Management, 1998, 15 (2).

[44] Talke, K., Müller, S., Wieringa, J. E. A matter of perspective: Design newness and its performance effects [J]. International Journal of Research in Marketing, 2017, 34 (2).

[45] Talke, K., Salomo, S., Wieringa, J. E., Lutz, A. What about design newness? Investigating the relevance of a neglected dimension of product innovativeness [J]. Journal of Product Innovation Management, 2009, 26 (6).

［46］ Wu, X. X., Choi, W. J., Park, J. H. "I" see Samsung, but "we" see Samsung and LG：The moderating role of consumers' self-construals and perceived similarity in spillover effect of product-harm crisis ［J］. International Journal of Market Research, 2020, 62 （1）.

［47］ Zhao, M., Hoeffler, S., Dahl, D. W. The role of imagination-focused visualization on new product evaluation ［J］. Journal of Marketing Research, 2009, 46 （1）.

The Impact of Product-harm Crisis on Consumer Adoption
of Radical Versus Incremental New Products

Wang Xia   Huang Suping   Guo Wenjing

（College of Business Administration, Capital University of Economics and Business, Beijing, 100070）

Abstract：In recent years, with the development of Internet and social media, the occurrence of product-harm crisis （PHC） and its spillover effect on similar products has become a fairly common phenomenon. Extended from existing studies, the present research focuses on examining the potential spillover effect of a firm's previous PHC on its subsequent new product adoption, and whether the firm's product innovativeness is helpful to inhibit such spillover effect and thus repair the brand-customer relationship. Based on the associative network model, it is proposed that the preceding performance of a firm's products provides meaningful reference for consumers to evaluate its new products, especially when there was extremely negative event （i. e., PHC）. Furthermore, based on the assimilation and contrast effect model, the previous PHC would have stronger negative impact on the new product which is more comparable and similar to the problematic product. To verify the propositions, the authors conduct three experimental studies. Study 1 aims to examine whether a firm's product innovativeness after PHC can reduce the spillover effect of PHC. The results show that consumers are more willing to adopt the radical （or really） new products than the incremental new products provided by the firms precedingly involved in PHC. Study 2 replicates the results and further explore the psychological mechanism underlying the effect of new product type on consumer adoption after PHC. It is found that consumers' perceived similarity and perceived risk play the chain mediating role in above effect. The purpose of study 3 is to investigate the potential moderating role of visual novelty. The results reveal that the effect of new product type on consumer adoption is weakened when the visual novelty is high （vs. low）. The findings of this research are helpful to enrich the existing cognition about the spillover effect of PHC as well as the influencing factors of new product adoption. In addition, this research provides valuable managerial implications for firms who are seeking to bounce back and regain the favor of customers after the failure of PHC.

Key words：Product harm crisis；New product type；New product adoption；Perceived similarity；Visual novelty

专业主编：寿志钢

顾企互动视角下顾客体验的前因组态研究[*]
——NCA 与 fsQCA 混合方法

●李永发[1]　孔恒洋[1]　陈舒阳[2]

（1　安徽财经大学工商管理学院　蚌埠　233030；2　东南大学经济管理学院　南京　210096）

【摘　要】当前体验经济下顾客体验成为企业吸引顾客和塑造竞争优势的关键所在，学者们越来越关注顾企互动对价值共创的作用，然而过往研究大多关注单一要素对顾客体验的净效应，忽视了多因素间的联动效应。因此，本文基于顾企互动视角，使用 NCA 与 fsQCA 混合方法，对 315 份有效问卷数据进行分析，探索影响顾客体验的商业模式创新类型、资源整合、价值感知、关系倾向和顾客参与的不同组态效应。研究结果表明：引致积极顾客体验的路径有三种类型；提升顾客体验既不能简单追求商业模式创新，也不能简单追求高水平顾客参与；高水平资源整合和价值感知有助于构建积极顾客体验；低水平关系倾向会带来消极顾客体验，但高水平的关系倾向不一定产生积极顾客体验。基于组态理论从顾企互动视角计算积极与消极顾客体验的路径，为企业实践中营造好的顾客体验提供决策依据、增进对策建议的有效性。

【关键词】顾企互动　价值共创　顾客体验　定性比较分析

中图分类号：F713. 55　　　文献标识码：A

1. 引言

顾企互动是指顾客与企业间相互联系，以追求更好的体验（Georgi et al., 2013），是顾客与企业沟通交流的双向行为（Gronroos & Hele, 2010），两者的互动关系会不断变化（李树文等，2023）。体验经济时代，越来越多的企业将顾客纳入生产过程，试图通过与顾客互动解决问题，并获取经济效益（赵宇翔等，2023）。成功的顾客体验管理能够在很大程度上激发顾客的情感反应，促进顾客在

---

* 基金项目：2021 年安徽省社科规划项目（孵化项目）"我国产业政策驱动微笑曲线底部企业商业模式重塑的机制与路径研究"（批准号：AHSKF2021D08）；安徽财经大学研究生科研创新基金项目（重点项目）"后发企业颠覆性技术创新的商业化逻辑优化机制与策略研究"（批准号：ACYC2022013）。

通讯作者：李永发，E-mail：lyf6899 @ 163. com。

价值共创中实现自我认同等价值，维系企业与顾客之间的关系，提供更广泛的价值来源，帮助企业获得难以模仿的竞争优势（闫幸和吴锦峰，2021）。例如，用一杯咖啡传递独特体验的"星巴克"，为顾客全消费旅程设计接触点的"海底捞"，秉承顾客至上原则的"胖东来"等，凭借无微不至的顾客关怀成为业界翘楚（何洁等，2023；胡凯等，2016）。然而，实践中一些企业因为未能管理好顾客体验导致服务失败，甚至影响企业形象（崔明和李明明，2023；郝金磊和尹萌，2018）。例如，线下排队时，企业对插队和大声喧哗等不良行为置之不理，或引起一些冲突与矛盾等。可见，顾客体验的结果在一定程度上取决于顾客与企业的互动水平（Abid et al.，2022；Helkkula，2012）。因此，如何通过有效顾企互动营造好的顾客体验是服务型企业不得不关注的现实挑战。

顾客和企业的各自活动，以及两者互动活动都会影响顾客体验。通过互动（共享信息、收集想法或意见）所产生的信息将影响顾客的感知和体验，从而对顾客的决策过程产生影响（孟韬和刘敏，2015）。现有关于顾企互动的研究，部分学者从顾客角度对其进行分类，如根据互动对象的不同，顾企互动可以分为顾客—产品互动、顾客—机器（如计算机）互动、顾客—顾客互动、顾客—员工互动等（王新新等，2012；马向阳等，2015；涂剑波和张明立，2013）。但仅从顾客单一角度对顾企互动进行讨论，忽略了企业在价值共创中的主体作用（简兆权等，2016）。因此，有学者基于价值共创理论，提出体验可能在不同时期的不同领域中由顾企间的双向互动创造，并将顾企互动领域划分为企业域、顾客域和联合域（Grönroos & Voima，2013），如图 1 所示。在相对封闭的企业域中，企业依据价值主张进行生产、制造、经营活动，并提供潜在价值以影响顾客的价值创造（张洪等，2021）；顾客域内价值创造独立于企业，顾客只与从企业获得的资源互动，并可能受其他顾客的影响（杨学成和涂科，2017；李耀，2015）；联合域中，顾客则通过与企业直接互动创造使用价值，进而实现价值共创（令狐克睿和简兆权，2017）。虽然现有对顾企互动内涵和类型的理论研究较为丰富，但鲜有研究基于顾企互动识别顾客体验的前因条件，尚未有研究清晰说明不同领域的前因条件影响顾客体验的组态效应。

现有文献大多使用定性或定量方法研究顾客体验与其影响因素间的线性关系，解决了单一变量是否产生积极顾客体验的前因条件问题，却未能清晰呈现该变量在何种水平是引致结果的必要条件，以及引致顾客体验差异化的复杂多因素组合效应。为解决该问题，本文引入必要条件分析（Necessary Condition Analysis，NCA），探索影响顾客体验的单一顾企互动必要性水平，并使用模糊集定性比较分析（Fuzzy-set Qualitative Comparative Analysis，fsQCA），描绘引致积极或消极顾客体验的顾企互动组态。使用 NCA 和 fsQCA 的混合方法，旨在厘清顾企互动视角下引致差异化顾客体验的多重路径。预期的贡献和实践价值在于：（1）扩展顾客体验研究，系统探索顾客和企业的互动行为与顾客体验质量之间的复杂关系及实现路径；（2）丰富顾企互动模式研究，实证结果呈现企业主导、顾客主导、联合主导组合的多样性，为不同需求的企业构建积极的顾客体验提供参考；（3）研究结果为企业在体验经济下，依据不同场景设计差异化路径以创造积极的顾客体验提供理论支撑和实践指导。

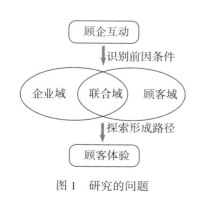

图 1 研究的问题

2. 文献综述与模型构建

2.1 顾企互动与顾客体验

目前，关于顾企互动与顾客体验关系的研究，大多强调双向互动在创建个性化体验时的重要作用（聂津君等，2019）。将顾客体验看作整个生产过程，生产活动由企业主导，顾客通过全程与企业互动参与生产活动，并完成价值创造（Wikström，2019）。上述互动过程中，顾客既是企业的外部资源，又是共同生产者，同时还是产品和服务的购买者与使用者（Lengnick-Hall，1996）。因此，顾客作为竞争力的来源，企业无法在缺乏与其互动的情况下进行生产经营活动，而通过与企业积极互动，顾客在价值创造中由价值消耗者转变为价值创造者，并与企业一起创造个性化体验（刘俊冉，2021）。价值共创的本质是企业与顾客共同创造顾客体验，其中顾客体验是价值的基础，而顾企互动则是价值共创的核心，同时也是实现价值共创的基本方式（何畅等，2023）。通过不断互动和持续对话，顾企双方双向传递信息并交换资源，最终实现互惠双赢。

2.2 顾企互动和价值共创

国内外关于价值共创的研究不断发展和演化。传统价值共创理论以商品主导逻辑为基础，认为价值由企业创造，顾客可以被视作潜在的资源或者共同生产者，在价值创造中扮演价值使用者或破坏者角色（Norman & Ramírez，1993；Wikström，1996）。价值共同生产理论认为，顾客与企业互动是价值创造的核心（Ramírez，1999），顾客开始摆脱价值破坏者身份。伴随"共创"思想的萌芽，价值创造的主体发生变化，企业不再是价值的唯一创造者，顾客在价值创造中的作用逐渐被揭示，二者角色发生转变。基于顾客体验的价值共创理论认为，顾客在价值创造中具有主观能动性，通过与企业互动共同创造个性化体验（Prahalad & Ramaswamy，2000）。之后，服务主导逻辑代替商品主导逻辑，成为理解基于顾客体验的价值共创的新角度，强调企业与顾客之间通过资源整合和互动，共同创造价值（Vargo & Lusch，2004，2006，2008）。由此可见，价值共创本质上是作为"供给方"的企业与作为"需求方"的顾客进行互动并相互作用的结果（张培和刘晓楠，2017）。

2.3 影响顾客体验的因素

价值共创理论下，顾客和企业是共创主体，价值创造是二者互动的结果（朱良杰等，2018），顾客体验则是顾客价值的体现（王新新和万文海，2012）。依据 Grönroos 和 Voima（2013）的观点，顾企互动分为企业域、顾客域和联合域三个领域。企业域内企业的价值创造遵循导向—能力—实践—结果的流程框架（张洪等，2021），其中导向反映了商业模式创新的价值主张，而价值主张是联结企业内外部资源和合作伙伴或其他利益相关者的黏合剂，并影响企业的资源整合和共创实践结果。例如，小米通过调整其商业模式，联合技术供应商，整合和应用信息交互资源，提高用户的使用价值，最终获取竞争优势（冯小亮等，2018）。体验心理学强调顾客的体验结果因人而异，因为个人的感知能力、接收他人评价和独立思考能力、协作能力以及使用服务的倾向不同，相同的产品或服务可能使不同的顾客产生截然相反的体验（Abid et al.，2022）。例如，同一款美妆产品，可能会因为使用者化妆技术水平、他人评价影响或品牌偏好的差异，导致两位顾客对该产品的评价大相径庭。狭义的价值共创更加强调顾企之间的直接互动产生共创使用价值（池仁勇等，2023），并为顾客和企业共同创造价值提供平台，当顾客直接参与产品/服务的设计、生产、制造等环节，更容易实现企业价值和顾客价值，能更好地满足市场需求（朱勤等，2023）。因此，本文将商业模式创新和资源整合视作企业域的顾企互动，将价值感知和关系倾向视作顾客域的顾企互动，将顾客参与视作联合域的顾企互动，研究不同领域的顾企互动对顾客体验的组态效应（如表 1 所示）。

表 1　　　　　　　　　　　　　　**影响顾客体验的因素**

域	影响因素	概念	文献来源
企业域	新颖性商业模式创新	企业与各行动者之间新颖的交易方式，有利于开发新产品、提供新服务、开辟新市场等，进而为顾客创造新价值	Zott & Amit，2008；Ciuchita et al.，2019；陈劲等，2022
	效率性商业模式创新	企业为提高交易效率而采取的行为措施，其目的是降低交易过程中不确定性、复杂性和信息不对称性带来的系统性成本	Zott & Amit，2007；江积海和王烽权，2019；陈劲等，2022
	资源整合	企业将各种资源进行组合以及优化配置的行为，其目的是提高价值创造过程中的企业价值	Sirmon & Hitt，2003；Vargo & Lusch，2016；Zahra et al.，2021
顾客域	价值感知	顾客对交易过程中"得失"的衡量	Zeithaml et al.，1988；范文芳和王千，2022
	关系倾向	顾客相对稳定且有意识地倾向于与特定产品类别的卖家建立关系	De Wulf et al.，2001；陈国平等，2020
联合域	顾客参与	顾客提供创意，与企业共同开发新产品或服务，以提高产品对市场需求的适应性	Fang et al.，2008；卢俊义等，2011；王核成等，2019

2.3.1　商业模式创新

商业模式创新与顾客体验之间有很强的重叠点——新的商业模式通常会影响顾客对自身与企业交互体验的评估，且评估结果对新商业模式的成败产生重大影响（Keiningham et al.，2020）。关于商业模式创新的研究逐渐系统化，其中新颖性和效率性商业模式创新研究受到广泛关注（Zott et al.，2011）。新颖性商业模式创新聚焦创造性的解决方案，如产品和服务的新组合或新颖的交易方式，有利于开发新产品、提供新服务、开辟新市场等，满足顾客不同阶段的新需求或新目标，进而为顾客创造新价值，改善顾客体验质量（Ciuchita et al.，2019）。效率性商业模式创新是指公司通过活动系统设计来降低交易成本以提高效率，包括顾客与企业之间的交互成本，即企业为提高交易效率而采取的措施，其目的是降低交易过程中不确定性、复杂性和信息不对称性带来的系统性成本（Zott & Amit，2007；江积海和王烽权，2019）。新颖性高的商业模式更容易获得先动优势，满足顾客新需求并提供新体验，获得技术优势以及规模经济，从而获取更高绩效；而效率性高的商业模式通过对市场的适应性调整，优化既有知识和技术，能够降低互动成本和改善顾客体验（罗兴武等，2018）。

2.3.2 资源整合

资源整合是指企业组合以及优化配置各种资源的行为，其目的是开发和提供新的价值主张、提高价值创造过程中的企业价值（Sirmon & Hitt，2003；Vargo & Lusch，2016）。与占有资源相比，围绕有限的资源开展活动并获取竞争优势更为重要，即有效利用资源（Sirmon et al.，2010；Sirmon et al.，2007）。价值共创中，企业提供产品并整合包括顾客在内的各种资源，顾客与企业共同创造价值（梁梅朵和范周，2023）。因此，为了创造有效的顾客价值，资源的组合和匹配非常重要。具备较高资源整合能力的企业可以从外部获取所需资源并有效配置、利用，为支持企业发展积极的顾客体验提供合适的活动系统（黄嘉涛，2017；沈颂东和陈鑫强，2020）。整合全渠道资源改善顾客体验并共创价值，有助于实现顾客价值最大化（张建军和赵启兰，2019）。因此，企业通过将自身资源与其他资源正确组合，能够提升顾客体验，获得竞争优势。

2.3.3 价值感知

价值感知是指顾客对交易过程及消费前后感知"利得"与感知"利失"的衡量（Zeithaml et al.，1988；范文芳和王千，2022），是顾客既得利益与既付成本之间的差值。有学者指出，价值感知是影响顾客体验满意度以及后续购买行为的关键因素之一（刘阳等，2021），顾客体验则是顾客对企业提供产品和服务作出的行动回应，是对价值感知的综合评价（Kuppelwieser et al.，2022；易祎晨和史言信，2022），并受顾客价值感知能力的影响。顾企互动视角下，价值感知具体包括实用价值感知和享乐价值感知。其中，实用价值是产品或服务本身的效用，而享乐价值则是指顾企互动过程中，顾客获得的娱乐或情感体验（孙永波等，2018），通过互动获得产品或服务的相关信息和知识，能够从视觉、听觉、触觉等方面增强顾客体验（魏庆刚，2014），并在顾企互动过程中满足顾客的价值需求（卜庆娟等，2016）。

2.3.4 关系倾向

关系倾向是指顾客相对稳定且有意识地倾向于与特定产品类别的卖家建立关系（De Wulf et al.，2001；陈国平等，2020）。基于场景理论，顾客体验来源于不同场景、平台中企业与顾客之间的互动（Khan et al.，2020；Hu et al.，2022），而关系倾向会影响顾客对企业提供产品或服务作出的行动回应（Grönroos，2015），即关系倾向影响顾客体验。优质的顾客体验不仅取决于企业战略及行为，还取决于关系倾向等顾客特质（Hu et al.，2022）。个人动机、倾向和目标的差异性，以及产品或服务本身性能的差别或者他人对该产品或服务的评价都会对顾客体验产生影响（Stein & Ramaseshan，2020）。当顾客倾向于与公司建立长期关系时，往往能培养出更高水平的信任与承诺，企业得到反馈后在实施营销战略时将考虑该类关键顾客，有助于构建积极的顾客体验（Cambra-Fierro et al.，2019）。

2.3.5　顾客参与

顾客参与是指顾客与企业之间的直接互动行为，包含顾客与企业直接对话，并参与产品或服务的生产制造等过程（李耀等，2017）。顾客参与对消费旅程的最终满意度以及忠诚度有显著影响（靳闵等，2019）。顾客在经营过程中被视为企业提供产品或服务的共同伙伴，且与企业一起创造价值（Vargo & Lusch，2008）。在顾客参与过程中所形成的顾客体验，更能为企业带来收益（江积海，2021）。通过增强场景化布局与服务功能，倾听顾客心声，鼓励顾客投入知识并参与价值创造过程，能够提升顾客体验、激发顾客潜能、增加顾客价值、实现价值创新（依绍华和郑斌斌，2021）。顾客参与将顾客从产品使用者转变为共同生产者或价值创造者，这种身份转变能够强化顾客体验，提升顾客黏性（杨楠，2021）。

2.4　研究框架构建

综上所述，学者们对影响顾客体验的前因展开了较为详尽的探索，如商业模式创新（Zott & Amit，2007；江积海和王烽权，2019）、资源整合（黄嘉涛，2017；沈颂东和陈鑫强，2020）、价值感知（孙永波等，2018）、关系倾向（Hu et al.，2022；Stein & Ramaseshan，2020）、顾客参与（江积海，2021；依绍华和郑斌斌，2021）等，关于某单一层面因素对顾客体验的净效应研究已相对完善，但具体在企业域、顾客域、联合域中企业与顾客之间如何互动，以及怎样的互动组合能够创造积极或消极顾客体验尚未被清晰说明。因此，本文基于组态理论，构建如图 2 所示的研究框架。

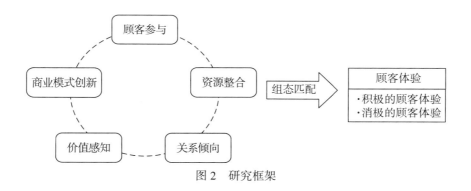

图 2　研究框架

3. 研究方法

3.1　NCA 与 fsQCA 混合的方法

fsQCA 明确将研究样本概念化为条件和结果的组态，采用集合论和布尔代数运算，聚焦于输出导致特定结果发生的前因条件组合，具有关系不对称性、多重等效性和因果复杂性等特点（李永发，2019；Dul et al.，2020；杜运周等，2020），而传统的统计分析方法更关注因果之间的线性关系，无法清晰地判断前因之间的多元并发组合。虽然多元回归也能探索变量之间的交互作用，但当变量过多（一般指大于 3 个）时，变量间复杂的多元共线性会使结果变得过于复杂且难以解释。相较于传统统计分析方法，fsQCA 能够系统地考察事件成因（3~9 个）之间的互动关系和可能性关系组合，因此，本研究选择 fsQCA 求解引致积极/消极顾客体验的前因条件组合，探索三个领域内的顾企互动对顾客体验的组态效应。

必要条件是指某一特定结果产生所需的条件，该条件不存在就无法产生相应结果。传统的数据分析方法（如相关或多元回归）不适合测试或归纳必要与充分因果关系（Dul，2016），而 NCA 是一种识别必要条件的方法和分析技术（Fiss，2011），能够作为传统的数据回归分析或者 QCA 的补充方法。虽然 fsQCA 也能够识别单个因素是否引致特定结果的必要条件，但 NCA 能够识别引致特定水平的结果所需要的条件水平（Dul et al.，2019）。因此，将 NCA 与 fsQCA 的混合方法应用于解决复杂社会议题中引致特定现象（结果）的充分和必要条件问题，使研究结果更加严谨。

3.2 数据来源

参考唐于红等（2021）和刘智强等（2013）的研究方法，本研究采用企业高管—顾客配对的方式进行问卷调查，选取包括蚌埠高新区研发创意园、亳州青年创客空间、合肥电子商务产业园等在内 12 个服务型企业聚集区的 58 家企业作为调查对象，选择与顾客有直接接触的服务型企业，包括信息技术服务、餐饮、旅游和批发零售等。调查前先与园区负责人联系并取得支持，获取符合条件的企业名单，向目标企业高层管理人员（董事长或总经理）发放问卷 A，对企业的商业模式创新和资源整合进行评价，该阶段共获取 52 份有效问卷。随后，联系收集到有效问卷 A 的企业，通过员工协助，从每个企业随机选取 10 位顾客发放问卷 B，对价值感知、关系倾向、顾客参与和顾客体验作出评价。将回答内容相互矛盾、填写时间过短、选项全部相同或者错填漏填的问卷剔除后，共收集到 52 份有效的企业高管问卷，315 份有效的顾客问卷，问卷 A 回收率为 89.7%，问卷 B 回收率为 60.6%。

样本特征统计如下：（1）信息传输/软件/信息技术服务业占比 42.3%，酒店/餐饮业/旅游业占 28.8%，商业服务/咨询业占 15.4%，批发/零售业占 13.5%；（2）企业成立时间主要集中在 6~10 年，占 42.3%，2~5 年的占 38.5%，11 年及以上占 17.7%，2 年以下占比 1.5%；（3）顾客中男性占比 52.1%，女性占比 47.9%；（4）25 岁以下的顾客占 11.5%，26~35 岁占 64.1%，36~45 岁占比 17.8%，46 岁以上占比 6.6%。

3.3 变量测量

为保证信效度，本文均采用国内外成熟量表设计题项，与专家、企业高管预测试和讨论后进行问卷修改、完善，确保受访者能够准确无误地理解问卷内容（如表 2 所示）。所有量表测量均采用李克特 5 级量表打分，用 1~5 分来代表与真实情况相符的程度。

表 2 变量测量及参考依据

变量属性	变量名称	题项数量	参考依据
前因变量	新颖性商业模式创新	4	Amit & Zott，2001；
	效率性商业模式创新	4	Zott & Amit，2007
	资源整合	6	Shelby & Robert，1996；Hitt et al.，2001；Brush et al.，2001；马鸿佳等，2011
	价值感知	4	Kim et al.，2009；Solakis et al.，2022
	关系倾向	3	De Wulf et al.，2001；Tuominen et al.，2022
	顾客参与	8	Gummesson & Mele，2010；Zwass，2010；武文珍等，2012；金永生等，2017
结果变量	顾客体验	18	Klaus，2014；Kuppelwieser & Klaus，2021

3.3.1 结果变量

借鉴 Klaus（2014）、Kuppelwieser 和 Klaus（2021）相关研究和测量题项，针对顾客体验共设计 18 个题项，包括"该企业提供的产品品质上乘""该企业能够提供独立的建议（关于哪种产品/服务最适合顾客需求）""该企业员工能够理解我的产品诉求与担忧""该企业能够为我提供产品的最新进展与情况""该企业能够准确捕捉我的需求"等。采用 SPSS 26.0 对各个指标进行主成分分析，KMO 值为 0.936>0.7，Bartlett 球形检验值小于 0.001，通过 Bartlett 球形和 KMO 检验，因此适合做主成分分析。使用 SPSS26.0 软件进行主成分分析，利用特征值大于 1 筛选出三个主成分，计算主成分得分和系数，将 18 个题项降维成一个衡量顾客体验的综合得分指标。

3.3.2 前因变量

（1）商业模式创新。基于 Amit 和 Zott（2001）、Zott 和 Amit（2007）开发的新颖性与效率性商业模式创新量表，结合本文研究主题及实际各方反馈情况，各得到 4 个题项测量商业模式创新的新颖性和效率性。其中使用"我们企业在交易中提供给顾客的激励措施是新颖的""我们企业能够提供为顾客带来全新体验的产品与服务""我们企业通过新颖的方式将顾客与交易联系起来""我们企业在开展商业活动时能够加入全新的流程与管理方式"测量新颖性商业模式创新；效率性商业模式创新的测量题项则包括"我们企业与顾客之间的交易较简单、便捷""为顾客提供产品与服务过程中我们能够有效降低运营成本""顾客购买我们产品与服务的时间、精力、金钱组合成本较低""我们企业能够快速、精准地为顾客匹配供需"。

（2）资源整合。参考 Shelby 和 Robert（1996）、Hitt 等（2001）、Brush 等（2001）以及马鸿佳等（2011）的成熟量表，并在与企业界人士沟通交流后，得到测量企业资源整合的 6 个题项，分别是"我们企业能够整合现有资源以提高工作效率并得到更好的结果""经过整合的资源提升了我们企业的整体效率和效能""我们企业对自身拥有的劳动、资本、土地、技术、管理等资源感到满意""我们企业对资源的开发与拓展很满意""我们企业能够利用资源完成跨部门的任务""我们对企业部门之间的资源共享很满意"。

（3）价值感知。参考 Kim 等（2009）的感知价值量表，使用 4 个题项来测量价值感知，包括"该企业员工提供的服务热情""该企业提供的服务专业""该企业提供的整体服务令我满意""该企业提供的服务优于其他企业"。

（4）关系倾向。借鉴 De Wulf 等（2001）开发的量表，使用 3 个题项来测量关系倾向，分别为"我愿意成为该企业的老顾客""我愿意成为该企业会员""我愿意多花一点时间与该企业保持联系"。

（5）顾客参与。参考 Gummesson 和 Mele（2010）、Zwass（2010）、武文珍等（2012）、金永生等（2017）的成熟量表，并在与企业界人士沟通后得到顾客参与的 8 个测量题项，包括"我经常参与到企业的新产品评测活动中""我能够与该企业员工进行积极有效的交流和沟通""该企业员工能为我解决问题""对于我提出的问题，该企业能够快速响应""我经常参与到该企业新产品的推广活动中""我经常参与到该企业新产品创意征集活动中""我经常向该企业反馈产品使用中遇到的问题""我会在其他平台上与他人讨论该企业的产品"。

所有前因变量通过熵值法进行处理，分别确定每个变量中各题项的权重。具体步骤如下：首先对数据进行标准化，其中正向指标的标准化公式：$X' = (X_{ij} - \text{Min}(X_{ij}))/(\text{Max}(X_{ij}) - \text{Min}(X_{ij}))$，逆向指标的标准化公式：$X' = (\text{Max}(X_{ij}) - X_{ij})/(\text{Max}(X_{ij}) - \text{Min}(X_{ij}))$；数据标准化后，计算各指标的权重，公式为：$P_{ij} = X_{ij}\big/\sum_{i=1}^{n} X_{ij}$；基于权重计算各指标的熵值：$e_j = -k \cdot \sum_{i}^{n}(P_{ij} \cdot \ln(P_{ij}))$，其中 $k = 1/\ln(n)$，$n = 315$；利用熵值计算差异系数：$d_j = 1 - e_j$；计算综合评价指标权重，其公式为：$\omega_{ij} = d_j\big/\sum_{j=1}^{m} d_j$；最后，通过公式 $Z_i = \sum_{j=1}^{m}\omega_j X_{ij}$，计算样本综合得分。

3.4 变量校准

在 fsQCA 中，可通过直接校准法或间接校准法将结果和条件变量转化为 0~1 区间的隶属度（李永发，2019）。本文借鉴 Fan 等（2017）的分位数值校准方法，以样本数据的 95% 作为完全隶属阈值，5% 为完全不隶属阈值，50% 为交叉点（crossover point），通过 fsQCA4.0 软件，采用直接校准方法将以上数据转换为集合隶属值。由于处于"交叉点"的样本不能被纳入真值表分析，根据该样本数值的实际分布情况（交叉点样本偏向的高或低），将校准后恰为 0.5 的样本数值修正校准为 0.501 或者 0.499，最终得到结果和前因条件的校准锚点，如表 3 所示。

表 3　　　　　　　　　　　　　结果和条件的校准锚点

变量名称	锚　点		
	完全隶属	交叉点	完全不隶属
新颖性商业模式创新	0.9641	0.3789	0.1064
效率性商业模式创新	0.9400	0.6762	0.3066
资源整合	0.8766	0.6906	0.2409
价值感知	0.8713	0.6027	0.2389
关系倾向	0.8748	0.5949	0.2600
顾客参与	0.9488	0.6360	0.0762
顾客体验	4.3109	3.5804	1.7942

通过以上锚点，将原始数据校准为模糊集隶属值矩阵。基于模糊集隶属值矩阵，借助软件的真值表算法，得到逻辑上可能的条件组合及其包含的案例数量和原始一致性值等，并据此开展后续研究。

4. 实证分析

4.1 单个条件的必要性分析

NCA 不仅可以识别某个条件是否构成期望结果的必要条件，还可进一步分析该条件的必要性效应量。必要性效应量（d）的取值范围为 0~1，数值越大代表效应越大。当 d 小于 0.1 时，被认为是低水平效应，中等效应水平 $0.1 \leqslant d < 0.3$，$0.3 \leqslant d < 0.5$ 为大效应，$d \geqslant 0.5$ 则为非常大的效应（杜运周等，2020）。若某条件的必要性效应量在中等效应及以上，且使用蒙特卡洛仿真置换检验（permutation test）表明该效应量显著，则该条件是结果的一个必要条件。

软件 R 的 NCA 包提供了上限回归（Ceiling Regression，CR）和上限包络（Ceiling Envelopment，CE）两种估计方法，分别用于处理连续变量和离散变量。NCA 方法中判定必要条件需要满足：效应量（d）大于 0.1，且蒙特卡洛仿真置换检验（$p < 0.05$）显著。表 4 呈现了使用 CR 与 CE 方法得到的必要性相关指标结果。结果表明，六个前因变量均不是顾客体验的必要条件。

表 4　　　　　　　　　　　NCA 方法必要条件分析结果

条件[a]	方法	精确度	上限区域（ceiling zone）	范围	效应量（d）[b]	p 值[c]
新颖性商业模式创新	CR	99.0%	0.011	0.90	0.012	0.156
	CE	100%	0.012	0.90	0.014	0.100
效率性商业模式创新	CR	95.2%	0.019	0.93	0.021	0.008
	CE	100%	0.010	0.93	0.010	0.033

续表

条件[a]	方法	精确度	上限区域（ceiling zone）	范围	效应量（d）[b]	p 值[c]
资源整合	CR	97.8%	0.043	0.94	0.046	0.010
	CE	100%	0.037	0.94	0.040	0.000
价值感知	CR	100%	0.002	0.94	0.002	0.358
	CE	100%	0.003	0.94	0.003	0.304
关系倾向	CR	96.2%	0.069	0.94	0.073	0.000
	CE	100%	0.046	0.94	0.049	0.000
顾客参与	CR	100%	0.000	0.86	0.000	1.000
	CE	100%	0.000	0.86	0.000	1.000

注：a. 校准后模糊集隶属度值。

b. $0.0 \leqslant d < 0.1$："低水平"；$0.1 \leqslant d < 0.3$："中等水平"；$0.3 \leqslant d < 0.5$："中高水平"；$0.5 \leqslant d$："高水平"。

c. NCA 分析中的置换检验（重抽次数 = 10000）。

表 5 报告了瓶颈水平分析结果。瓶颈水平是指为实现某一水平（%）的预期结果，前因条件所需的最低水平（%）。如表 5 所示，若试图实现 80% 的顾客体验水平，需要 2.5% 水平的新颖性商业模式创新，8.4% 水平的资源整合，14.2% 水平的顾客关系倾向，此时新颖性商业模式创新、资源整合和顾客关系倾向是必要条件，而其他要素都是不必要的。

表 5   **NCA 方法瓶颈水平（%）分析结果[a]**

顾客体验	新颖性商业模式创新	效率性商业模式创新	资源整合	价值感知	关系倾向	顾客参与
0	NN	NN	NN	NN	NN	NN
10	NN	NN	NN	NN	NN	NN
20	NN	NN	0.5	NN	NN	NN
30	NN	NN	1.8	NN	1.5	NN
40	0.4	NN	3.1	NN	4.1	NN
50	0.9	NN	4.4	NN	6.6	NN
60	1.5	NN	5.8	NN	9.1	NN
70	2.0	NN	7.1	NN	11.7	NN
80	2.5	NN	8.4	NN	14.2	NN
90	3.0	10.2	9.7	NN	16.7	NN
100	3.5	22.9	11.1	31.6	19.2	NN

注：a. CR 方法，NN＝不必要。

本文进一步采用 fsQCA 中的必要条件分析，对单个条件的必要性做稳健性检验。如表 6 所示，单个条件对结果的必要一致性普遍较低（均小于 0.9），并非积极或消极的顾客体验的必要条件。与 NCA 结果一致，即单个要素不构成顾客体验的必要条件。

表 6　　　　　　　　　　　　**fsQCA 方法单个条件的必要性分析结果**

条　件	积极的顾客体验		消极的顾客体验	
	一致性	覆盖率	一致性	覆盖率
新颖性商业模式创新	0.578	0.654	0.604	0.604
~新颖性商业模式创新	0.638	0.638	0.654	0.598
效率性商业模式创新	0.690	0.732	0.575	0.558
~效率性商业模式创新	0.583	0.600	0.724	0.681
资源整合	0.656	0.805	0.498	0.559
~资源整合	0.641	0.583	0.827	0.688
价值感知	0.789	0.737	0.590	0.504
~价值感知	0.469	0.555	0.692	0.750
关系倾向	0.736	0.771	0.573	0.548
~关系倾向	0.569	0.593	0.760	0.725
顾客参与	0.789	0.720	0.678	0.567
~顾客参与	0.526	0.641	0.665	0.742

4.2　充分性分析

4.2.1　引致积极顾客体验的组态分析

充分性分析揭示了引致特定结果的可能路径（组态）。参考现有研究（Dul et al., 2020），设置原始一致性阈值为 0.8，PRI 一致性阈值为 0.8，频数阈值为 1。对于 fsQCA 软件输出的 3 种解（复杂解、简约解和中间解），研究者通常报告中间解，分析时辅之以简约解。从表 7 可以看出，存在 4 种解释积极的顾客体验的组态（$H1_a$、$H1_b$、H2、H3），总体解的一致率为 0.935，4 个子路径解的一致率也均大于 0.9，结果可信度较高。

表 7　　　　　　　　　　　　**组态分析结果**

前因变量	积极的顾客体验				消极的顾客体验		
	$H1_a$	$H1_b$	H2	H3	L1	L2	L3
新颖性商业模式创新	y		N	Y		Y	N
效率性商业模式创新	Y	Y	N		N		

续表

前因变量	积极的顾客体验				消极的顾客体验		
	H1$_a$	H1$_b$	H2	H3	L1	L2	L3
资源整合	Y	Y	Y	Y	N	N	N
价值感知	y	y	Y	Y	N	N	N
关系倾向		y		Y	N	n	N
顾客参与	N	N	Y	Y		N	Y
原始覆盖率	0.273	0.309	0.291	0.351	0.485	0.334	0.314
独特覆盖率	0.011	0.020	0.068	0.092	0.100	0.028	0.019
一致率	0.961	0.963	0.951	0.943	0.873	0.897	0.865
解的覆盖率	0.505				0.549		
解的一致率	0.935				0.863		

注：Y/y 表示发生/强/高水平（条件值为 1），N/n 表示未发生/弱/低水平（条件值为 0）。Y、N 表示核心条件；y、n 表示边缘条件。空白表示"无关"。

如表 7 所示，根据核心条件不同，可以归纳出 3 种引致积极的顾客体验的组态类型，分别为企业主导型、顾客主导型和联合主导型。其中企业新颖性/效率性商业模式创新、资源整合，顾客价值感知、关系倾向，以及顾客参与等要素根据其主导程度不同，匹配形成引致积极顾客体验的差异化路径。企业主导型以企业域的顾企互动（商业模式创新属性和资源整合）为主，该类型组态中顾客域的互动行为作为辅助条件存在；顾客主导型主要受顾客价值感知、顾客参与以及资源整合的影响；联合主导型则要求顾企双方形成较为全面系统的协同互动关系。

（1）企业主导型（组态 H1$_a$ 和组态 H1$_b$）。组态 H1$_a$ 的表达式为"新颖性商业模式创新×效率性商业模式创新×资源整合×价值感知×~顾客参与"，使结果成立的可能性为 96.1%，能够解释样本中 27.3%引致积极顾客体验的情况；组态 H1$_b$ 的表达式为"效率性商业模式创新×资源整合×价值感知×关系倾向×~顾客参与"，该路径使结果成立的可能性为 96.3%，能够解释样本中 30.9%引致积极顾客体验的情况。如图 3 所示，纵向分析两种组态，发现企业域的商业模式创新和资源整合是构建积极顾客体验的核心条件。企业若想在价值共创过程中实现目标价值，需要整合各种有形或无形、内部或外部资源并有效利用（杨学成和涂科，2016），根据顾客反馈和需求创新商业模式，取消中间环节，降低交易过程中不确定性、复杂性和信息不对称性带来的系统性成本，提高交易效率，过程中顾客体验随着交易效率的提升和交易流程的简化而改善（李文等，2020）。通过横向对比 H1$_a$ 和 H1$_b$，发现企业的新颖性商业模式创新与顾客关系倾向之间存在替代效应，即当其他条件一致时，企业可以采取两种策略来提升顾客体验：一方面，可以通过提供新的产品或服务来增加商业模式新颖性，吸引顾客的注意力；另一方面，也可以根据顾客的偏好调整产品或服务，以更好地满足顾客需求（龙静和苏湘，2022）。

（2）顾客主导型（组态 H2）。组态 H2 的表达式为"新颖性商业模式创新×~效率性商业模式创新×资源整合×价值感知×顾客参与"，根据统计分析结果，H2 产生积极顾客体验的可能性为 95.1%，可以解释样本中 29.1% 引致积极顾客体验的情况。在这种组态中，顾客根据感知到的服务质量选择产品或服务提供商，企业为打造积极的顾客体验，应根据顾客需求整合内外部资源，并通过与顾客联动实现价值共创（孙建鑫，2022）。具体而言，企业会根据顾客对感知价值的反馈调整资源配置（李燕琴等，2022），并和顾客保持持续互动与交流。通过收集顾客反馈，不断调整优化基础设施、改进交易流程以提高效率，或者提供新的产品或服务，这种调整和优化可能会促使商业模式组件在一定程度上发生改变，即企业在一定程度上进行新颖性或效率性商业模式创新。可以观察到，该组态下顾客体验的积极性受到顾客价值感知的影响，企业资源整合方向受到顾客情感和反馈支配（赵旭宏等，2023）。换言之，企业域的资源整合与顾客域的价值感知在互动中存在双向影响关系。

（3）联合主导型（组态 H3）。组态 H3 的表达式为"新颖性商业模式创新×资源整合×价值感知×关系倾向×顾客参与"，路径使结果成立的可能性为 94.3%，能够解释样本中 35.1% 引致积极顾客体验的情况。该组态下，企业通过不断整合自身与其他利益相关者拥有或提供的资源，不断进行新颖性创新，向顾客提供新的产品或服务，而顾客交易过程中感知到较高水平的功能价值、情绪价值或者社会价值，且在较高程度上愿意与企业保持长期关系（刘顺忠，2020），积极的顾客体验得以实现。原因在于，当企业价值主张与顾客价值主张契合时，顾客参与成为企业与顾客价值共创的有效途径（张培和刘晓南，2017），而价值共创的结果能够同时实现双方的目标价值，其中积极的顾客体验则是顾客价值重要组成部分（何畅等，2023）。联合主导型组态中，顾客进行消费的过程同时也是生产价值的过程，其身份不再只是价值捕获者，还是价值创造者（Kotler et al.，2021）。

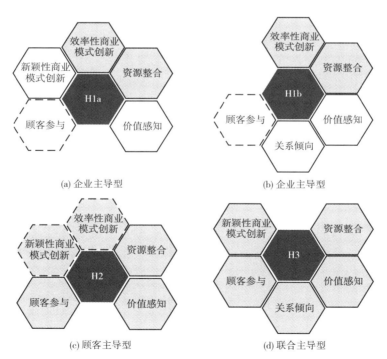

注：实线六边形表示发生/强/高水平，虚线六边形表示未发生/弱/低水平；如果条件在该组态中不存在，则不显示六边形；灰色背景表示核心条件，白色背景表示边缘条件。

图 3　引致积极顾客体验的组态类型

企业主导型路径中，企业域的互动表现为高水平的效率性商业模式创新和资源整合，尽管顾客价值感知不是核心条件，但在两条路径中呈现较高水平，而顾客参与处于低水平或未发生的状态。实际上，以信息技术服务企业为例，除顾客和企业之间的影响因素外，企业还在相当程度上受到技术水平、政策方针以及营商环境的影响，该情况下企业需要在动态变化的环境中完善商业模式并整合资源，在此基础上根据顾客对价值的感知进一步调整和优化，才能构建更加积极的顾客体验。顾客主导型路径中，顾客参与处于高水平且核心地位，说明当企业商业模式创新属性不明显时，企业价值主张没有明确的新颖性或者效率性倾向。企业通过引导顾客参与产品设计、生产、制造等环节，获取顾客需求和反馈，了解顾客喜好，提供相应的产品或服务以提高顾客感知价值（蔡远卓和李枝秀，2023），进而构建成功的顾客体验。零售业运营模式主要遵循服务主导逻辑，即顾客期望与反馈是主要影响因素，企业所提供的产品和服务以及商业模式都会随着顾客价值主张的变化而调整。相比之下，在联合主导型组态中，顾客作为价值消耗者的同时承担价值创造者身份，企业与顾客之间通过紧密的直接互动进行价值共创（依绍华和梁威，2023），最终企业获取企业价值（如绩效），顾客获得顾客价值（如体验）。通过比较分析三种引致积极顾客体验的组态类型发现，资源整合是引致积极顾客体验的核心条件，且总是处于高水平，这说明资源整合是打造积极的顾客体验并获取价值的一项关键顾企互动行为（弋亚群等，2023）。通过对多方资源进行整合与有效利用，企业和顾客形成松散耦合的价值创造共同体，为企业和顾客各自获取目标价值提供资源基础（李煜华和张敬怡，2023）。此外，与顾客主导型和联合主导型组态不同的是，在企业主导型路径中，顾客参与处于低水平或者未发生状态，说明高水平的顾客参与并不总是能够引致积极的顾客体验。

4.2.2　引致消极顾客体验的组态分析

根据 Pappas 和 Woodside（2021）的研究，PRI 意为"不一致性的比例减少"，PRI 值用于避免某一组态既能导致 1 结果（发生），又能导致 0 结果（未发生）的情形。PRI 分数低于 0.5 表明存在显著的不一致性，即在使用 QCA 进行组态分析时，需要保证 PRI 一致性大于 0.5。因此，将原始一致性阈值设定为 0.8，将 PRI 一致性阈值设定为 0.55，将频数阈值设定为 1，得到引致消极顾客体验的三种组态，总体解的一致性为 86.3%，如表 7 所示。

组态 L1（~效率性商业模式创新×~资源整合×~价值感知×~关系倾向），该路径有 87.3% 可能使结果成立，能够解释样本中 48.5% 引致消极顾客体验的情况。表明当企业进行低水平的效率性商业模式创新和资源整合，同时顾客感知价值低且对与企业保持长期的交易关系倾向不明显时，无论商业模式创新是否具有新颖性，以及顾客参与水平高低，都不会导致积极的顾客体验。组态 L2（新颖性商业模式创新×~资源整合×~价值感知×~关系倾向×顾客参与），解的一致率为 89.7%，覆盖率为 33.4%，该路径表明当企业资源整合水平不高、顾客感知到的价值没有达到预期或者顾客没有选择该企业的倾向，且顾客与企业之间缺少良好的直接互动机制时，即使企业商业模式创新具有较高的新颖性，能为顾客提供新颖的产品或服务，也无法构建积极的顾客体验。组态 L3（~新颖性商业模式创新×~资源整合×~价值感知×~关系倾向×顾客参与），该路径有 86.5% 的可能使结果成立，能够解释样本中 31.4% 引致消极顾客体验的情况，这条路径展示了当企业的商业模式新颖性较低、资源整合规模小、顾客的感知价值不高且无明显关系倾向时（李文等，2020），即使顾客参与价值创造环节，也无法产生积极的顾客体验（卜庆娟等，2016）。横向对比三条路径，发现当资源整合程度低、价值感知不高且关系倾向不明显时，无论商业模式创新是否以及在何种水平上具有新颖性或效率性，顾客在何种程度参与价值创造，都无法提高顾客体验的积极性。

对比引致积极顾客体验的四条路径与引致消极顾客体验的三条路径发现，四条引致积极的顾客体验的组态中都包含了较高水平的资源整合且都是核心条件，而在引致消极顾客体验的组态中，资源整合也都是核心条件，但呈现低水平或未发生状态，结合 NCA 瓶颈水平分析结果，说明资源整合是引致积极顾客体验的充分不必要条件。此外，对比分析七条路径，发现顾客参与是决定积极顾客体验的既不充分也不必要条件，与 NCA 瓶颈水平分析结果一致。

4.3 稳健性检验

对引致积极顾客体验的前因组态进行稳健性检验，考虑两种方式：一是将原始一致性阈值从 0.8 调整至 0.85，运行结果基本一致。二是将样本频数阈值从 1 调整为 2，产生的组态是样本频数阈值为 1 时组态的子集。结果如表 8 所示，说明本文构建的 QCA 模型具有稳健性。

表 8   稳健性检验结果

前因变量	调整一致性阈值为 0.85				调整样本频数阈值为 2		
	$M1_a$	$M1_b$	M2	M3	N1	N2	N3
新颖性商业模式创新	y		N	Y	Y		
效率性商业模式创新	Y	Y	N			Y	N
资源整合	Y	Y	Y	Y	Y	Y	Y
价值感知	y	y	Y	Y	Y	y	Y
关系倾向		y		Y	Y	y	Y
顾客参与	N	N	Y	Y		N	y
原始覆盖率	0.273	0.309	0.291	0.351	0.351	0.309	0.325
独特覆盖率	0.011	0.020	0.068	0.092	0.070	0.041	0.051
一致率	0.961	0.963	0.951	0.943	0.943	0.963	0.952
解的覆盖率	0.505				0.476		
解的一致率	0.935				0.935		

注：Y/y 表示发生/强/高水平（条件值为 1），N/n 表示未发生/弱/低水平（条件值为 0）。Y、N 表示核心条件；y、n 表示边缘/辅助条件。空白表示"无关"。

5. 研究结论与展望

5.1 研究结论

运用 NCA 与 fsQCA 混合方法探索积极与消极顾客体验的多种路径，对收集到的 315 份有效调查问卷样本进行分析，获得以下 5 个方面的主要结论：

（1）引致积极顾客体验的路径主要有三种类型，分别是企业主导型、顾客主导型和联合主导型。在企业主导型路径中，企业通过商业模式创新实现高效的资源整合，提升顾客价值感知水平，构建积极的顾客体验。顾客主导型路径中，企业通过调查顾客感知到的功能性、情感性或社会性价值，根据顾客反馈整合各类资源，提升顾客在下一个消费旅程中体验的积极性。在联合主导型路径中，企业商业模式具有高度创新性，通过资源整合，为顾客提供新颖的产品或服务，满足顾客个性化需求，从而实现积极的顾客体验。

（2）提升顾客体验不能简单追求商业模式创新。不管是新颖性商业模式创新，还是效率性商业模式创新，不必然带来积极的顾客体验或者消极的顾客体验。在引致积极顾客体验的四条路径中，新颖性商业模式创新和效率性商业模式创新的表现不尽相同，高水平的新颖性或效率性商业模式创新都有可能与顾企其他互动行为组合产生积极的顾客体验。在引致消极顾客体验的三条路径中，二者之间的差异更加明显，当只有新颖性商业模式创新处于高水平时，会产生消极的顾客体验，而引致消极顾客体验的路径中不存在高水平的效率性商业模式创新。因此，仅从商业模式创新角度调整资源配置，并不一定能创造积极的顾客体验。

（3）提升顾客体验也不能简单追求顾客参与水平。强顾客参与可能会带来积极的顾客体验，也可能会带来消极的顾客体验；弱顾客参与可能带来积极的顾客体验，也可能带来消极的顾客体验。在企业主导型组态中，顾客参与处于低水平状态；在顾客主导型组态中，顾客参与处于高水平状态；而在联合主导型组态中，顾客参与是否发生以及发生程度如何对顾客体验水平不构成影响。同样，在引致消极顾客体验的三种组态中，顾客参与分别处于高水平、低水平和无影响状态。以上分析充分地说明顾客参与的强弱不能直接决定顾客体验结果，其水平高低与顾客体验积极与否无直接联系。

（4）追求积极顾客体验，避免消极顾客体验，需要高水平资源整合和高水平价值感知。引致积极顾客体验的所有路径中资源整合和价值感知都是高水平的，而引致消极顾客体验的所有路径中，资源整合和价值感知都是低水平的。这表明资源整合和价值感知在引致积极和消极顾客体验结果中具有一定的对称性。资源整合行为在参与价值共创的各主体之间起黏合和杠杆作用，通过对关键资源要素的整合、设计和有效配置，能够在最大限度上利用资源，促进价值在共创主体中传递，满足顾客需求。当顾客感知到期望价值时，可能会采取一系列的行为，如参与共创、复购等，这些行为能够帮助顾客进一步获取价值，产生积极的顾客体验。

（5）低水平关系倾向会带来消极顾客体验，但高水平关系倾向不一定产生积极顾客体验。引致消极顾客体验的三条路径中，关系倾向均处于低水平状态，这说明当顾客产生消极的体验时，关系倾向一定是低水平的。H1$_b$ 和 H3 路径中，关系倾向是低水平的，说明即使顾客对企业没有明显的选择倾向，但当企业的商业模式能够向顾客提供期望价值时，也能产生积极的顾客体验。此外，路径 H1$_a$ 和 H3 中关系倾向缺失，证明高水平的关系倾向不一定能够产生积极的顾客体验。因此，虽然选择情感倾向和感知偏好是顾客评价体验的关键因素（李蕊等，2023），会影响顾客互动过程中的情绪，使得体验评估结果上下浮动，但不构成决定性因素。

5.2 理论贡献

首先，本文将顾客体验视作企业与顾客双方参加价值共创活动的产出结果，从企业域、顾客域和联合域三个区域构建顾企互动影响顾客体验的组态分析模型。与现有研究关注某单一层面因素对顾客体验的影响不同，本文讨论了不同类型的顾企互动组合对顾客体验的影响路径，强调影响顾客体验水平的前因条件之间的跨层次性和联动性，弥补了以往研究的不足，拓展了对顾客体验影响因素及其作用机理的研究。

其次，本研究将 fsQCA 方法引入顾客体验的研究领域，探索价值共创主体及其互动对顾客体验积极性的有效影响路径，讨论了企业域、顾客域以及联合域的顾企互动对构建顾客体验的作用，展示了 4 条构建积极顾客体验的路径和 3 条构建消极顾客体验的路径，揭示了各影响因素在路径中复杂的相互作用关系，研究结果对企业进行成功的顾客体验管理具有现实指导意义。

最后，本文将 NCA 与 fsQCA 方法结合，使用混合方法分析引致顾客体验的差异化路径。通过 NCA 方法，分析企业域商业模式创新、资源整合，顾客域价值感知、关系倾向，以及联合域顾客参与对引致积极/消极顾客体验的必要性，结合 fsQCA 方法对各前因条件进行充分性分析。通过 NCA 与 fsQCA 的混合分析，本文揭示了各前因条件引致积极顾客体验的必要性水平，弥补了既往研究对前因条件影响顾客体验程度探索的不足。

5.3 管理启示

体验经济下，企业越来越聚焦于顾客在消费旅程中的体验，通过创新产品、优化服务、设计触点、搭建场景等多种方式，为顾客创建积极的体验。然而，仅从单一视角考虑如何塑造顾客体验是不够的。本文将顾客与企业视作参与价值创造的二元主体，讨论顾客与企业之间如何互动能够创造积极的顾客体验，旨在为企业在实践中构建成功的顾客体验提供具有参考价值的管理启示。

（1）在进行商业模式创新时，企业应该充分考虑顾客参与的作用。新的商业模式会影响顾客对与企业交互体验的评估，且评估结果在很大程度上影响商业模式创新的成败。商业模式既是为顾客提供体验和价值的载体，也为顾客提供创造价值的环境。当顾客参与到价值创造、价值传递和价值捕获流程中时，顾客个人所拥有的经验、知识和偏好与企业提供的价值主张可能在一定程度上存在偏差，通过与顾客直接互动，企业能够及时捕捉到动态变化的顾客需求，适时校准价值主张，创新商业模式，进而提升顾客体验和效用。

（2）企业还应该增强资源整合能力，提升顾客感知价值。在价值共创活动中，企业不是价值创造的唯一参与者，顾客在参与价值创造的同时，也将诸如喜好、口碑、人脉等资源带入价值创造环节，这种情况下，企业所要整合的资源不仅包括企业自身和合作伙伴拥有的资源，还包括顾客方资源。价值感知是顾客对既得利益和既付成本的权衡，其结果影响着顾客满意度和顾客契合行为。因此，增强资源整合能力，从企业、消费者、合作伙伴多方资源入手，强化顾客感知到的价值，进而提升顾客满意度和契合行为，是企业打造可持续的商业模式、构建积极的顾客体验的关键一环。

（3）为避免产生消极的顾客体验，企业应提高顾客关系倾向。虽然组态分析结果表明高水平的顾客关系倾向不一定能够导致积极的顾客体验，但是引致消极顾客体验的路径中，关系倾向均为低水平。当企业价值主张与顾客需求契合时，顾客更倾向于选择该企业，也更容易构建积极的顾客体验。个体情绪状态受实时环境和氛围的影响，当顾客感受到来自他人的喜悦并诱发自身的积极情绪时，积极的情绪能够帮助顾客构建持久的心理资源，并在遇到问题时为顾客提供心理支持，顾客体验也会受情绪所驱使的关系倾向影响。因此，提高顾客关系倾向，能够为顾客提供更多的情绪价值，提高顾客满意度。

5.4　不足与展望

当然，本研究仍有改进和进一步探索的空间：

（1）本文分别从企业域、顾客域和联合域讨论顾企互动，探索顾客和企业如何互动能够引致差异化的顾客体验。然而从商业生态系统的视角来看，价值创造的主体还包括供应商、经销商以及政府等，未来的研究可以进一步将其他利益相关者纳入价值共创，探索多元共创主体之间的互动对构建顾客体验的影响。

（2）本文通过梳理文献，识别影响顾客体验的顾企互动并研究差异化路径，但仅从单一维度衡量前因变量，未来的研究可以将资源整合、价值感知、关系倾向和顾客参与等变量细分，讨论多维度顾企互动对构建顾客体验的内在作用机理和路径。

（3）数字经济时代，数字技术在很大程度上影响顾企互动方式，因此探索数字化背景下顾企互动对顾客体验影响的组态效应是有价值的研究方向。

◎ 参考文献

[1] 卜庆娟，金永生，李朝辉. 互动一定创造价值吗？——顾客价值共创互动行为对顾客价值的影响 [J]. 外国经济与管理，2016，38（9）.

[2] 蔡远卓，李枝秀. 价值主张对顾客共创意愿的影响研究——以文创产品设计为例 [J]. 江西社会科学，2023，43（12）.

[3] 杜运周，刘秋辰，程建青. 什么样的营商环境生态产生城市高创业活跃度？——基于制度组态的分析 [J]. 管理世界，2020，36（9）.

[4] 冯小亮，牟宇鹏，丁刚. 共享经济时代企业顾客协同价值创造模式研究 [J]. 华东经济管理，2018，32（6）.

[5] 高海霞，应洋深．短视频社交平台顾企互动对用户黏性的影响 [J]．杭州电子科技大学学报
（社会科学版），2020，16（4）.

[6] 何洁，曹婧，蔡晓梅．自我一致性视角下星巴克消费者品牌体验与形成机制 [J]．旅游学刊，
2023，38（10）.

[7] 胡凯，胡赛全，李飞．顾客是上帝吗？——零售企业“视顾客为谁”形成机理的多案例研究
[J]．北京工商大学学报（社会科学版），2016，31（3）.

[8] 黄嘉涛．企业动态能力对价值创造的影响：共创体验的视角 [J]．企业经济，2017，36（8）.

[9] 简兆权，令狐克睿，李雷．价值共创研究的演进与展望——从“顾客体验”到“服务生态系
统”视角 [J]．外国经济与管理，2016，38（9）.

[10] 江积海，刘芮，王烽权．互联网医疗商业模式价值动因的组态效应如何促进价值创造 [J]．南
开管理评论，2022，25（3）.

[11] 江积海，唐倩，王烽权．商业模式多元化及其创造价值的机理：资源协同还是场景互联？——
美团 2010—2020 年纵向案例研究 [J]．管理评论，2022，34（1）.

[12] 李文，张珍珍，梅蕾．消费升级背景下大数据能力对商业模式创新的影响机理——基于小米和
网易严选的案例研究 [J]．管理案例研究与评论，2020，13（1）.

[13] 李耀，周密，王新新．顾客知识对顾客独创价值行为的驱动机理：一个链式中介模型 [J]．管
理评论，2017，29（7）.

[14] 李耀．顾客单独创造价值的结果及途径——一项探索性研究 [J]．管理评论，2015，27（2）.

[15] 李永发，陈舒阳，王东．人工智能企业商业模式创新的差异化路径研究——引致颠覆型还是完
善型？ [J]．经济与管理研究，2023，44（5）.

[16] 李永发．定性比较分析：融合定性与定量思维的组态比较方法 [J]．广西师范大学学报（哲学
社会科学版），2020，56（3）.

[17] 令狐克睿，简兆权．制造业服务化价值共创模式研究——基于服务生态系统视角 [J]．华东经
济管理，2017，31（6）.

[18] 孟韬，刘敏．互联网环境下顾客创新、互动机制与顾客体验的关系研究——基于顾客参与创新
的动态视角 [J]．商业研究，2015，58（12）.

[19] 聂津君，范钧．企业—顾客在线互动对新产品开发绩效影响机制的多案例研究 [J]．科技管理
研究，2019，39（9）.

[20] 宋谦，高雪姣．基于价值共创的顾客关系研究——以家电企业创新平台为例 [J]．沈阳工业大
学学报（社会科学版），2018，11（4）.

[21] 王核成，桑贝贝，刘聪．顾客参与影响制造企业——供应商知识转移的系统动力学分析 [J]．
科技管理研究，2019，39（14）.

[22] 王琳，陈志军．价值共创如何影响创新型企业的即兴能力？——基于资源依赖理论的案例研究
[J]．管理世界，2020，36（11）.

[23] 吴瑶，肖静华，谢康等．从价值提供到价值共创的营销转型——企业与消费者协同演化视角的
双案例研究 [J]．管理世界，2017（4）.

[24] 杨楠．顾客参与价值共创与品牌形象塑造的关系研究 [J]．科研管理，2021，42（5）.

[25] 杨学成，涂科．共享经济背景下的动态价值共创研究——以出行平台为例 [J]．管理评论，

2016，28（12）.

[26] 依绍华，梁威. 传统商业企业如何创新转型——服务主导逻辑的价值共创平台网络构建 [J].
中国工业经济，2023，41（1）.

[27] 张洪，江运君，鲁耀斌等. 社会化媒体赋能的顾客共创体验价值：多维度结构与多层次影响效
应 [J]. 管理世界，2022，38（2）.

[28] 张洪，鲁耀斌，张凤娇. 价值共创研究述评：文献计量分析及知识体系构建 [J]. 科研管理，
2021，42（12）.

[29] 张克英，吴晓曼，李仰东. 顾企互动对服务创新及企业绩效的影响研究 [J]. 科研管理，
2018，39（11）.

[30] 张明，杜运周. 组织与管理研究中 QCA 方法的应用：定位、策略和方向 [J]. 管理学报，
2019，16（9）.

[31] 张培，刘晓南. 价值共创视角下顾企互动机理：一个整合分析框架 [J]. 管理现代化，2017，
37（6）.

[32] Alimamy, S., Al-Imamy, S. Customer perceived value through quality augmented reality experiences
in retail：The mediating effect of customer attitudes [J]. Journal of Marketing Communications, 2022,
28（4）.

[33] Becker, L., Jaakkola, E. Customer experience：F undamental premises and implications for research
[J]. Journal of the Academy of Marketing Science, 2020, 48.

[34] Ciuchita, R., Mahr, D., Odekerken-Schröder, G. "Deal with it"：How coping with e-service
innovation affects the customer experience [J]. Journal of Business Research, 2019, 103.

[35] Dul, J., Van der Laan, E., Kuik, R. A statistical significance test for necessary condition analysis
[J]. Organizational Research Methods, 2020, 23（2）.

[36] Gahler, M., Klein, J. F., Paul, M. Customer experience：Conceptualization, measurement, and
application in omnichannel environments [J]. Journal of Service Research, 2023, 26（2）.

[37] Grönroos, C., Voima, P. Critical service logic：Aking sense of value creation and co-creation [J].
Journal of the Academy of Marketing Science, 2013, 41（2）.

[38] Jain, N. R. K., Liu-Lastres, B., & Wen, H. Does robotic service improve restaurant consumer
experiences? An application of the value-co-creation framework [J]. Journal of Foodservice Business
Research, 2023, 26（1）.

[39] Kuppelwieser, V. G., Klaus, P., Manthiou, A., et al. The role of customer experience in the
perceived value-word-of-mouth relationship [J]. Journal of Services Marketing, 2022, 36（3）.

[40] Lemon, K. N., Verhoef, P. C. Understanding customer experience throughout the customer journey
[J]. Journal of Marketing, 2016, 80（6）.

[41] Nangpiire, C., Silva, J., & Alves, H. Customer engagement and value co-creation/destruction：The
internal fostering and hindering factors and actors in the tourist/hotel experience [J]. Journal of
Research in Interactive Marketing, 2022, 16（2）.

[42] Solakis, K., Pena-Vinces, J., Lopez-Bonilla, J. M. Value co-creation and perceived value：A
customer perspective in the hospitality context [J]. European Research on Management and Business

Economics, 2022, 28（1）.

［43］ Wu, L., Sun, L., Chang, Q., et al. How do digitalization capabilities enable open innovation in manufacturing enterprises? A multiple case study based on resource integration perspective ［J］. Technological Forecasting and Social Change, 2022, 184.

［44］ Zott, C., Amit, R., Insead, et al. Business model design and the performance of entrepreneurial firms ［J］. Organization Science, 2007, 18（2）.

［45］ Zott, C., Amit, R., Massa, L. The business model: Recent developments and future research ［J］. Journal of Management, 2011, 37（4）.

Research on Antecedent Configuration of Customer Experience from the Perspective of Customer-enterprise Interaction
—A Method for Mixing NCA and fsQCA

Li Yongfa[1]   Kong Hengyang[1]   Chen Shuyang[2]

(1   School of Business Administration, Anhui University of Finance and Economics, Bengbu, 233030;

2   School of Economics and Management, Southeast University, Nanjing, 210096)

Abstract: In the experience economy, customer experience has become the key to attracting customers and shaping competitive advantages for enterprises. In recent years, scholars have paid more and more attention to the role of customer-enterprise interaction on value co-creation. However, most of the traditional studies focus on the net effect of a single factor on customer experience, ignoring the linkage effect among multiple factors. Therefore, this paper analyzes 315 valid questionnaire data based on a hybrid approach of NCA and fsQCA to explore the necessity of customer interaction that affects customer experience, and the complex paths through which the different groupings of business model innovation, resource integration, value perception, relationship proneness, and customer engagement affect customer experience. The findings suggest that: there are three types of paths leading to positive customer experience; enhancing customer experience cannot be simply pursued neither by business model innovation nor by high level of customer engagement; high level of resource integration and value perception helps to construct positive customer experience; low level of relationship proneness brings negative customer experience, but high level of relationship proneness does not necessarily produce positive customer experience. Based on the group theory, this paper explains the complex causal relationship of constructing customer experience from the perspective of customer-enterprise interaction, and the results of the study provide decision support and theoretical guidance for service-oriented enterprises to construct positive customer experience in practice.

Key words: Customer-enterprise interaction; Value co-creation; Customer experience; fsQCA

专业主编：寿志钢

珞珈管理评论

2024 年卷第 3 辑（总第 54 辑）

Luojia Management Review

No. 3，2024（Sum. 54）

战略需求导向下的资金集中管理模式变革研究[*]
——基于美的集团的纵向案例分析

● 刘建勇　张　宁　高浪洲

（中国矿业大学经济管理学院　徐州　221116）

【摘　要】基于美的集团纵向单案例，分析企业资金集中管理模式随战略需求变化而动态调整的实施效果。研究发现，从机会成长阶段—规模成长阶段—优化升级阶段，美的集团战略需求呈现出"异地扩张—产业扩张—国际化与多元化扩张"的变化态势，其资金集中管理模式经历了"结算中心异地结算模式—数据大集中模式—财务公司"的动态调整，资金集中管理模式对应职能也在动态调整中完成了"异地资金管理能力—跨业务协调能力—金融发展能力"的叠加。美的集团根据战略需求变化动态调整资金集中管理模式是资金集中管理活动成功的关键，这一研究发现对战略需求影响资金集中管理模式的理论解释提供了案例依据，也为集团企业的资金集中管理模式选择提供了启示。

【关键词】战略需求　资金集中管理　结算中心异地结算模式　结算中心数据大集中模式　财务公司模式

中图分类号：F275　　　文献标识码：A

1. 引言

资金作为企业的血液，是企业日常运行的基础，更是企业高效运行的根本。企业集团是国民经济发展的重要一环，庞大的运营体系对合理的资金管理提出了高要求。企业为了更好地把控资金流向，提高内部资金使用安全性和效率，往往会通过不同方法对资金进行集中管理（谢建宏，2009）。资金集中管理不仅可以监控各成员单位资金运转情况，控制整体风险（张瑞君等，2006），还可以为集团各成员单位之间协调资金提供便利，防止内部资金不足或过度投资，促进集团内部经营活动的

---

* 基金项目：国家社会科学基金"并购重组业绩补偿承诺的负面效应与监管策略研究"（18BGL068）；"'双向'产融结合对实体企业技术创新的影响机理与治理策略研究"（21BJY145）。

通讯作者：刘建勇，E-mail：ljycumt@ 126. com。

高效运转（Shin & Stulz，1998；王峰娟和粟立钟，2013）。其形成的资金池是减少外界资金依赖的前提，是企业资金自给自足的底气，也是企业提升整体实力和信用等级以获取外部融资的筹码（Bryant，2012；袁琳等，2013；吴秋生和黄贤环，2017）。整体而言，资金集中管理通过内外部资金双向通道发挥的"多币效应"，以及协调内部资金的"活币效应"，形成企业经营所需的资金基础，其监控资金流向的作用成为企业安全经营的保障（Stein，1997）。可见，实施资金集中管理对集团企业具有重要的积极作用。

资金集中管理模式的常见类型主要有结算中心模式、统收统支模式、备用金模式、内部银行模式和财务公司模式。企业发展阶段不同，适用的资金管理模式也不同。（1）处于初创期的集团企业一般关注于生存，需要严控各成员单位经营动态与资金流向。此时资金集中管理往往以异地资金管理的便利性和安全性为前提，比如统收统支、备用金方式、结算中心、内部银行等。（2）当企业进入规模成长阶段，下属子公司数量日益增加，业务板块逐渐成熟，企业会加大内部资金归集同时拓宽外部资金通道以支持持续经营。此时资金集中管理受产业链精细化和业务资本运作需求的驱动，往往采用结算中心与内部银行等。（3）当企业实现规模化经营以后，逐渐催生更高质量发展的战略需求，进行更大规模的国际化与多元化扩张，庞大的资金需求会激发集团企业进行产融结合，此时可以利用财务公司的金融职能和专业的资金管理服务进行资金集中管理。

企业在众多资金集中管理模式中选择适合的模式具有事半功倍的作用。现有研究指出，资金集中管理模式的选择是基于多种资金管理目标的综合考量。周骏等（2020）发现集团内部闲置资金存量是选择资金管理模式的重要依据，在闲置资金规模有所提升的情况下，将财务公司作为资金管理的主要抓手具有合理性，否则应该选择结算中心；姬广林（2017）指出如果企业资金流以单向收汇为主，则应着重考虑外币资金集中管理，如果以单向付汇为主则应考虑人民币集中管理，业务布局在国内的企业则以向内归集资金为主；刘继红和汪泓（2019）指出企业降低税负的动机强化了财务公司的税收筹划作用。鲜有文献从战略层面考察资金集中管理模式的选择问题，战略作为向导性的存在，是资金集中管理模式选择的基础，也是优化的方向。

美的集团是较早进行资金集中管理的代表，并且资金集中管理模式随着企业不同发展阶段战略需求的变化而动态调整。具体而言，自 1993 年上市以来，美的集团一直维持投资主导的形象，秉持资金集中管理的原则将实体经营权下放到各级子公司，在战略变更中对资金集中管理模式进行持续动态优化。美的集团经历了从结算中心到财务公司的跨越，形成了庞大的内部资本市场，积累了丰富的资金集中管理经验。因此，本文选取美的集团为案例对象，旨在探讨集团依据各阶段的战略需求差异化选择资金管理模式的驱动机制与实施效果，为其他企业提供借鉴。

本文可能的创新主要体现在以下几个方面：

第一，丰富了资金集中管理模式选择的研究。已有文献发现，政策环境（李慧，2013）、行业共识（李高波和朱丹，2016）、风险控制（袁琳和张伟华，2015）、税务筹划（刘继红等，2019）、资金存量（周骏等，2020）等因素是企业选择资金集中管理模式的重要依据。本文从战略层面考察资金集中管理模式的选择问题，在理论分析战略需求如何影响资金集中管理模式选择的基础上，结合具体案例详细分析了美的集团资金集中管理模式随企业战略需求变化而动态调整的驱动机制，丰富了资金集中管理模式选择依据的研究。

第二，不同于已有研究仅仅局限于企业某一特定阶段，单纯探讨该阶段所采用的资金管理模式的实施效果与优缺点（顾亮和李维安，2014；童超等，2018），本文将研究视角放宽到企业的整个生命周期，考察企业运行过程中资金管理模式的动态变化，透视不同阶段资金集中管理模式与战略需求相互匹配的过程，在时间权变层面对集团企业资金集中管理模式的选择进行了拓展，可为企业实务提供有益借鉴。

第三，对战略需求内嵌的异质性投资行为和不同资金集中管理模式的匹配逻辑进行了补充。现有文献多从企业战略角度对投资模式选择进行解读，且往往以企业财务或创新绩效为落脚点（段霄和武常岐，2017；戚湧和宋含城，2021）。而企业战略需求的满足主要通过投资活动体现，投资扩张的供给机制决定资金集中管理模式，本文将企业战略需求—投资扩张行为—资金管理模式三者进行逻辑机理上的串联，探讨三者在长期相辅相成中的动态变革轨迹，有助于进一步了解资金集中管理模式选择背后隐藏的动因。

2. 战略需求影响资金集中管理模式的理论分析

战略是企业关于自身发展方向全局性、指导性、长远性的选择和规划，以解决企业长远发展中适应性、竞争性和风险性等重大问题。而战略需求的实现需要对应资源供给机制的协调，因此资金集中管理在企业战略的推进中发挥了资源配置、价值管理的重要作用（赵华和张鼎祖，2007）。战略需求下的资金集中管理，是企业从全局和未来发展的角度对内部资金进行高效率的整合和调配，提升企业内部资金使用效率的过程，以更好地促进企业稳健成长。

战略具有相对稳定性，但并非一成不变。战略协同理论指出，企业所面临的宏观环境复杂且不确定性大，外部环境的强压催生出新的战略需求，比如行业竞争环境的压力、政府新政策的出台都会促使企业寻找适应新环境的对策。因此，企业需要及时调整战略以适应动荡的竞争环境，以战略的确定性响应外部环境的不确定性。而战略的柔性决定了资金管理模式的柔性，如果战略需求与资金管理模式的平衡性被打破，将难以适应外部环境变化的冲击。因此，基于战略需求优化调整资金集中管理模式、提升资金管理能力是企业提升整体绩效的关键，即遵循"外部环境变化—企业战略调整—管理模式动态优化—整体价值创造与反馈新需求"的过程（陈琦等，2018；薛云奎等，2005；朱明洋等，2020）。

新战略的推进依赖于高质量的资源配置。资源基础理论（resource-based view）认为企业独特的资源和能力是企业竞争的持续动力之源，决定企业绩效。而资源是有形和无形资产的集合，其重中之重便是资金资源。"资源"可看作对资源权属的占有，那么"能力"就是资源的使用。企业仅仅掌握资金资源无法直接构成企业持续的竞争力，只有将资金资源与管理模式进行合理的匹配，使现有资源在不断更新和匹配中形成新的资源，才能为企业带来源源不断的竞争优势。换言之，企业各种资源与能力的适配程度是其差异化竞争优势的来源，表现为企业控制与优化资源组合以策略性响应外部环境的动态能力。具体而言，企业根据对外部环境的动态研判对内部资源进行战略部署与自我更新，借助管理模式的动态优化来整合与配置现有资源，因地制宜地进行专项能力提升，从而获得持续的风险承担能力提升与价值创造（董保宝等，2011；贺小刚等，2006；唐忠良，2015；Itami & Roehl，1991）。

企业战略需求满足的直观体现为企业的投资行为，战略的落地即投资的实现。投资行为决定了企业扩张的速度、规模和质量，而资金的支撑是投资行为的基础，直接牵动战略需求的落地。只有通过科学的配置，企业的资金才能投入到有较高增值效果的项目中，并支持企业充分发挥内部资本市场的作用以降低资金成本，有效利用资金。同时，不同战略阶段的投资的侧重点也大相径庭，这就导致投资活动带来的财务风险、企业各部门的融资能力以及担保风险都与投资活动息息相关，继而随战略需求的变更而转移。此外，异质性投资往往形成多重委托代理关系，其带来的信息不对称给企业运营带来巨大挑战。此时，资金集中管理作为集团业务流在资金流上的综合反映，不仅能够有效锁定集团财务风险，还是缓解企业代理问题的良好工具。可见战略需求、投资行为和资金管理三者之间的适应程度是企业能否成功经营的关键，也是企业动态能力构建、提升的基础（谢建宏，2009；张继德和郑丽娜，2012）。

总而言之，战略需求导向下的资金集中管理模式，就是以外部环境与内部需求的战略协同为主线，以企业异质性投资活动为基础，促进战略需求与资金集中管理的良性耦合，确保资金集中管理模式服务企业战略变革的动态调整过程，理论分析框架如图 1 所示。

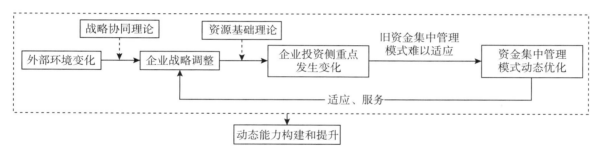

图 1　战略需求下资金集中管理模式动态优化的理论框架

3. 案例分析

美的集团①自 1968 年成立以来，经过几十年的发展，从一个仅有 23 名成员的街办塑料生产组逐步成长为拥有超十万名员工、年销售收入超过 3300 亿元的家电科技集团，其产品及服务惠及全球200 多个国家和地区约 4 亿用户，产业范围包括家电、暖通空调、自动化机器人系统和智能物流供应链。美的集团是较早进行资金集中管理的代表，井然有序的集团资金管理贯穿盘根错节的企业投资扩张始终，其资金管理模式嬗变的强适应性是其他企业学习的典范，亦是本研究选取其作为研究对象的重要原因。美的集团自 1993 年上市以来的发展战略可总结为三个阶段：第一阶段为机会成长阶

---

①　美的集团在 1993 年上市时股票简称"美的电器"，2013 年实现整体上市后改称"美的集团"，为了便于读者理解，文中不再区分，统称为"美的集团"。

段（1993—2004 年），趁上市之际，实现快速成长，在全国各地大规模建厂和并购、进行异地扩张；第二阶段为规模成长阶段（2005—2010 年），开始进行产业链布局，并强化核心产业的支撑；第三阶段为优化升级阶段（2011 年至今），主要通过融入国际化资源网和跨界并购强化集团核心竞争力。为了更好地服务战略需求，其资金集中管理模式经历了"结算中心异地结算模式—结算中心数据大集中模式—财务公司"的动态调整，资金集中管理模式对应职能也在动态调整中完成了"异地资金管理能力—跨业务协调能力—金融发展能力"的叠加，做到了资金集中管理模式随战略需求变化而动态调整。

3.1 美的集团机会成长阶段的资金集中管理（1993—2004 年）：结算中心异地结算模式

3.1.1 美的集团机会成长阶段的战略需求：异地扩张

改革开放初期，中国工业经济重心由过去追求重工业高速增长，逐渐转为重工业与轻工业的协调发展。轻工业生产设备的更新换代补齐了原先轻工业发展的短板，并大大激发了改革开放初期中国人民对家电等生活用品的物质需求（史丹和李鹏，2019）。20 世纪 90 年代开始，城镇居民消费水平从千元级升级至万元级，以家电普及为焦点的耐用消费品热潮形成。彩电、洗衣机、电冰箱和录音机成为居民消费"新四件"，也是国民第一次消费升级的代表性事件（刘伟和蔡志洲，2021），为家电企业发展提供了肥沃的土壤。

1993 年，乘着第一次消费结构剧变的春风，美的集团上市，为其撬动更加庞大的市场提供了机会。对此，美的集团的首要战略需求就是追求持续的资本扩张，提高市场份额以突破自身瓶颈，同时避免自身在激烈的市场竞争中被同质化产品替代。机会成长阶段美的集团面临产品市场和掌握的技术不稳定，而异地扩张正是弥补这些缺陷的办法。从市场角度看，异地扩张不仅是集团打响知名度、积累客户群体的手段，还是识别市场需求的有效途径。跨地区投资能够使美的集团接触不同市场的消费者，洞察消费者需求以促进产品质量的改进和工艺的提升。此外，早期美的集团主要在广东地区活动，而广泛的异地扩张还可以弥补广东地区缺乏部分所需技术资源的缺陷，驱动内部子公司知识扩散以更好获取异质性技术，改善集团创新效率。因此，在机会成长阶段，提高企业市场和知识多样性的目的推动美的集团进行了大量异地扩张的探索。

3.1.2 异地扩张推动异地结算模式建立

2000 年以前，我国家电行业处于萌芽期，各类家电的保有量水平较低，行业进入壁垒小。美的集团利用较早进入家电领域的先发技术优势，通过并购、合作的方式加速异地扩张，在国内市场打响知名度。具体异地扩张过程概括如下：1996 年以前，美的集团主要在广东顺德、珠海等地建立分公司；1997 年，美的集团收购江苏清江电机，进入大型工业电机领域；1998 年，收购安徽芜湖丽光空调厂，为美的集团从华东辐射全国奠定产能基础；1999 年，收购广东东芝万家乐电机、东芝万家乐制冷设备有限公司各 40% 股份；2000 年，美的集团空调事业部将旗下十几家注册公司整合为 4 家，即美的制冷设备有限公司、美的商用空调设备有限公司、美的芜湖制冷设备有限公司和美的武汉制冷设备有限公司；2003 年相继收购云南、湖南客车企业，尝试进军汽车业；2004 年，收购广州华凌与合肥荣事达，同年与重庆美的通用机械集团共同组建重庆通用中央空调设备公司，进入大型中央空调领域。武汉华中生产基地和重庆美的工业园也于当年启动建设。经过上述一系列异地扩张，美的集团业务范围覆盖南方大部分省份，其异地扩张情况如图 2 所示。

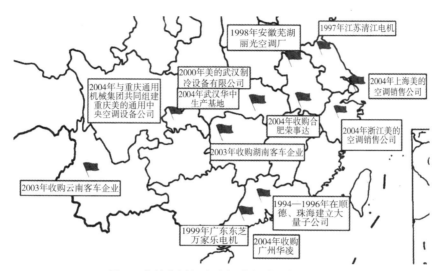

图 2　美的集团机会成长阶段异地扩张情况

资料来源：作者根据相关报道整理绘制而成。

随着美的集团的快速异地扩张，其子公司与关联公司数量也明显上升（见图 3），同时异地资金管理风险以及资金归集问题也迫切需要解决。若对此不加干预，难以形成集团内部资本市场，容易出现子公司资金闲置和资金短缺并存的情况，集团内部资金使用效率受影响，继而无法进一步支持经营规模的扩张。美的集团综合考虑该阶段杠杆风险、异地代理问题和资源整合成本的影响，于 1996 年建立了结算中心，采用异地结算模式，以加强对异地子公司及关联公司的资金管理。

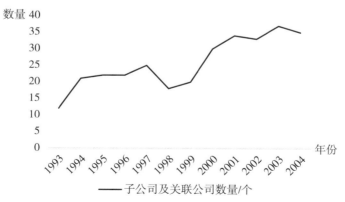

图 3　美的集团子公司及关联公司数量

资料来源：CSMAR 数据库（子公司信息数据库）。

3.1.3 结算中心异地结算模式服务异地扩张的战略需求

美的集团实行的结算中心异地结算模式可以理解为：集团总部设立结算中心负责成员企业的账户管理、投融资、资金收付和统一结算，成员企业设立自己的财务部门和银行账户，在集团的监督下进行独立核算并将超出当日总部核定限额的资金转入结算中心的专门账户。实际操作中，由于总部与分子公司之间的地域距离和合作银行的差异，分子公司银行账户与总部银行账户之间难以直接完成资金划转，而是由集团总部选定地域内的合作银行协助其归集特定地域内各成员单位的资金，然后再整体划转到总部账户。

结算中心异地结算模式具体运作流程如图4所示：首先，集团总部结算中心及各二级单位在各区域合作银行分别设置账户；其次，集团总部结算中心、各区域银行与二级单位订立划转协议，合作银行按期将二级单位的收入户中的存款全部向上转至集团异地结算中心账户，集团总部结算中心定期将二级单位转入区域异地结算账户中的资金再次向上归集到二级单位在集团总部结算中心设置的账户，并将二级单位预计使用的资金向下划转到区域异地结算账户，合作银行根据二级单位的需求将资金从集团异地结算中心账户再次向下划转到其支出账户。依托异地结算账户和外部商业银行，美的集团实现了把不同区域二级单位的资金通过异地结算账户集中到集团总部结算中心账户的过程，也实现了集团总部结算中心通过异地结算账户将资金向下划转到二级单位账户的过程。

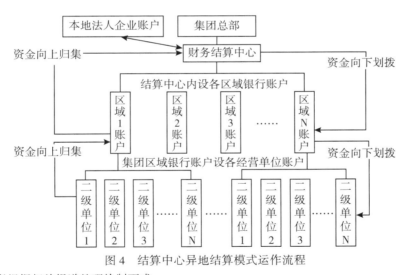

图4 结算中心异地结算模式运作流程

资料来源：作者根据相关报道整理绘制而成。

美的集团的母公司一直坚守投资主导地位，将实体经营权下放，导致大量货币资金沉淀于子公司，集团对子公司资金的管理力度不强，无法实时了解和掌握下级单位资金使用过程。结算中心异地结算模式不仅能够有效整合内部资金，实现跨地域内部资金集中归集管理，还可以利用与异地商业银行的紧密关系获得优惠的融资条件，助力结算中心的融资职能，同时减少异地单位财务工作的分歧，缓解异地资金管理中的代理问题，加强资金管理机制的稳定性，服务异地扩张需求。其结算中心异地结算模式的职能如图5所示。

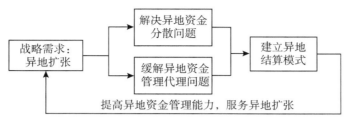

图 5　结算中心异地结算模式下的资金集中管理职能

3.1.4　结算中心异地结算模式下的价值创造与问题反馈

（1）结算中心异地结算模式的资金管理效果。表 1 显示，1996—2004 年美的集团合并报表与母公司报表货币资金金额非常接近，从图 6 更可以看出两表金额趋势几乎重叠，说明在高度集中管理下，子公司资金几乎全部集中于母公司。此外，1996 年设立结算中心进行资金管理后，合并报表借款总额与母公司报表金额相等，并且此阶段的集团整体借款规模较小、上升趋势不明显（见图 7），在充分盘活与协调集团内部资金的情况下减少对外部融资的依赖并降低债务融资成本①。整体而言，在机会成长阶段，结算中心异地结算模式在高度归集集团内部资金的同时，能够充分提升资金的使用效率，促进集团抓住机会快速推动异地扩张，提高在国内家电市场的知名度。美的集团营业收入从 1994 年 14.83 亿元上升到 2004 年的 192 亿元（见表 2），销售规模扩大 13 倍，占领市场高地战略初见成效。

表 1　　　　　　　　　　　**1994—2004 年美的集团财务报表数据（千元）**

年份	货币资金（合表）	货币资金（母）	借款总额（合表）	借款总额（母）
1994	35937	377	577861	0
1995	39214	1257	870742	0
1996	31016	20635	1060099	896322
1997	38897	36684	922273	922273
1998	50436	48218	788644	788644
1999	87842	57043	801481	801481
2000	285539	265193	1200000	1200000
2001	550298	512621	1690000	1690000
2002	729398	715715	425000	425000
2003	810120	769589	200000	200000
2004	777642	739951	335000	310000

注：借款总额为短期借款与长期借款之和，下同。

资料来源：美的集团年报。

————————————

①　表 2 最后一列数据显示财务费用率整体呈下降趋势，可知债务融资成本降低。

表2   **1994—2004 年美的集团财务费用与营业收入情况（千元）**

年份	财务费用（合表）	营业收入	财务费用率
1994	128582	1482685	8.67%
1995	74829	1932324	3.87%
1996	129948	2499026	5.20%
1997	87683	2175935	4.03%
1998	63916	3642161	1.75%
1999	83139	5789987	1.44%
2000	136438	8805244	1.55%
2001	159668	10525303	1.52%
2002	132278	10867157	1.22%
2003	56980	13761381	0.41%
2004	58940	19200877	0.31%

注：财务费用率为合并报表财务费用除以合并报表营业收入，下同。

资料来源：美的集团年报。

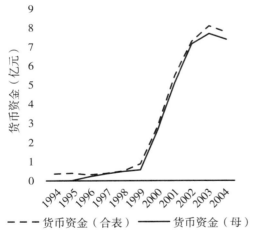

图6 合并报表与母公司报表货币资金比较

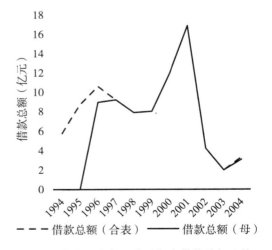

图7 合并报表与母公司报表借款总额比较

（2）结算中心异地结算模式的缺陷。主要包括：

一是业财难以融合。美的集团在 1996 年按照业务类型划分事业部，各事业部分权而治，但是资金集中管理是按照地域进行异地归集，存在资金管理与业务规划脱钩的情况。这意味着集团总部只能实现特定区域范围内各成员单位之间的资金协调运用，无法站在业务层面实现所需资金的事前预测、事业部业务交易过程中资金流向的事中控制、事业部经营绩效的事后监督，致使事业部之间只是竞争关系，缺乏事业部之间资源的共享机制。

二是总部结算中心压力积聚。结算中心异地结算模式下，总部结算中心内部不仅要开设各二级单位账户，还要在各个外部商业银行开设账户，即当集团每扩张至一个经营地域，就要增加一个外地账户；每设立一个子公司，内部就要增设一个账户。随着集团规模的不断扩展，商业银行为各子公司和关联公司开设的异地账户与内部二级单位账户数量越来越多，面临着监控异地账户和管理内部账户的双重压力。

3.2 美的集团规模成长阶段的资金集中管理（2005—2010 年）：结算中心数据大集中模式

3.2.1 美的集团规模成长阶段的战略需求：产业扩张

2005 年后，欧美市场外需的紧缩导致中国家电出口企业产能过剩，生存环境恶化。在宏观经济层面，国家开始抛弃以出口主导经济增长的模式，倡导通过拉动内需来帮助企业走出困境。2008 年，国家推出家电下乡试点政策，规定非城镇居民购买彩电、冰箱、洗衣机和手机四类产品，可按产品售价的 13% 得到有上限的补贴。2009 年家电下乡向全国推广，产品在原基础上新增空调、热水器、电脑和摩托车。2010 年，三部门印发《新增家电下乡补贴品种实施方案》，允许各省市在现有补贴产品基础上自行选择一个新品种纳入家电下乡补贴品种范围。这种统筹城乡经济发展的方式客观上推动了农村的消费升级，也盘活了家电企业在三、四级市场的产业链。

家电下乡政策是美的集团进行产业扩张的政策契机，亦是加速器。农村基础设施的不断改善和城镇化建设的大力推进使美的集团打开了三、四级市场和农村市场，也促使美的集团在顺应政府意志、追求规模经济和应对市场失效的目的下进行产业扩张。内外部因素叠加影响之下，美的集团的战略需求开始表现为强化核心产业的支撑，同时根据自身的区位优势、资源禀赋与产业链基础深化产业布局，优化产业结构，实现自身产业互补和联动发展，为培育新的经济增长点提供动力。

3.2.2 产业扩张催生结算中心数据大集中模式

2008 年 12 月开始，家电下乡在全国实施，美的集团积极参与投标，其旗下品牌全部中标。借助家电下乡的东风，美的集团大力开拓三、四级市场，积极抢占市场渠道资源或专业渠道资源，保障产品内销的增长。2009 年，冰箱成为家电下乡最受欢迎的产品，冰箱销售占家电下乡所有产品销售的 50% 左右，除此之外，城市更新换代的需求以及消费观念和生活方式的转变，也带动滚筒洗衣机及大容量洗衣机等高端产品销售迅速增长。随着空调进入家电下乡补贴范围，美的集团变频空调消费比率明显上升，零售市场份额超过 20%。这三类家电产品也构成了美的集团三大优势业务组合，销售收入得到快速增长（见图 8）。

家电下乡是美的集团强化优势业务的一个契机，但并非全部结果。美的集团很早就意识到冰箱和洗衣机业务对集团的重要性，对两者进行了更为精细的产业拓展，具体过程见表 3。2004—2010 年，美的集团通过内生与外延增长叠加的模式，加速产业扩张节奏。在外延扩张方面，进行了大量外部资产并购，强化与外部领先企业合作，如 2004 年收购荣事达美泰克合资公司、华凌集团，实现向白电全产业的布局拓展；2008 年美的集团再次斥资 16.8 亿元收购小天鹅 24% 股份，洗衣机正式进入"美的+小天鹅"双品牌发展轨道；其冰箱业务也在 2009 年推出凡帝罗高端品牌后进入双品牌运

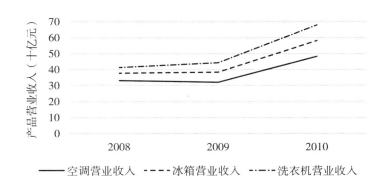

图8　家电下乡政策时期美的集团政策补贴产品营收增长情况
资料来源：Wind。

营阶段。除了外部收购，公司也致力于内生增长，包括对收购资产的充分融合，自主投入建立研发团队、产能、渠道体系等。2007 年，公司第一个海外基地在越南建成投产，并建成合肥美的工业园，执行"冰洗 352"战略，成为美的集团旗下洗衣机的主要生产基地；截至 2010 年，美的集团在主要品类上份额均居于行业前三。

表3　美的集团冰箱、洗衣机产业链延伸历程

年份	冰箱、洗衣机产业链延伸历程	投资方式
1992	进军洗衣机波轮电机业	自建
1998	与意大利梅洛尼合作立项进入洗衣机电机领域	合资
2002	成立冰箱公司，将冰箱事业部从空调事业部中分拆出来	自建
2004	收购合肥荣事达合资公司控股 50.5%，加强冰洗业务	收购
2004	收购华凌资产，加强冰空洗白电业务	收购
2007	美的电器受让集团持有的华凌集团经营性资产，接近同业竞争；合肥美的工业园竣工	收购/自建
2008	以 16.8 亿元收购小天鹅 24% 股份，收购后持股比例上升至 28.94%	收购
2008	与日本东芝开利成立安徽美芝制冷设备有限公司，实现冰箱压缩机年产能 500 万台	合资
2010	小天鹅向美的电器收购荣事达洗衣机 69.5% 股份，进一步化解洗衣机同业竞争	收购
2010	启动荆州冰箱、广州南沙冰箱基地建设	自建

小家电业务的拓展也是美的集团产业扩张的重要一环。美的集团最早从电饭煲起家，逐渐形成了生活电器、厨房和热水器、微波炉和清洁电器三大产品事业部，在主流小家电品类电饭煲、电压力锅、电磁炉、电水壶等保持国内市场第一的绝对优势。美的集团凭借内部事业部灵活的机制和持续的资源投入，展现出极强的品类延伸能力。小家电产业链延伸过程如表4所示，经过产品品类扩张，美的集团成为全产业链、全产品线的家电及暖通空调系统企业，逐渐形成集关键部件与整机研发、制造和销售于一身的完整产业链。其产品构架也逐渐明显：暖通空调业务以家用空调、中央空调、供暖及通风系统为核心，消费电器包含洗衣机、厨房家电、冰箱、厨卫及各类小家电等。

表4 美的集团小家电产业链延伸过程

年份	小家电产业链延伸过程	投资方式
1994	从日本三洋引进模糊逻辑电脑电饭煲项目，成立美的电饭煲制造有限公司，进入电饭煲领域	合资
1999	与日本东芝、日本三洋等开展合资合作，进入 IH 电饭煲领域	合资
1999	应用 IH 技术，推出第一代电磁炉产品，进入电磁炉行业	自建
1999	成立广东美的微波炉制造有限公司（微波炉事业部）	自建
2001	收购日本三洋的磁控管工厂，进入微波炉核心部件磁控管领域	收购
2003	生产热水器、空气能热水机；风扇基地搬至中山，成立风扇公司	自建
2005	收购江苏春花 80% 的股权，进军吸尘器行业	收购
2005	美的集团旗下全球最大的电磁电热产品工业园的落成，具备年产 1200 万台电磁炉的规模，成立美的照明	自建
2006	成立美的清湖净水设备制造有限公司，生产加湿器	自建
2008	花费 3 亿元建造面积达 10 万平方米的料理电器工业园，拥有 4 条豆浆机生产线	自建
2010	收购贵雅照明，建设江西照明基地，主营照明灯具产品	收购

在上游，美的集团布局零配件厂商推动生产协同，通过美芝压缩机和威灵电机两大事业部，进一步掌控核心零配件。在下游，美的集团布局安得智联，依托自主研发的信息技术系统和全面布局的配送网络，实现全国区县乡镇无盲点的全程可视化全网配送。综上，2004—2010 年，美的集团形成了白电—小家电—核心部件产业链组合（如图9所示），通过产业扩张促进产业优势互补，逐渐聚焦产业核心定位。

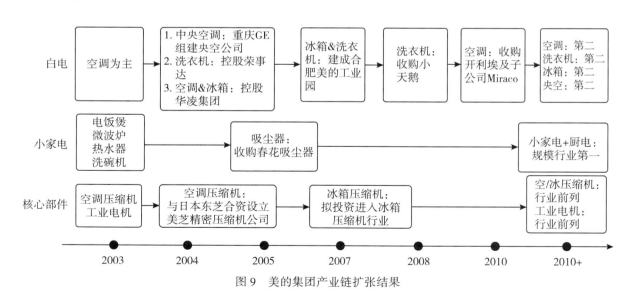

图 9　美的集团产业链扩张结果

随着产业不断扩张，异地结算模式按照地域分布归集、划转资金的问题逐渐凸显，总部结算中心面临着管理内部账户和监控异地账户的双重压力，事业部之间难以实现资源共享。因此，进一步提升资金使用效率是优化资金管理体系的经济动力，产业链的扩张促使集团寻找新的资金集中管理方法，来实现多业务间资金的信息共享与全方位资金风险监控。美的集团于 2004 年启动"春曦"项目，引入结算中心数据大集中模式代替异地结算模式。在数据大集中模式下，结算中心按照事业部设置账户，事业部负责下级各经营单位的账户管理，即后续经营单位数量的增加并不会增加结算中心的内部账户数量，结算中心也减少了外部商业银行的异地账户数量。不仅如此，账户层级设置为结算中心掌握事业部资金提供了便利，按照事业部层级向上归集资金，避免分权运营导致的资金过度分散；向下进行资金配置以协调各成员单位的资金运转，资金沿着事业部层级运转，并添加结算中心职能以满足新增业务的需求。

3.2.3 数据大集中模式服务产业扩张的战略需求

在数据大集中模式下，美的集团按照上市公司和控股公司分别建立了两个资金结算中心系统：上市公司资金结算中心和控股公司资金结算中心，事业部在所属的结算中心开户进行资金管理；事业部内设资金科用于管理所属二级企业在该事业部的资金运转。具体的运作过程如图 10 所示：在资金归集过程中，结算中心在外部商业银行开户，美的集团各二级单位的收款全部收到结算中心在银行开设的账户，结算中心自动接收商业银行的收款通知，然后自动记账和分发到其二级单位所属的事业部，事业部的资金科在接到收款通知时，将收款记到二级单位在资金科的存款账户，实现了集团所有的收入都通过结算中心结算。在资金划转过程中，事业部和二级企业均保留一个费用账户用于零星支付，其资金由结算中心或资金科根据额度划拨。当二级单位对外付款金额在费用限额之内，则直接从其费用账户支付；若超出费用限额，则需要向上级事业部提交付款申请；当付款金额在事业部费用限额之内，则由事业部资金科记账并向外支付；若超出事业部费用限额，则由资金科送所属结算中心进行付款审批，通过审批后从商业银行支付出去。

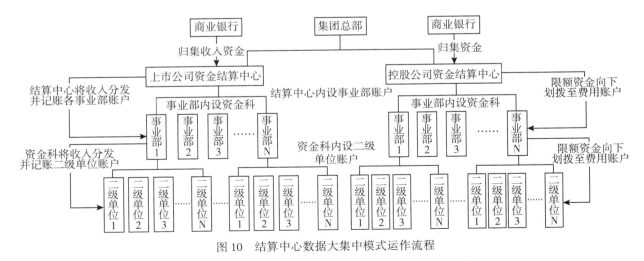

图 10 结算中心数据大集中模式运作流程

资料来源：https://www.docin.com/p-1592565625.html。

　　数据大集中管理模式代替异地结算模式的初衷是实现业财融合，全方位掌握事业部资金流向，促进集团内部资源共享。数据大集中模式大大减少了集团银行账户数目，缓解了结算中心账户管理的压力。资金流转过程与业务布局一致，实现了对事业部资金的"事前—事中—事后"控制，有针对性地修复了异地结算模式的缺陷。

　　数据大集中模式可以缓解由于资金分散导致的跨部门融资困难，并减少对外部融资的依赖。如果某项业务代表的下属子公司资产质量和盈利能力较差，导致授信审批与放贷受阻，直接影响产业的扩张。而数据大集中模式可以加强集团整体融资水平，归集下属企业资金，加快资金流通，防止某个局部直接影响中心的运作效率，提升整体资金周转能力，更好地服务产业扩张的战略需求。最后，这种资金集中管理模式还能促进企业统筹各部门资金预算体系，为全面预算的编制提供更科学的依据。图 11 体现了这种模式的职能。

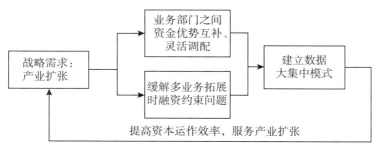

图 11　结算中心数据大集中模式下的资金集中管理职能

3.2.4　结算中心数据大集中模式下的价值创造与问题反馈

　　（1）结算中心数据大集中模式的资金管理效果。在结算中心数据大集中模式下，美的集团货币资金呈现合并报表金额大于母公司报表金额的情况（见表 5 和图 12），并且两者之间的差距越来越大，说明资金归集程度在降低。另外，借款总额呈现出合并报表金额高于母公司的情况（见表 5 和图 13），且两者差额居高不下，这是集团对债务融资进行分权管理的结果，即美的集团的债务融资由前期高度集权式融资向集权与分权相结合式融资过渡，将部分融资权限下放，给予子公司一定的融资权，提高了资本运作效率，提升了从外界获取融资的能力。

表 5　　　　　　　　　　　　　**2005—2010 年美的集团财务报表数据（千元）**

年份	货币资金（合表）	货币资金（母）	借款总额（合表）	借款总额（母）
2005	1618036	96952	2192972	540000
2006	1737420	22334	2165428	340000
2007	3223962	66089	3710327	450000
2008	4645146	172908	4316815	87500
2009	6371411	827740	4500420	2252609
2010	9210728	1726075	8412278	2200000

资料来源：美的集团年报。

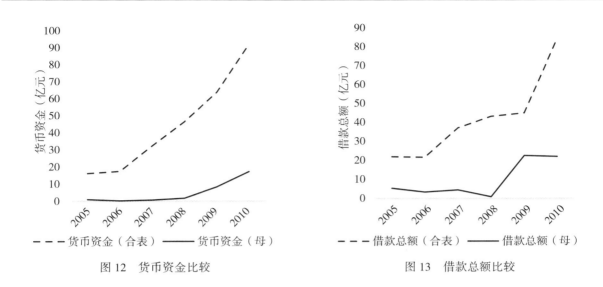

图 12　货币资金比较　　　　　　　　图 13　借款总额比较

综合来看，数据大集中模式的重要目的是提高内外部资金运作效率，为业务布局和扩张提供可持续资金支持。表 6 显示，2006—2009 年空调板块、其他家用电器板块以及电机、压缩机业务板块的销售额实现较大增长。说明采用结算中心数据大集中模式、以业务层次划分资金集中管理层级的策略可以充分掌握各事业部的资金活动，及时在各事业部和总部之间协调资金，稳定支持产业发展。给予各事业部在限额资金内的管理权、使用权以及融资权的设置还能够激发各经营单位的积极性，拓展各业务板块的收入，助力战略目标达成。

表 6　　　　　　　　　　　　　**1998—2009 年美的集团主要业务板块收入（千元）**

年份	空调收入	其他家用电器收入	电机、压缩机收入	年份	空调收入	其他家用电器收入	电机、压缩机收入
1998	2234583	1042273	338104	2004	10129754	6654235	2243882
1999	3868228	1501565	419662	2005	14875060	4545221	1835593
2000	6000000	1187359	1603698	2006	18319620	—	3329000
2001	5552280	3656164	1303692	2007	24401651	4220068	4652078
2002	5669410	3541378	1634775	2008	30751360	9231190	5148034
2003	7033480	4787862	1903244	2009	32039215	12278019	—

资料来源：美的集团年报。

（2）结算中心数据大集中模式的缺陷。数据大集中模式下，结算中心在外部商业银行开设集团统一账户，成员企业不单设银行账户，各成员单位的收入都使用集团开设的统一账户，这种管理模式的账户设置一定程度上与《银行管理方法》相悖。其次，在实际操作中很难保证集团下属所有经营单位都使用这个账户，即使都按照集团规定使用统一账户作为收入账户，也必须按照既定的规则填写收入户信息，才能保证结算中心在收到收入时精准分配到事业部，再到具体的经营单位，但由于经营单位数量众多、经营模式各有不同，资金难以集中，从表 5 和图 12 可看出，2005—2010 年美的集团合并报表货币资金与母公司报表货币资金金额差距越来越大，其中 2005 年合并报表的货币资金（16.18 亿元）与母公司报表的货币资金（0.97 亿元）差额为 15 亿元左右，而 2010 年，合并报表的货币资金（92 亿元）与母公司报表的货币资金（17 亿元）差额为 75 亿元左右，是 2005 年差额的 5 倍。

3.3 美的集团优化升级阶段的资金集中管理（2011 年至今）：财务公司模式

3.3.1 美的集团优化升级阶段的战略需求：国际化和多元化

2010 年后，家电行业原材料成本上涨，出口需求衰减，海外订货量也因欧美债务危机而锐减，导致美的集团利润率呈衰退趋势。国内市场竞争逐渐饱和，美的集团面临着成长性和利润可持续性的严峻考验。与此同时，家电行业的"节能惠民产品补贴"结束，家电下乡、以旧换新等政策也在 2011 年末结束，利润的萎缩和政策红利的消失都在为美的集团敲响警钟，促使其思考未来何去何从。

在"加快形成国内大循环为主体、国内国际双循环相互促进"的新发展格局倡导下，市场运营的国际化成为美的集团做大做强的途径。美的集团通过与发达国家企业建立资源链接来捕捉更广泛的海外市场，以追求自身在全球价值链地位的提高。通过融入国际资源网，跨国发展还可以为集团带来更多前沿技术与知识，集团企业对新的资源与知识进行模仿、转移和内化，从而形成全新的国际化竞争优势。

此外，家电行业特别是小家电行业面临着产品生命周期明显缩短，更新迭代速度提高，产品同质化愈发严重的问题，且互联网和数字化技术的发展使用户群体对家电萌生了新的需求——高端互联网智能化的家电需求，因此行业龙头往往面临更大的产品创新压力。为突破原技术轨道的"单一化"发展问题，美的集团进行了大量的跨界并购，首要目的是快速获取新的技术，打破原有知识重复利用的刚性，以技术多元化带动创新多样化。美的集团对多元化采取谨慎的态度，不盲目追求多元，而是将跨界并购集中在智能化、自动化等高科技领域。通过此类跨界并购，美的集团能够以机器人技术和自动化技术为支撑，以数字化升级带动制造业升级，实现"互联网+制造业"的智能产业链。

综上所述，美的集团该阶段主要进行跨国与跨行业产业延伸，以提高企业的全球竞争力，追求公司数字化技术能力的圈层外移。

3.3.2 国际化和多元化扩张助推财务公司建立

随着国内家电行业竞争不断加剧，加上人民币对美元不断升值以及国内制造成本的不断攀升，美的集团第一个海外生产基地——越南生产基地于 2007 年建成。该基地成为美的集团在东盟的小家电生产基地及战略据点，拉开集团国际化扩张的序幕。随后，美的集团通过合资、收购等形式陆续在白俄罗斯、埃及、巴西、印度等地建设海外生产基地，完成制造基地的国际化。与此同时不断加大并购力度，并与国际化的大公司、大资本深度合作，形成多品牌架构。2010 年以来，公司经历了若干次重大并购，吸收了东芝、Miraco、Clivet、Eureka、德国库卡等知名品牌，并进军日本、非洲、欧洲等海外市场。特别是对库卡的并购，标志着美的集团成为中国及全球机器人和自动化领域的领军科技企业，对集团有着重要战略意义，也是其发展的一个转折点。海外扩张具体过程见图14。截至2020年，公司海外设有18个研发中心和17个主要生产基地，位于越南、印度、泰国、俄罗斯、埃及、巴西、阿根廷等15个国家，海外员工约3万人，结算货币达22种，业务涉及200多个国家和地区。

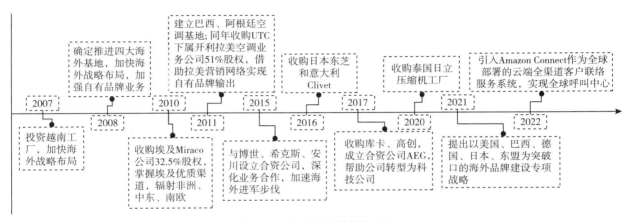

图 14　美的集团海外扩张过程

同时，为了更好地发挥产业间的协同效应，美的集团也进行了大量多元化并购。2017年美的集团收购德国库卡，库卡业务覆盖工业机器人、医疗、仓储自动化三大领域。在库卡的协力之下，集团首个全智能化制造基地建成，为自动化系统以及传输系统提供解决方案；在仓储领域，库卡旗下瑞仕格物流打造智能化立体库系统，实现自动出入库存取和拣选。美的集团还在智能楼宇与机电行业进行了大量的跨行业投资，因为家电业务、机电业务和暖通与楼宇业务可以相互为对方提供内向赋能与技术支撑，依托规模效应实现技术与过程可控，推动机械智能化在产业链上下游一体化协同发展，具体协作流程见图15。此外，集团子公司美芝压缩机和威灵电机持续推动美的集团在新能源电机、电控和热管理系统进行技术迁移，完成核心能力圈的下游应用场景拓展，也是集团跨行业多元化的另一个结果体现。

美的集团在国际化与多元化扩张中，由于经营单位数量众多、经营模式各有不同，加上集团对事业部相对集中的管控模式，结算中心数据大集中模式下资金集中度有所降低，难以满足新战略的资金需求。我国"十三五"规划建议中首次提出"产融结合"政策，比如2016年发布《关于金融支持工业稳增长调结构增效益的若干意见》和《加强信息共享促进产融合作行动方案》、2017年发布《关于金融支持制造强国建设的指导意见》，都体现了国家倡导产融结合，金融服务支撑实体经济的政策导向，为此美的集团抓住时机成立财务公司，将资金集中管理模式由结算中心数据大集中模式调整为财务公司模式。财务公司的本质是企业非银行金融机构，通过全面资金集中、统一结算集中、全面风险管理、提供综合金融服务和金融数据信息治理等手段，为企业提供更加优质的信息。

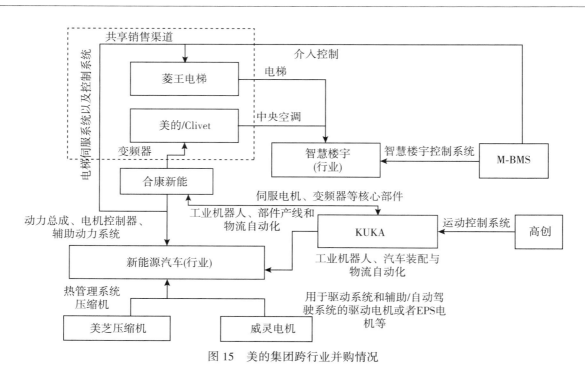

图 15　美的集团跨行业并购情况

3.3.3　财务公司模式服务国际化和多元化扩张战略需求

一般情况下，财务公司模式分三种：（1）高度集中模式：集团内外部往来业务通过财务公司和其在银行设立的统一清算账户完成。（2）相对集中模式：成员单位和财务公司分别在银行设立账户，通过协议进行资金集中管理。（3）财务公司与结算中心联动模式：资金归集到结算中心，财务公司账户与结算中心的集团一级归集账户联动进行资金集中管理。

若美的集团选择高度集中模式，则难以激发各经营单位的活力，但海外发展需要从集团内部聚集一定的资金为战略实施提供资金保障。鉴于此，美的集团选择相对集中的财务公司模式，合理配置母子公司之间的权力归属（谭洪涛和陈瑶，2019），既可以从企业内部各经营单位集中部分资金，又可以在监控集团整体资金运动的同时给予各成员单位较大的资金使用权。图 16 展示了美的集团财务公司的具体运作流程：就国内资金管理而言，财务公司在商业银行开设集团账户，同时成员企业在财务公司和商业银行设立账户。成员单位与集团外企业之间资金往来主要依托商业银行账户。商业银行实时向财务公司传递成员单位在商业银行账户的发生额和余额数据，财务公司根据其提交的信息，控制成员单位在商业银行的账户额度。如果账户余额超过限额，则通过商业银行系统自动将超出部分划转到在财务公司设立的账户中，不足时则根据预先制定的规则通过商业银行将资金向下划转到成员单位在商业银行的账户。财务公司的账户主要用于成员单位之间的结算，成员单位通过登录财务公司业务管理信息系统网上提交指令及通过向财务公司提交书面指令实现内部资金结算。在跨境资金管理方面，美的集团财务公司则借助跨境资金管理平台与国外单位实现资金往来，具体操作步骤与国内管理类似。

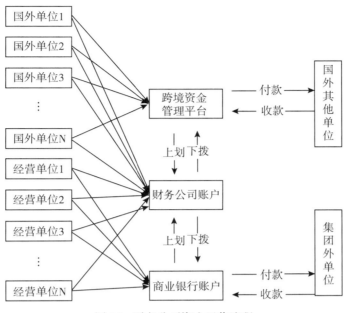

图 16 财务公司资金运作流程

财务公司能够发挥其融资、技术和风险管理职能以支持企业全面优化升级。首先，从融资角度来看，海外业务扩张与多元化并购都离不开大量的资金需求，美的集团选择建立起自己的金融机构——财务公司，可以提供更加全面、信任度高的金融服务，并降低跨国信息搜导、尽职调查与海外资源整合的技术难度。其次，在技术创新层面，国家鼓励财务公司开展以技术创新为目的的资金筹集业务，为技术创新提供长远的金融支持服务，这也是美的集团响应互联网+金融创新的结果。最后，从风险管理角度来看，海外业务的扩张导致外汇风险显著提高，而财务公司的外汇风险管理职能是其特有优势之一。财务公司能够集中外币资金，合理配置不同币种现金比例，进行跨币种结算和设计风险对冲，为美的集团适应日渐自由化与国际化的市场降低外汇交易风险。从这一点来看，财务公司的设置与美的集团该阶段的战略需求同样具有高度契合性。图 17 体现了财务公司服务集团国际化与多元化扩张的职能。

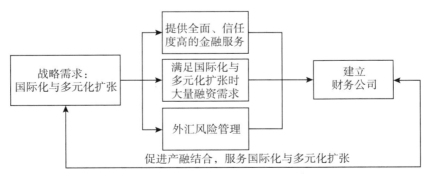

图 17 财务公司模式下的资金集中管理职能

3.3.4 财务公司模式下的价值创造与问题反馈

（1）财务公司模式的资金管理效果。表 7 和图 18 至图 21 展示了 2011—2021 年美的集团相关财务数据及变化趋势，在 2017 年出现了较大的转折，与当年库卡公司的并购有很大关联。由图 18 可知，采用财务公司模式后，2011—2016 年母公司报表与合并报表其他应付款差额越来越大，说明母公司对子公司资金的整合力度提高。图 19 显示两张报表之间的货币资金差距越来越小，尤其是 2013—2016 年，合并报表和母公司报表货币资金金额几乎相等，资金得到有效归集。图 20 显示母公司报表其他应收款金额一直大于合并报表，且差距在 2014—2016 年扩大，表明母公司向子公司提供资金的力度越来越大。可见无论是资金向上归集的力度还是资金向下划转的力度，财务公司模式都比结算中心模式的效果更好。另外，通过分析融资情况发现，图 21 显示 2011—2016 年借款总额略有下降，伴随着财务费用率从 2011 年的 0.71% 下降到 2016 年的 -0.63%（如表 8 所示），一方面是因为借款规模下降带来的财务利息费用下降（如图 21 所示），另一方面是其在大力整合集团内部资金的基础上，对资金的高效管理导致的利息收入在 2011—2016 年呈现小幅增长趋势（见图 22）。此外，财务公司的金融管理职能也促使美的集团"其他类金融业务收入"从 2011 年的 996 万元上升到 2016 年的 7.97 亿元（见表 8），可见财务公司在 2011—2016 年的效用明显。

表 7 　　　　　　　　　　　　　　　**2011—2021 年财务报表数据（千元）**

年份	货币资金（合表）	货币资金（母）	其他应收款（合表）	其他应收款（母）	其他应付款（合表）	其他应付款（母）	借款总额（合表）	借款总额（母）
2011	12746403	2445523	2518316	5915355	1642725	4653466	9182645	275000
2012	13435509	1866189	1121346	5610956	2469318	8491177	7470561	0
2013	15573683	14309968	1025395	3519029	1487781	23082574	9583639	140000
2014	6203283	8452624	1180768	2418306	1223549	36057339	6090084	500000
2015	11861977	14213747	1101339	7461039	1139306	45166453	4010994	1290000
2016	17196070	17135480	1140133	12644592	1571422	54461578	5278774	0
2017	48274200	29349926	2657568	8403564	3170405	57867535	35570427	0
2018	27888280	15361626	2971368	11593020	3140082	74714012	32961829	575000
2019	70916841	52291056	2712974	18369865	3800568	103624998	47000215	8550064
2020	81210482	49240180	2973945	28318670	4501391	123120354	52771216	6599314
2021	71875556	48153997	3104065	31447849	4288104	151450555	25115643	12509900

资料来源：美的集团年报。

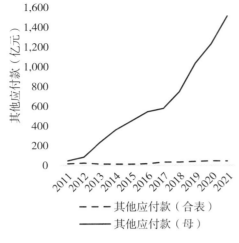

图 18　其他应付款比较

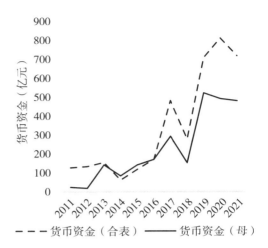

图 19　货币资金比较

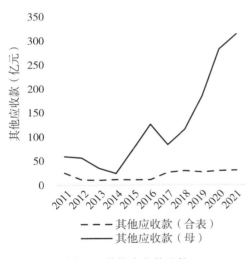

图 20　其他应收款比较

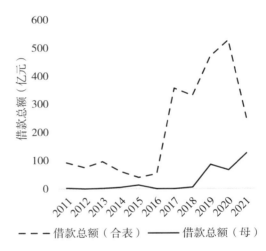

图 21　借款总额比较

表 8　　　　　　　　　　其他类金融业务收入和财务费用率

年份	其他类金融业务收入（千元）	财务费用率	年份	其他类金融业务收入（千元）	财务费用率
2010	9963	0.71%	2016	797660	−0.63%
2011	82125	1.08%	2017	1206595	0.34%
2012	114912	0.79%	2018	2154815	−0.70%
2013	290177	0.47%	2019	1164489	−0.80%
2014	642792	0.18%	2020	1488480	−0.92%
2015	905898	0.10%	2021	2127043	−1.28%

资料来源：美的集团年报。

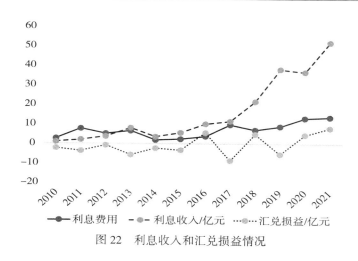

图 22 利息收入和汇兑损益情况

2017 年之后，图 18 至图 21 的报表项目发生了明显转折。2017 年后母公司的其他应付款、其他应收款与合并报表中的对应科目的差距更大（图 18 与图 20），说明母公司对子公司资金的上划下拨力度更强，但反常的是两表之间的货币资金差距却越来越大（图 19），可见美的集团并购库卡之后存在潜在的资金整合难题。另外，美的集团的融资也于 2017 年发生明显变化。具体而言，美的集团在 2017 年之后的借款总额呈现上升趋势（图 21），利息费用随之上升（图 22），而整体财务费用率却从 2017 年的 0.34% 下降到 2021 年的 −1.28%（表 8），看似反常的现象背后却是财务公司专业的资金管理职能与跨境资金管理职能发挥效应的结果。一方面，从图 22 可以看出，美的集团非金融的利息收入逐年上升，这是财务公司在大力整合集团内部资金后进行有效管理的结果（表 7 显示货币资金在 2016 年以后金额大幅提升）。另一方面，图 22 显示自 2017 年美的集团并购库卡，开始出现汇兑收益，并呈现曲折式上升，这意味着在美的集团开启国际化新征程后，财务公司的跨境管理职能发挥作用，为降低财务费用贡献力量。此外，财务公司的金融职能也助力资金集中效果呈现。表 8 中"其他类金融业务收入"2021 年与 2017 年前相比有了快速增长，从 2017 年的 12 亿元上升到 21 亿元，这是因为财务公司的专业性不仅可以"管财"更可以"理财"，以专业的金融工具和服务助推集团战略转型，整合资金链的金融资源，从内外双向渠道获取资金，发挥专业金融职能以优化资源配置来获取额外收益（杨理强等，2019）。

综合来看，财务公司相对于结算中心模式而言，其专业的资金管理职能与金融职能助力美的集团资金集中管理效果"更上一层楼"，而且在美的集团国际化扩张不断深入、多元化进程加快的情势下，其金融发展的职能也逐渐发挥作用。

（2）财务公司模式的缺陷——资金安全性和资金使用效率存在失衡。由表 9 可知，美的集团财务公司的资产从 2010 年的 11.16 亿元增至 2018 年的 275.82 亿元，增长了 24 倍，但资本充足率却从 2010 年的 155.71% 下降到 2018 年的 28.25%，表明在提升资金使用效率的同时资金安全性降低（朱南和谭德彬，2015）。究其原因：首先，美的集团财务公司业务众多，对于各业务的风险管控缺乏针对性和专业性，可以考虑针对各业务单位设置专门的风险管理组织以进行更具体的风险监测，并由董事会下设的风险管理委员会统一对各级风险管理组织进行领导。其次，美的集团对财务公司的资金风险和资金使用效率掌控力度较低，财务公司具有自身的股东会和董事会，集团对财务公司的掌控仅仅依赖于财务公司自身的报告和信息传递（袁琳等，2015），可以考虑在组织架构上加大对财务公司的直接掌控，进而掌握财务公司的资金风险和资金使用效率。

表9　　　　　　　　　　　　　**美的集团财务公司基本情况**

年份	2010	2011	2012	2013	2014	2015	2016	2017	2018
资本充足率	155.71%	101.15%	36.73%	78.31%	37.81%	18.78%	16.12%	15.21%	28.25%
资产总额（亿元）	11.16	40.76	44.19	95.38	149.44	198.03	207.96	354.9	275.82

资料来源：《关于美的集团财务有限公司风险持续评估报告》。

4. 研究结论与案例启示

本研究以美的集团资金集中管理为对象，从战略需求视角出发，分析美的集团战略更替与资金集中管理模式变更下的资金管理效果和呈现的问题，得到以下研究结论：

（1）战略需求与资金管理模式相匹配是集团成功经营的关键因素之一。结合案例来看，美的集团战略变更与资金集中管理模式的变更几乎是同步的，主要原因在于战略需求的迁移决定了投资行为的更迭，继而决定资金管理模式的转换。

（2）美的集团的战略扩张经历了"异地扩张—产业扩张—国际化与多元化扩张"的转换，资金管理模式也经历了由高度集中向相对集中的转变，说明企业需要根据战略需求有的放矢地调整资金集中管理的强度。

（3）资金集中管理的职能发生了"异地资金管理能力—跨业务协调能力—金融发展能力"的变化，伴随集团战略阶段的进阶而进阶。在机会成长阶段，美的集团的资金管理模式重点是保障各异地单位的经营顺畅性和资金安全性；规模成长阶段注重业务之间的资金协调发展；优化升级阶段的资金管理模式侧重于发挥金融机构的特有职能，助推产融结合。其资金集中管理模式及职能随战略需求变化而动态调整的过程见图23。

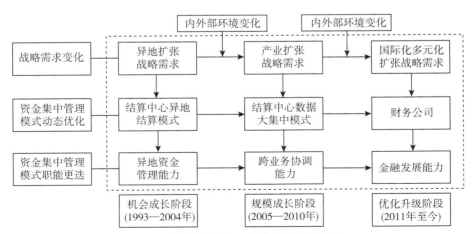

图23　资金集中管理职能动态演化过程

本研究对其他企业选择资金管理模式具有良好启示：

（1）企业应以战略需求为指引，动态优化资金集中管理模式，提高资金集中管理职能与战略之间的匹配度。规模扩张的企业重视异地资金管理，产业扩张的企业追求跨业务部门的资金资源优势互补，优化升级阶段适当引入产融结合点燃国际化与多元化发展引擎。为适应战略需求对资金管理的要求，企业应根据战略需求选择不同的资金集中管理模式，做到资金集中管理服务于战略。

（2）每种资金集中管理模式并非十全十美，其在运行过程中会呈现出特定的管理难点，需要企业根据自身战略、特点和能力建立相应的管理办法或者机制来补齐短板。例如，美的集团在数据大集中模式下，母公司资金集中管理与子公司运营的灵活性可能会出现矛盾。因此，集团应充分优化资金使用的授权体系，明晰重大资金投向决策权、信贷和担保决策权、日常资金收付调度管理权在母子公司之间的权限划分，形成制度保障。再如，在财务公司模式下，财务公司对资金的管理意味着总体风险将会向上归集到集团总部，对总部的风险管理水平提出较高的要求。因此，对重大风险的评估以及收益风险之间的平衡是管理层对财务公司进行管理的难点，企业应当建立风险预警体系，监控资金运用的合规性。

（3）目标企业资金整合是企业资金集中管理过程中面临的一大挑战。美的集团自 2010 年开始，以财务公司为总抓手进行资金管理，资金归集力度逐年增强；但在 2016—2017 年并购德国库卡公司并维持其相对独立地位的情况下，出现了合并报表与母公司报表之间的货币资金差额逐渐增大的现象；而当 2018—2019 年美的集团开始着手整合库卡公司，双方管理模式开始从"相互独立型"向"共生型"转变，合并报表与母公司报表货币资金的差额才得以减小。因此，集团在通过并购进行战略扩张的同时，还要考虑如何对目标企业进行整合，并购后的整合也是影响资金集中管理效果的重要因素。

◎ **参考文献**

[1] 陈琦，冯玉强，刘鲁宁．二元性视角下战略柔性促进企业战略变革的过程研究 [J]．管理评论，2018，30（9）.

[2] 董保宝，葛宝山，王侃．资源整合过程、动态能力与竞争优势：机理与路径 [J]．管理世界，2011（3）.

[3] 段霄，武常岐．业务战略对 IT 投资效果的驱动作用研究——以中国移动互联行业为背景 [J]．科学学与科学技术管理，2017，38（3）.

[4] 顾亮，李维安．集团内部资本市场与成员企业价值——基于集团成立财务公司的事件研究 [J]．证券市场导报，2014（8）.

[5] 贺小刚，李新春，方海鹰．动态能力的测量与功效：基于中国经验的实证研究 [J]．管理世界，2006（3）.

[6] 姬广林．我国跨国企业跨境资金集中管理的模式选择——基于北京 123 家企业集团的调查 [J]．上海金融，2017（5）.

[7] 李高波，朱丹．战略异质性与现金持有——基于预防动机的实证检验 [J]．东岳论丛，2016，37

（8）.

[8] 李慧．基于内部资本市场理论的我国集团财务公司功能研究［J］．云南社会科学，2013（4）.

[9] 刘继红，汪泓．关联财务公司与公司税收筹划［J］．南开管理评论，2019，22（6）.

[10] 刘伟，蔡志洲．中国经济发展的突出特征在于增长的稳定性［J］．管理世界，2021，37（5）.

[11] 戚湧，宋含城．技术并购企业创新绩效影响因素研究——以中国高端装备制造业为例［J］．科技进步与对策，2021，38（19）.

[12] 史丹，李鹏．中国工业70年发展质量演进及其现状评价［J］．中国工业经济，2019（9）.

[13] 谭洪涛，陈瑶．集团内部权力配置与企业创新——基于权力细分的对比研究［J］．中国工业经济，2019（12）.

[14] 唐忠良．财务公司模式下资金集中管理信息化研究［J］．技术经济与管理研究，2015（11）.

[15] 童超，李宝瑜，黄贤环．企业集团设立财务公司有效性的实证分析——基于倾向得分匹配法［J］．当代财经，2018（5）.

[16] 王峰娟，粟立钟．中国上市公司内部资本市场有效吗？——来自H股多分部上市公司的证据［J］．会计研究，2013（1）.

[17] 吴秋生，黄贤环．财务公司的职能配置与集团成员上市公司融资约束缓解［J］．中国工业经济，2017（9）.

[18] 谢建宏．企业集团资金集中管理问题探讨［J］．会计研究，2009（11）.

[19] 薛云奎，齐大庆，韦华宁．中国企业战略执行现状及执行力决定因素分析［J］．管理世界，2005（9）.

[20] 杨理强，陈少华，陈爱华．内部资本市场提升企业创新能力了吗？——作用机理与路径分析［J］．经济管理，2019，41（4）.

[21] 袁琳，张伟华．集团管理控制与财务公司风险管理——基于10家企业集团的多案例分析［J］．会计研究，2015（5）.

[22] 袁琳，陈凌云，何玉润．集团资金集中控制下的风险管理——基于大中型集团公司的案例分析［J］．会计与经济研究，2013，27（2）.

[23] 张继德，郑丽娜．集团企业财务风险管理框架探讨［J］．会计研究，2012（12）.

[24] 张瑞君，邹立，封雪．资金集中管理成功因素的实证研究［J］．会计研究，2006（11）.

[25] 赵华，张鼎祖．企业资金战略预算管理模式研究［J］．会计研究，2007（6）.

[26] 周骏，黄嵩，张俊超．财务公司还是结算中心？——企业集团资金集中管理模式的角度［J］．上海金融，2020（2）.

[27] 朱明洋，张玉利，曾国军．网络自主权、企业双元创新战略与商业模式创新关系研究：内部协调柔性的调节作用［J］．管理工程学报，2020，34（6）.

[28] 朱南，谭德彬．我国财务公司资金使用效率、动态变化及影响因素研究——基于DEA方法的实证分析［J］．金融研究，2015（1）.

[29] Bryant, L. L. "Down but not out" mutual fund manager turnover within fund families [J]. Journal of Financial Intermediation, 2012, 21 (4).

［30］Itami, H., Roehl, T. W. Mobilizing invisible assets ［M］. Harvard University Press, 1991.

［31］Shin, H. H., Stulz, R. M. Are internal capital markets efficient?　［J］. The Quarterly Journal of Economics, 1998, 113（2）.

［32］Stein, J. C. Internal capital markets and the competition for corporate resources ［J］. The Journal of Finance, 1997, 52（1）.

A Study on the Transformation of the Centralized Capital Management Model Under the Guidance of Strategic Demands
—A Longitudinal Case Study Based on Midea Group

Liu Jianyong　Zhang Ning　Gao Langzhou

（School of Economics and Management, China University of Mining and Technology, Xuzhou, 221116）

Abstract: Based on a longitudinal single-case study of Midea Group, this paper analyzes the theoretical logic and implementation effects of dynamic adjustments in centralized capital management models in response to changes in strategic demands. The study reveals that Midea Group's strategic demands during the stages of opportunity growth, scale growth, and optimization and upgrade exhibit a changing trend of "expansion in different locations, industry expansion, internationalization and diversified expansion." The centralized capital management mode of the company undergoes dynamic adjustments from offsite settlement model for clearing centers, large-scale data concentration model for clearing centers, to financial company model and the corresponding functions of fund concentration management are also overlaid during this dynamic adjustment, encompassing remote fund management capability, cross-business coordination capability, financial development capability. Midea Group's dynamic transformation of fund concentration management mode in accordance with changes in strategic demands is identified as a key factor in the success of fund concentration management activities. This research provides case evidence for the theoretical interpretation of how strategic demands influence the centralized capital management models and offers insights for the selection of centralized capital management models in corporate groups.

Key words: Strategic demands; Centralized capital management model; Offsite settlement model for clearing centers; Large-scale data concentration model for clearing centers; Financial company model

专业主编：潘红波

投 稿 指 南

　　《珞珈管理评论》是由武汉大学主管、武汉大学经济与管理学院主办的管理类集刊，创办于2007年，由武汉大学出版社出版。2017年始入选《中文社会科学引文索引（2017—2018年）来源集刊目录》（CSSCI），至2023年一直持续入选CSSCI集刊目录；2023年入选AMI核心集刊。

　　自2022年起，《珞珈管理评论》由季刊改为双月刊。为全国一百多所高等院校图书馆或相应院系资料室收藏，为中国知网、超星、万方、重庆维普、博看网收录、发布，被列入中国人民大学复印资料中心重要转载期刊。

　　《珞珈管理评论》以服务中国管理理论与实践的创新为宗旨，以促进管理学学科繁荣发展为使命。本集刊主要发表工商管理学领域有关本土问题、本土情境的学术论文，介绍知识创造和新方法的运用，推广具有实践基础的研究成果。热忱欢迎国内外管理学研究者踊跃赐稿。敬请投稿者注意以下事项：

　　1.严格执行双向匿名评审制度，不收版面费、审稿费等任何费用。

　　2.启用网上投稿、审稿系统，请作者进入本网站（http://jmr.whu.edu.cn）的"作者中心"在线投稿。根据相关提示操作，即可完成注册、投稿。上传稿内容包括：文章标题、中文摘要（400字左右）、关键词（3~5个）、中图分类号、正文、参考文献、英文标题、英文摘要。完成投稿后，还可以通过"作者中心"在线查询稿件处理状态。如有疑问，可与《珞珈管理评论》编辑部（027-68755911）联系。不接受纸质版投稿。

　　3.上传文稿为Word和PDF两种格式，请用正式的GB简体汉字横排书写，文字清晰，标点符号规范合理，句段语义完整，全文连贯通畅，可读性好：全文以12000~18000字为宜(有价值的综述性论文，可放宽到20000字左右)，论文篇幅应与其贡献相匹配。图表、公式、符号、上下角标、外文字母印刷体应符合规范。

　　4.正文文稿格式为：（中文）主题→作者姓名→工作单位→摘要→关键词（3~5个）→1引言（正文一级标题）→内容（1.1（正文二级标题），1.2……结论）→参考文献→（英文）主题→作者姓名→工作单位—摘要→关键词→附录；摘要不超过400字。

　　5.来稿录用后，按规定赠予当期印刷物两本（若作者较多，会酌情加寄）。

　　6.注释、引文和参考文献，各著录项的具体格式请参照网站投稿指南。

　　7.文责自负。作者须郑重承诺投稿论文为原始论文，文中全部或者部分内容从来没有以任何形式在其他任何刊物上发表过，不存在重复投稿问题，不存在任何剽窃与抄袭。一旦发现论文涉及以上问题，本编辑部有权采取必要措施，挽回不良影响。

　　8.作者应保证拥有论文的全部版权(包括重印、翻译、图像制作、微缩、电子制作和一切类似的重新制作)。作者向本集刊投稿行为即视做作者同意将该论文的版权，包括纸质出版、电子出版、多媒体出版、网络出版、翻译出版及其他形式的出版权利，自动转让给《珞珈管理评论》编辑部。